AF570399

Les écritures migrantes

De l'exil à la migrance littéraire
dans le roman francophone

Espaces Littéraires
Collection fondée par Maguy Albet

Dernières parutions

Elena BALZAMO, *« Je suis un vrai diable ». Dix essais sur Strindberg*, 2014.
Fatima AHNOUCH, *Littérature francophone du Maghreb. Imaginaire et représentations socioculturelles*, 2014.
Céline BRICAIRE, *Une histoire thématique de la littérature russe du XXe siècle. Cent ans de décomposition*, 2014.
Elisabeth SCHULZ, *Identité séfarade et littérature francophone au XXe siècle*, 2014.
Jelena NOVAKOVIĆ, *Ivo Andrić. La littérature française au miroir d'une lecture serbe,* 2014.
Przemyslaw SZCZUR, *Produire une identité, le personnage homosexuel dans le roman français de la seconde moitié du XIXe siècle (1859-1899),* 2014.
Nabil EL JABBAR, *L'œuvre romanesque d'Abdelkébir Khatibi*, 2014.
André NOLAT, *Les figures du destin dans les romans de Malraux*, 2014.
Olivier-Pierre THEBAULT, *Par-delà l'enfer et le ciel, Essais sur la pensée de Charles Baudelaire*, 2014.
Textes réunis et présentés par Michèle AQUIEN, *L'érotisme solaire de René Depestre, Éloge du réel merveilleux féminin*, 2014.
Laëtitia PERRAY, *La femme dans le théâtre de Robert Poudérou*, 2014.
Ghada EL-SAMROUT, *L'itinéraire mystique dans l'œuvre de Salah Stétié*, 2014.
Margaret GILLESPIE, Philippe LAPLACE et Michel SAVARIC (dir.), *Marges et périphéries dans les pays de langue anglaise*, 2014.
Fabrice BONARDI (dir.), *Parfums de l'âme et autres feux follets*, 2013.

Sous la direction de
Adama Coulibaly et Yao Louis Konan

Les écritures migrantes

De l'exil à la migrance littéraire dans le roman francophone

5-7, rue de l'Ecole-Polytechnique, 75005 Paris

http://www.harmattan.fr
diffusion.harmattan@wanadoo.fr
harmattan1@wanadoo.fr

ISBN : 978-2-343-05567-1
EAN : 9782343055671

Introduction

Aujourd'hui, la substitution progressive à la notion d'État-Nation d'autres syntagmes comme "village planétaire", "village global" (Marshall Mc Luhan), trans-nation, accompagne une réalité sociale : celles des flux migratoires ou de la mobilité, des hommes, des objets, des idées de façon générale.

La littérature fait ses délices de cette mobilité et de ses aménagements figuratifs mais aussi de ses extensions métaphoriques où mouvement, transition, transit, déplacement, transfert, éphémère et autres "identités fictives" (Roland Barthes) ou rhizomatiques (Glissant) de la transition prolifèrent. Cette tentative de représentation de la mobilité sociale rencontre des essais de systématisation comme l'écriture migrante ou, pour reprendre les termes de Chevrier, « la littérature de la migritude » (2006 : 159).

Probablement le dernier avatar du questionnement de la migration en littérature, l'écriture migrante, entre autres paradigmes possibles, se présente comme une figuration de l'entre-deux. Sa lecture est liée à un tryptique : le trauma du départ, la mobilité et l'intégration dans le pays d'accueil. Toutefois, une telle configuration est bien sommaire, voire lacunaire, au regard de la palette de paradigmes périphériques définis par Daniel Chartier[1]. Sans remettre en question la

[1] Daniel Chartier situe l'écriture migrante à la croisée de plusieurs modalités figuratives de la question de l'émigration. Dans cet élan de délimitation et de spécification typologiques, il retient la littérature ethnique qui se noue autour d'une écriture « des éléments biographiques liés à l'appartenance culturelle, sans qu'il y ait pour autant nécessité d'un passage migratoire » ; la littérature de l'immigration qui est « un corpus thématique qui traite des problématiques migratoires » ; la littérature de l'exil, qui dans un sens plus ouvert « selon le cas, [peut prendre] la forme de la biographie, de l'essai ou du récit de voyage » ; la littérature de la diaspora, serait la production « des émigrés dans différents pays , mais qui se rattachent aux rouages de l'institution littéraire du pays d'origine » et la littérature immigrante,

centralité de l'émigration, la richesse des spécifications typologiques n'en est pas moins un indicateur de la flexibilité, de la porosité et des difficultés qui entourent le champ et la notion même d'écriture migrante. Si une grande partie de la critique érige l'exil en point de flexion de l'écriture migrante, elle n'exclut pas les incidences des conditions et des circonstances variées de l'émigration sur la production littéraire si bien que la lecture devient instable d'une génération et même d'un auteur à l'autre.

Dans le cas spécifique du roman francophone (excepté le Québec qui occupe une position transitoire), l'ambigüité et la complexité découlant de la définition de l'écriture migrante tiennent, pour une grande part, aux orientations liées à la thématique de l'immigration, postulant une cartographie éclatée et mouvante de l'espace littéraire. Mambenga va justement critiquer cette "géographicité"[2] érigée en paradigme critique. De plus, doutant de cette thématique de l'immigration comme point de flexion de l'écriture migrante, bien des spécialistes de l'écriture recommandent une approche qui fasse une démarcation entre les écrivains de la première génération et ceux qui ont émergé à partir des années 80.

En effet, pour Alain Mabanckou, par exemple, l'expérience de l'immigration commune à ces deux catégories d'écrivains définit une critériologie contrastée entre les premiers romans d'Afrique noire francophone et ceux de leurs successeurs. Ainsi, les textes des premiers sont-ils happés par « l'immigration contemplative et moralisatrice » et résolument tournés vers l'essentialisation du pays natal et l'authenticité

« corpus socioculturel transnational des écrivains qui ont vécu cette expérience traumatisante, mais souvent fertile de l'immigration » *Cf.* Daniel Chartier, « Les origines de l'écriture migrante. L'immigration littéraire au Québec au cours des deux derniers siècles», *Voix et images*, Vol. XXVII, N°2(80), hiver 2002, p. 305.

[2] Frédéric MabengaYlagou, « Etre ou ne pas être : la littérature africaine de l'immigration n'existe pas », *Revue Palabres,* Vol. VII, N° 1-2, 2007, p. 280.

africaine alors que les seconds « écrivent, publient et vivent hors de leur continent d'origine, et leurs œuvres évoquent, à la fois, la France, l'Afrique et la condition de l'étranger en Europe »[3]. Sur cette base, il s'aligne sur les conclusions d'Abdourahman Waberi qui fait valoir que « ce n'est pas l'évocation de la France qui est absente des romans africains, c'est plutôt le roman de l'émigration africaine en terre de France qui a tardé »[4].

La conséquence systémique immédiate est que les romans de la première génération sont rattachés à la littérature de l'immigration, répudiant ainsi la validité de la notion d'écriture migrante pour cette époque des *Mirages de Paris* (1937) d'Ousmane Socé, de Bernard Dadié avec *Un Nègre à Paris* (1959) et d'autres thuriféraires de l'identité noire.

En revanche, ces « nouveaux » écrivains qui migrent, produisent en s'inscrivant dans le schéma ainsi défini (Afrique-voyage-intégration) auquel s'ajoutent le trauma de départ, le caractère déstabilisant du pays d'arrivée et la question de la métamorphose identitaire, sont rangés du coté de l'écriture migrante. On pourra citer, entre cent, Louis Philippe Dalembert (*Les Dieux voyagent la nuit*, 2006), Patrice Nganang (*Le Principe dissident*, 2005), Fabienne Kanor (*D'eaux douces,* 2003), Sami Tchak (Place *des fêtes*, 2001), Paula Jacques (*Lumière de l'œil*, 1980), Marie Cardinal (*Au pays de mes racines*, 1980). De leur terre d'accueil, ils réalisent, chacun selon ses expériences de l'émigration, des œuvres littéraires particulièrement caractérisées par la thématique de l'obsession du pays d'origine, mais aussi du transnational,

---

[3] Alain Mabanckou, *Le Sanglot de l'Homme Noir*, Paris, Fayard, 2012, p.150.

[4] Abdourahman Waberi, « Les enfants de la postcolonie, esquisse d'une nouvelle génération d'écrivains francophones d'Afrique noire », *Notre Librairie,* N°135, Sept.-Déc. 1998, p. 13.

de l'errance ou de la mobilité, de la mouvance identitaire et culturelle, de l'hybridité ou du métissage identitaire...

Toutefois, parmi ces écrivains, certains produisent des textes qui se nouent autour des questions plus générales, décentrant à l'excès l'intérêt pour l'Afrique. La démarche complexifie ainsi une lecture de la « migrance » à partir de l'émigration. Ce faisant, ils ouvrent une problématique contextualisée de leur création en fonction de facteurs culturels et littéraires mais aussi socioéconomiques.

On peut alors se demander ce qu'il y a de commun entre, par exemple, l'immigration autoflagellation du Togolais Sami Tchak dans *Place des Fêtes* (2001) et le texte enclin à une sorte de remémoration à la fois trouée et piégée par une histoire falsifiée par la colonisation d'Abdourahman Wabéri dans *Cahier nomade* (1994) ou encore *Moisson de crânes* (2000) écrit en mémoire du génocide au Rwanda, *African psycho* (2002) - l'histoire d'un sérial killer -, *Verre Cassé* (2005) d'Alain Mabanckou où la problématique de la migration est absente au profit d'une Afrique en plein déclin ? Ces textes d'auteurs "africains" ne sont-ils pas à tout point de vue différents de *Place des fêtes* (2001) ou *Fête des masques* (2004) de Sami Tchak – deux romans de la transgression, que ce soit à propos du sexe, de la violence ou encore de la famille, rien et personne n'y échappent – dans lesquels l'action se déroule en Europe et même en Amérique du Sud mais jamais en Afrique ?

Peut-on analyser avec un même niveau de pertinence épistémologique *Le Ventre de l'Atlantique* (2003), *La Préférence Nationale* (2005) et *Kétala* (2006) de Fatou Diome dans lesquels le statut d'émigré/immigré est constamment rappelé, à travers la difficulté d'intégration sur le sol français et le poids du malentendu, les impertinences assombrissant l'horizon du pays natal et *La Mémoire amputée* de Liking Werewere – un exemple d'émigration Sud/Sud – mettant en scène Halla Ndjokè (personnage intratextuel) qui part de son Cameroun natal pour venir s'installer à Laguna d'où elle écrit sa *Mémoire amputée* (lieu de mémoire)?... En somme, la perspective de la réception (du lectorat usé, du lecteur potentiel,...) décentre ces textes.

De fait, le cadre du cheminement tracé par les auteurs francophones et leurs œuvres amène à s'interroger sur la possibilité d'une écriture migrante, voire des écritures migrantes. Question importante car, en plus de la variété des motifs du voyage et des modes d'insertion et de réception des œuvres, on assiste de plus en plus à une percée d'écrivains du local dont les romans se nouent autour de la question de l'émigration. S'il est vrai que l'écriture migrante cumule l'origine sociale de l'auteur et son texte, Papa Samba Diop rappelle le danger à faire une sorte de catégorisation spécieuse entre les auteurs « migrants » et les auteurs « résidents » et Clément Moisan accorde la "paternité" des écritures migrantes au pays où elles apparaissent. Loin d'apaiser le débat autour de la caractérisation de ce type de roman, une telle argumentation pose problème. En effet, l'histoire du roman africain montre, à suffisance, que les premiers textes ont été tous produits en occident (en France, au Canada). Or, on les lisait comme des œuvres africaines. L'on se demande, à juste titre, si la critique "africaine" est d'accord à accorder visa de libération qui rattache, par exemple, Calixte Beyala à la France, Edem Awumey au Canada, Wilfried Sondé à l'Allemagne. Le cas de Marie N'Diaye montre qu'il y a davantage problème lorsque l'auteure affirme sa francité... Où classer les perdus pour l'Afrique comme Gabriel Kemogne qui écrit *Je suis noir et je n'aime pas le manioc*... Querelle d'histoire littéraire, querelle qui se bouche les oreilles face aux allégations de certains de ces auteurs à nier l'Afrique (Kossi Efoui) ou à se proclamer "citoyen du monde" (Alain Mabanckou).

À partir de quelle ligne ou de quel bout peut-on lire l'écriture migrante dans le giron de la littérature francophone d'origine africaine ? L'origine géographique, le lieu de naissance, la nationalité de l'auteur ou les modalités d'écriture… ? Quelle est l'appartenance littéraire de l'écrivain migrant ? À l'institution littéraire de son pays d'origine ou à celle du pays d'accueil ? En quels termes l'écriture migrante se déploie-t-elle dans les romans francophones ? etc.

Ces difficultés critériologiques et taxinomiques qui talonnent l'étude ou la description des frontières d'une ou des écriture(s) migrante(s) dans le contexte francophone sont à l'origine de cet ouvrage. La démarche repose sur le principe cognitif de fixation des traits, des lignes de force et des points de faiblesses du roman francophone par rapport à la mobilité pour tenter de tracer les contours de la spécificité de celui-ci.

La possibilité de lire les textes migrants à partir de la critériologie de l'origine sociale ou de la thématique de l'immigration n'étant pas toujours opérante, les contributions réunies ici s'inscrivent dans la perspective d'endosser la dimension discursive et esthétique de l'écriture migrante. Tout est dans ce vocable. En effet, le syntagme nominal « écriture migrante », ce paradigme indique que la lecture se noue autour d'une pratique scripturale, *référentialisée* à partir de la mobilité, du nomadisme, de l'entre-deux, du double soi, du transnational, de la transculture, de l'identité hybride...

Les formes, les discours d'escorte ainsi que *l'ethnoscopie* identitaire constituant les noyaux de lecture de l'écriture migrante sont bien les axes principaux de ce livre qui aborde la question dans le roman francophone.

Adama Coulibaly tente de lire une écriture migrante dans le roman ivoirien à partir de la question et de la thématique de l'émigration. Sa démarche repose sur la question de savoir si l'écriture migrante est centrée sur l'auteur social ou le reversement de son histoire sur le récit ou si c'est simplement une orientation du récit sur la thématique de l'émigration. Se fondant sur un appareillage théorique qui combine une lecture socio-textuelle et sociocritique de la migration sur le niveau cognitif et le niveau de signification de quatre romans ivoiriens, le critique conclut que la tension de l'écriture migrante qui traverse le corpus, invalide la notion d'État-Nation « tant dans ses critères juridiques que par la réalité d'un monde globalisé et ouvert à une mobilité tous azimuts ». Ainsi, il suggère que l'historiographie littéraire, faite de négociations multiples, prenne en compte la possible intégration des romanciers ivoiriens dans les pays où ils apparaissent. Des auteurs comme Werewere Liking et autres, qui ont produit leurs romans à partir de la Côte d'Ivoire, peuvent alors être intégrés à la littérature ivoirienne…

L'intérêt de la réflexion d'Ano Brou réside dans l'examen d'un certain nombre de traits de l'écriture migrante dans *Le roi de Kahel* de Tierno Monénembo. Cet écrivain qui se définit lui-même comme « un écrivain de l'exil » dont l' « œuvre est née en exil » pratique une écriture excentrique qui combine harmonieusement les signes culturels du pays d'origine et du pays d'accueil. Faisant le constat du déracinement de Sanderval, la contribution montre que le roman de Monénembo glisse vers la quête identitaire, une dimension importante de l'écriture migrante. Poreuse à souhait, cette nouvelle identité joue sur/avec la langue peulh et la langue française. Une telle variation des catégories modélisées expose le roman à un trait essentiel des écritures migrantes : les interférences linguistiques.

La contribution d'Elisabetta Bevilacqua revient sur les possibilités, mais surtout, les conditions d'une inscription de la littérature des Pieds noirs d'Algérie dans l'écriture migrante. Pour elle, les dynamiques et les tendances comme la poétique de l'errance et celle de la mouvance identitaire que le roman "pied-noir" met en jeu permettent de le rapprocher de l'écriture migrante.

Par allusion au sous-titre du texte de Simon Harel, Zigoli Antonin détermine les paradigmes constitutifs de l'écriture migrante dans deux œuvres de Fatou Diome. L'exil, la victimisation du Sujet en terre d'accueil et la multiculturalité étant, pour lui, des critères indiscutables de l'écriture migrante, il va de soi que leur présence dans les textes de Fatou Diome postule un tel tournant.

Tro Dého Roger problématise la poétique de l'*oikos* dans deux romans d'Abdourahman Waberi. Prenant pour point de départ l'écriture migrante, il montre que, dans ces textes, le parcours de l'espace est une sorte de glissement permanent entre « les frontières tant physiques que psychiques de l'ici des ex-colonies et de *l'ailleurs* des ex-métropoles ». Il en résulte une tension inter-spatiale, générée par le mouvement, le déplacement, l'errance, l'exil, le déracinement/ré-enracinement. Sous cet angle, l'*oikos*, dans les romans de Waberi, articule un paradigme de l'écriture migrante. Le mouvant et les vacillements qui sous-tendent cette poétique de l'*oikos* ouvrent la voie à une identité transitoire, ouverte, relationnelle et flexible, caractéristique des Sujets migrants.

Prise justement dans le contexte général du postmoderne et du mobile, voire du fluide, l'identité rencontre une tentative de théorisation et de systématisation en lien avec le transnational. Postulant un nouveau modèle épistémologique du Sujet migrant, l'extension paradigmatique « transnationale » prend force de complément qui précise le phénomène massif de la migrance et de l'éclatement des frontières. Elle permet d'interroger les notions de perte, d'abandon, de déterritorialisation… de désaxe identitaire. Obéré du préfixe « trans », le transnationalisme induit un processus selon lequel l'approche essentialiste de l'identité circonscrite par des frontières raciale et géographique devient caduque, faisant ainsi le lit à de nouvelles formations identitaires négociées, fragiles, liquides, mouvantes, *in motu*… transitoires. Dans une analyse identitaire du Sujet postmoderne, Janet Paterson observe un abandon de « la notion d'une identité formée à partir des critères de race ou de lieu d'origine au profit d'une identité complexe, mouvante souvent multiculturelle et hors des enclos des souvenirs »[5].

Par bien des aspects, les travaux de ce collectif modélisent ou modalisent la dynamique qui considère l'identité non plus comme une donnée fermée, figée, indélébile, étanche ou immuable, mais la situent dans l'entre-deux, le mouvant et le rhizomatique. Ailleurs, l'on constate que le Sujet, étant déconnecté de sa terre natale, de sa famille et de sa culture, postule une nouvelle façon de se concevoir, de se décrire, bref une nouvelle façon d'être humain[6].

Ainsi, Anna Lapetina aborde-t-elle la question en montrant que l'éphémère de l'édifice identitaire influence la substance diégétique des romans de Nancy Huston. Pour elle, les « voyages concrets ou imaginaires offrent aux personnages l'occasion pour réfléchir sur l'illusion du moi ». Ces voyages constituent un moyen dynamique pour « franchir les lisières mentales où se joue le pari des contraintes des identités figées ». L'affaissement du Sujet, et donc l'affaiblissement de l'identité, reconnaît-elle, découle de la condition d'exilé. Or, l'exil est non seulement franchissement des frontières géographiques mais aussi un dépassement des frontières intimes. En somme, tout récit de voyage postule la découverte de soi.

---

[5] Janet M. Paterson, « Le sujet en mouvement : postmoderne, migrant et transnational », *Nouvelles Études Francophones*, volume 24, N°1, 2009, p. 15-16.

[6] Jean-Jacques Thomas, « La Poétique historique transnationale de Joël Des Rosiers », *Québec Studies*, v. 37, 2004, pp. 79-89.

À partir des œuvres de Gisèle Pineau, Yannick Lemki trace les contours de l'identité du Sujet migrant. Á travers une démarche évolutive, il montre que l'entrelacement de l'« ici » et de l'« ailleurs » déclenche le métissage des cultures française et antillaise. « Passeuse invétérée de culture », l'auteure produit des textes, lieux de brouillage identitaire et géographique.

Envisageant l'écriture migrante dans une perspective esthétique et discursive, la contribution de Yao Louis Konan revient sur la possibilité de lire le roman de Fatou Diome sous le prisme de l'entre-deux, du double… soi, de la transculture. Chez l'écrivaine, le Sujet est en mouvement suivant une dynamique migratoire intense entre l'« Ici » passé et l'« Ailleurs » maintenant. Le mouvant et l'hybridité sous-tendant les indices déictiques spatio-temporels inclinent à invalider la traditionnelle identité-racine pour mettre au goût du jour l'ethnoscopie[7] identitaire, une identité flexible, transitoire, liquide... En appliquant ces modèles analytiques au roman de Maurice Bandaman, on se rend compte qu'il est loin de tenir le paradigme de l'écriture migrante.

L'étude de Siham Bouamer qui est en fait une lecture de *Lettres parisiennes*, se présente comme une réévaluation de l'exil par rapport à la situation de l'écrivaine. Son analyse montre l'exil compris comme « migrance », forme appropriée à la posture de Leïla Sebbar. Sans doute, parce qu'elle se détache de l'exil pour tomber dans le post-exil qui dégage une énergie, celle de l'écriture lui permettant de résister, de persister à la

---

[7] Néologisme forgé par Laurier Turgeon à partir de l'Ethnoscape d'Appadurai. *Cf.* Laurier Turgeon, *Patrimoines métissés, contextes coloniaux et postcoloniaux*, Paris, Éditions de la Maison des sciences de l'homme, 2003, Lire chapitre IV, « Le paysage. Construire une « Ethnoscopie » basque au Québec, pp. 129-160.

corrosion exilique « grâce à son hybridité, à la réconciliation de ses différentes identités ». Sous cet angle, la contribution de Siham Bouamer semble donner une connotation positive à l'identité mouvante qui, si elle est une conséquence de la migrance, se présente comme un moyen pour surmonter les difficultés de l'exil à travers la reconversion du Sujet migrant en écrivain.

Adama COULIBALY
Yao Louis KONAN

Esquisses d'une problématique de l'écriture migrante dans le roman… ivoirien

Adama COULIBALY,
Université de Félix Houphouët-Boigny, Cocody-Abidjan

Introduction

L'écriture migrante se fonde sur un postulat dont les trois volets sont le trauma du départ, la mobilité, l'intégration dans la culture et la littérature d'arrivée. Si une nouvelle interrogation de l'émigration est bien son fond épistémique, une partie de la critique doute de la pertinence de l'élection de la migration comme point de flexion de l'histoire littéraire. Par exemple, Mambenga-Ylagou fait valoir que la notion ne constitue pas un champ autonome à l'intérieur de la littérature francophone où l'immigration serait inscrite depuis bien plus longtemps que les années 80 et 90 qui sont prises pour point de départ. Sa contribution met ainsi à mal une essentialisation qui érige « l'origine culturelle […] en garantie de géographicité de l'œuvre »[8]. Toutefois, il parvient à la même conclusion de Waberi observant que « ce n'est pas l'évocation de la France qui est absente des romans africains, c'est plutôt le roman de l'émigration africaine en terre de France qui a tardé »[9].

L'approche historique revient dans la compréhension de la spécificité de l'écriture migrante et, récemment, dans

---

[8]-Frederic Mambenga-Ylagou, « Être ou ne pas être : la littérature africaine de l'immigration n'existe pas », *Palabres*, Vol. VII, N°1&2 - 2007, p. 280.

[9]Abdourahman Waberi, « Les enfants de la postcolonie, esquisse d'une nouvelle génération d'écrivains francophones d'Afrique noire », *Notre Librairie,* N°135, Sept.-Déc., 1998, p. 13.

une lecture axée sur une perspective postcoloniale du roman africain, Patrick Nganang[10] a adopté, lui aussi, le terme "le roman de l'émigration" comme pendant du roman migrant. Pour lui, ce type émerge après les indépendances africaines ou dans les années 80 comme une réponse ou un dépassement du roman de la dictature. Au premier, de l'ordre du mythe, le roman de l'émigration est de l'ordre de l'histoire et on y retrouve une ré-écriture du trauma offert par le négrier :

> Le triangle du chemin était déjà tracé longtemps à l'avance [...]. C'est le négrier qui a fait le travail historique d'inscription dans la profondeur des textes : ceux-ci ne narrent que les péripéties de son emportée, et chaque roman est la répétition de son violent voyage, une réactualisation narrative de l'idée. Il y a un lieu du départ et un lieu de l'arrivée.[11]

La richesse des productions sur la question, la survivance des termes périphériques ambigus indiquent bien la porosité et les difficultés qui entourent sa compréhension et son analyse. « L'écriture migrante [...] suppose une modification du sujet dans l'élan même de la création qui s'apparente à une écriture en mouvement »[12]. En substance, l'écriture migrante a des rapports conflictuels avec l'historiographie littéraire et des attitudes de dissidence avec la Nation ou l'État-nation. Ainsi, certains auteurs que la critique range sous ce vocable ne font pas mystère de leur double appartenance identitaire, pour les uns, si ce n'est pas leur élection simplement dans la république des lettres[13]. Si l'historiographie littéraire de

---

[10] Patrick Nganang, « Le roman de l'émigration », *Pour une littérature préemptive*, Paris, Éditions Homnispères, 2007, pp. 233-282

[11] Patrick Nganang, *Pour une littérature préemptive*, *Op. Cit.*, 2007, p. 236.

[12] Harel Simon, *Les passages obligés de l'écriture migrante*, Montréal, Editeur XYZ, 2005, p. 37.

[13] Lire Abdourahman Waberi, « Les enfants de la postcolonie, esquisse d'une nouvelle génération d'écrivains francophones d'Afrique noire », *Notre Librairie,* N°135, Sept.-Déc., 1998, pp. 8-15.

leur pays de départ et celle de leur pays d'accueil semblent avoir des problèmes[14] avec eux, le questionnement immédiat découlant de la définition de l'écriture migrante est de savoir si cette ligne s'intéresse à l'auteur social, au reversement de son histoire sur le récit ou si c'est simplement une orientation du récit sur la thématique de l'émigration. Question sociale ou question de représentation ? Cette contribution aborde le roman ivoirien (mais quel sens donner encore à une telle qualification ?), à partir de la topique de la migration, autour de quatre textes[15].

L'hypothèse est que l'écriture migrante, plus qu'une dynamique de lecture identitaire des textes, met en crise fondamentalement le niveau cognitif de l'histoire littéraire. La rupture que les textes présentent et qui autorise à les constituer en corpus autonome d'analyse, peut être envisagée, à partir des littératures du sud, avec un même niveau de pertinence esthétique et historiographique que dans les littératures d'accueil du nord...

I. Des auteurs autour du territoire ?

L'un des lieux communs des écritures migrantes est la constitution d'une littérature nouvelle autour d'espaces tels la France, le Canada et spécifiquement le Québec. À propos de la France, justement, la notion de *parisianisme* évoquée autour des auteurs des années 40-60 resurgit

[14] Les exemples sont légion où les uns les rattachent à leur pays de départ quand d'autres ne font pas mystère de ce que ces auteurs appartiennent au pays d'arrivée. Lire sur ce dernier point Clément Moisan, *Écritures migrantes et identités culturelles,* Montréal, Éditions Nota Bene, 2008, 146p.

[15] -Bandaman Maurice, *Le Paradis français*, Abidjan, CEDA-NEI, 2008, 173p. ; *Reine Pokou - concerto pour un sacrifice,* Actes Sud, Paris, 2004, 91p. ;- Liking Werewere, *La Mémoire amputée*, Abidjan, NEI, 2004, 415p.; -Kwahulé Koffi *Monsieur Ki*, Paris, Gallimard, Continents-Noirs, 2010, 146p.

aujourd'hui, non pour dire que la littérature migrante débute en ces années d'après guerre, mais pour thématiser la France, et plus globalement l'ailleurs, comme le pôle autour duquel gravite un certain nombre d'auteurs qui se départissent d'une perspective essentialiste de la culture et de l'identité. Cette nouveauté se bâtit autour d'une écriture du déplacement, de la mobilité, de l'exil... *Écrivains francophones en exil à Paris. Entre cosmopolitisme et marginalité* montre bien Paris comme « une sorte de patrie cosmopolite de l'art et de la littérature »[16]. En réalité, la jeune critique de l'écriture migrante se constitue presque exclusivement en rapport avec le lieu d'arrivée, en semblant méconnaître du fait que pendant longtemps, l'historiographie littéraire a rattaché ces auteurs à une histoire littéraire nationale.

Ainsi, s'il est possible d'analyser d'une part, l'impact de cette ville[17] sur les auteurs et d'autre part, de cerner les enjeux historiques de ce départ et de l'exil, il importe aussi d'envisager les impacts du roman de l'émigration sur le lieu de départ. Quelle serait la validité d'une écriture migrante dans le giron de la littérature ivoirienne ? Autour du binôme auteur et texte que l'écriture migrante convoque, Papa Samba Diop fait une mise en garde contre une sorte de catégorisation spécieuse entre les auteurs « migrants » et des « résidents ». Cette balise complexifie l'analyse, induisant la nécessité de procéder à une sorte d'étude de cas pratique. En parlant d'écriture migrante du roman ivoirien ne court-on pas le risque de tomber dans la catégorisation spécieuse entre auteurs « migrants » et auteurs « résidents » ?

---

[16]Xavier Garnier et Jean-Philippe Warren (dir.), *Écrivains francophones en exil à Paris. Entre cosmopolitisme et marginalité*, Paris, Karthala, coll. Lettres du Sud, 2012, p. 5.

[17] Paris sert plus de paradigme que d'un lieu exclusif d'hébergement de l'exil et de la migration des auteurs étrangers.

Dans la vague des réflexions des années 80 sur la littérature nationale justement, Jean-Norbert Vignonde explique que la question des littératures nationales a prospéré, face au constat qu'il était impossible de rester sur la ligne analytique d'une approche panafricaine de la littérature. À la nécessité méthodologique (interroger un cheminement plus minutieux de la littérature par un resserrement du cadre géographique à « des aires géographiques plus restreintes, et de trouver dans le cadre territorial des États une plate-forme plus indiquée pour des travaux minutieux »[18]) s'est greffée une exigence du prestige national avec « le désir de chaque "État-Nation" en constitution, de se doter d'un certain nombre « d'équipements » de tous ordres, en l'occurrence culturels et intellectuels qui concrétisent son existence et son autonomie en tant qu'entité politique souveraine ou tout simplement en tant qu'État moderne »[19]. Vignonde avance l'élection et la confirmation de cette nationalité littéraire à partir de quatre critères dont l'état-civil des auteurs, la langue, l'univers culturel décrit et le critère de l'orientation thématique…

Sans être cumulative, cette critériologie permet d'établir l'appartenance des romanciers auxquels s'intéresse cette étude, sinon à la littérature, du moins au locus *ivoirien*[20]. Koffi Kwahulé, Véronique Tadjo, Maurice Bandaman et Werewere Liking sont Ivoiriens de naissance, pour les trois premiers, et par mariage pour la dernière. Pour cette dernière justement, apparaît l'une des difficultés de l'historiographie littéraire des

---

[18] Jean-Norbert Vignondé, « Littératures nationales ou cri pluriel ? », *Notre Librairie* N°85, octobre-décembre 1986, 3, Histoire et Identité, p. 89.

[19] Jean-Norbert Vignondé, « Littératures nationales ou cri pluriel ? », *Loc. Cit.* , pp. 86-87.

[20] Cette critériologie rejoint les analyses spécifiques sur la littérature ivoirienne par Lezou Dago Gérard, Amadou Koné et Joseph M'Lanhoro, *Anthologie de la littérature ivoirienne,* Abidjan, CEDA, 1983, 309 p.

écritures migrantes car si la critique la rattache, par tradition, au Cameroun, les balises théoriques de l'écriture migrante inscriraient comme… romancière ivoirienne. Ce roman est un cas spécifique et pertinent de roman de l'émigration dans le sud. Le personnage-romancière part de son Cameroun pour s'installer (dans un cheminement initiatique professionnel et personnel) à Laguna d'où elle écrit sa *Mémoire amputée* : écriture migrante, lieu de mémoire...

Ivoirienne, Tadjo est née en France (à Paris) où son père, étudiant alors, a rencontré sa mère. Ils s'y marient et y ont deux enfants. Tadjo arrive dans le pays de son père (la Côte d'ivoire) vers l'âge d'un an. Pour sa part, à partir d' « une conscience diasporique », Kwahulé expliquait son sentiment d'appartenir à une « identité d'Africain-Européen » avec « une sensation de non-retour »[21]. Avec *Monsieur Ki*, il fait rejouer une bande magnétique, laissée par un locataire dans « une chambre de bonne, rue Saint-Maur, du côté de la place Léon-Bloom, à Paris » (p.12)…discutant avec un certain Ki, dans sa chambre, avant d'aller se jeter sous le métro. La bande qui joue a été récupérée par le locataire actuel de la chambre. Son déroulement fait défiler des historiettes dont la plus importante est cette présence de l'Ancêtre à la tête de cynocéphale venu convaincre le locataire premier, actuel suicidé, d'accepter l'honneur d'être le porteur du masque sacré.

La réduction de l'intrigue à des historiettes pourrait bien participer d'un effet de dé-essentialisation de l'histoire propre au roman de l'émigration mais *Reine Pokou* de Véronique Tadjo livre un récit aux antipodes d'une telle lecture. Dans une interview, elle revient sur la

---

[21] Koffi Kwahulé vit à Paris depuis une trentaine d'années…mais peut-on, à son corps défendant, le sédentariser dans l'historiographie ivoirienne quand il professe une conscience diasporique à tout crin ? Interview de Koffi Kwahulé réalisée par Sylvie Chalaye, « Immigration et conscience diasporique », *Africultures* N°72, 2007, p. 159.

trame de la légende la Reine Ablaha Pokou qu'elle a recomposée en un récit spéculaire :

> Je connaissais la légende de Pokou depuis longtemps. En fait, tout le monde en Côte d'Ivoire la connaît.[...] Selon la légende, Abraha Pokou, reine baoulé dut s'enfuir avec ses partisans de Kumasi, la capitale du puissant royaume Ashanti à la suite d'une guerre de succession. Au cours de l'exode, les fugitifs furent arrêtés par un grand fleuve qui leur barrait la route. Pour sauver son peuple, Pokou donna son enfant en sacrifice. Les fugitifs purent alors traverser le fleuve. Ils s'installèrent ensuite sur un nouveau territoire, devenu aujourd'hui la Côte d'Ivoire.[22]

La romancière écrit, réécrit, noue, renoue des possibles narratifs autour du point focal de cet exode : la traversée du fleuve Comoë. De l'acmé narratif de la frontière-barrage du fleuve, un des possibles qu'elle avance est le point de départ d'une folie de la reine qui se jette à l'eau pour devenir Mami-Watta (déesse des eaux), quand une autre version lui fait subir les affres de l'esclavage, après sa capture consécutive au refus du sacrifice de son fils unique...

Maurice Bandaman mène de front une carrière politique et une activité créatrice féconde, à partir de la Côte d'ivoire. *Le Paradis français,* paru en 2008, relate les péripéties de l'émigration où une jeune fille, Mira, partie poursuivre les rêves de l'amour rencontré sur Internet, est projetée, dès sa descente d'avion dans l'univers de la prostitution de luxe à Rome. Au bout de quelques mois, elle réussit à s'échapper, en traversant la frontière française pour se retrouver à Paris dans le milieu des petites combines des filles de joie venues de son pays natal, la Côte d'ivoire, du Sénégal et autres...Sur ce chemin de la désillusion qui convoque, par bien de traits, la littérature de banlieue, Mira recueille les filles de deux de ses compagnes d'infortune mortes. Aujourd'hui,

---

[22] Kanaté Dahouda, « Rendre hommage à la vie », Entretien avec Véronique Tadjo, *Nouvelles Études francophones*, Vol. 22, 2, Automne 2007, p. 181.

fondatrice d'une ONG d'aide aux filles, elle confie son histoire à un film dont la caméra est présente tout le long du roman…Si le thème de l'immigration y est bien présent, Maurice Bandaman offre cependant le profil d'un écrivain du local. Résident à Abidjan, ses textes y sont publiés, et cela suffit à battre en brèche l'appartenance avancée par Clément Moisan.

La démarche peut partir ainsi, à certains égards, de la convocation de l'auteur pour asseoir la question du flux migratoire (Kwahulé, Tadjo, Liking) et souvent du texte même. Avec ces quatre romans, l'on a ainsi quatre figurations énonciatives autour de l'émigration à partir du *locus* ivoirien. Si l'écriture migrante fait valoir des lieux d'ancrage et de lisibilité de la transculture, les quatre romans, en plus de "partager" l'espace ivoirien ont bien ces traits communs spécifiques dont ce maniement caractéristique de la langue française métissée aux langues locales et qui a donné le français populaire de Côte d'Ivoire. Ainsi *Monsieur Ki* et *Le Paradis français* reprennent et imitent ce parler typique proche de l'oralisation et de la convocation des xénismes et des ivoirismes[23].

Perdue à Paris, le premier reflexe de Mira est d'aller consulter l'annuaire pour retrouver des noms à consonance ivoirienne (p.121). Avec *Le Paradis français*, le référent territorial ivoirien est clair. Raillerie spécifique des

---

[23] Aux Xénismes ("la go" (p. 99) ; "boribana" (p. 25 ;38 ;41…) ; "le *zoblazo*" (p. 7 ; 112 ;113 ;126 ;), "mon gba" (p. 126) ; "ma potesse" (p. 84) etc.) et aux ivoirismes ("se chercher" (p. 138) ; "si tu te trouves" (p. 84) ; "je ne veux pas trop gaspillé" (p. 113 ; un "drap" (p. 113) ; "tu l'as flashé" (p. 113))), on adjoindra un impressionnant dispositif référentiel liée à l'histoire politique de la Côte d'ivoire dont la question de la succession d'Houphouët Boigny (p. 85) ; le coup d'État militaire du 25 décembre 1999 (p. 57)… Pour ce dernier exemple, la traversée (Italie vers la France) se fait ce 25 décembre 1999…Traversée des pays, cheminement des États et des personnages…

Ivoiriennes contre leurs sœurs « bleues » qui débarquent et sont surprises par les réalités de Paris :

> Ah, tu voulais venir en France, eh bien ! Voilà la France ! Vous les petites ivoiriennes, vous rêvez toutes de venir en France. Vous croyez que venir en France, c'est comme aller à la rue Princesse[24] ou à l'hôtel Ivoire[25]. Quand on vous dit que la France est dure, vous croyez qu'il y a du feu partout. Eh bien ! Non ! La dureté de la France, c'est ce que tu vis-là : les papiers. Et tu crois que du jour au lendemain tout va te tomber dans les bras, comme ça, sans effort, sans que tu baises avec les vieux renards d'africains qui connaissent la France comme le fond de leurs poches, ou faire des pipes à des vieux Blancs qui peuvent t'aider à avoir tes papiers ? (p. 85)

Dans le roman-Potin que *Monsieur Ki* constitue, il y a, peut-être, une seule référence directe au *locus* ivoirien[26], le village fou dont on raconte les « déconnements » convoque ce langage si spécifique des villageoises se battant pour un homme.

> Sors d'ici! Espèce de bordelle diplômée vendeuse de con ! Toi seule tu as déjà baisé tous les garçons du village. Tout le monde te connaît pour ça. Maintenant mon de Gaulle arrive et tu le baises aussi ! Mais aujourd'hui, je vais te montrer que ce n'est pas bon de baiser les garçons des autres. Façon je vais te frapper, même ta mère risque de ne pas te reconnaître.» (p. 49.)

Si l'on peut avoir un doute sur l'ivoirisme exclusif de ces tournures, un intertexte comme

> Côdjo, côdjo tiré !
> El'n'a pas gagné cal'çon !
> Côdjo, côdjo tiré !
> El'n'a pas gagné cal'çon ! (p. 51),

est bien un quolibet populaire entonné contre les bagarreurs qui perdent leur dessous dans les rixes entre ennemis.

---

[24] Haut lieu de débauche à Yopougon, quartier d'Abidjan, couru par tous les noceurs, les snobs…

[25] Plus imposant et plus prestigieux complexe hôtelier de Côte d'Ivoire.

[26] Djimi est un village qui existe dans la région de l'Indénié, région natale de Koffi Kwahulé.

Le rattachement affectif, manifeste chez ces auteurs, se traduit par une configuration énonciative, un parcours narratif évident des récits engendrés et la mise en branle d'un imaginaire autour du *locus* ivoirien. Mais il importe de rappeler le caractère exclusif de la nationalité ivoirienne. Affirmation simple mais dont les implications et les ramifications peuvent être multiples. Elles complexifient la problématique d'une émergence de l'écriture migrante : l'exclusivité de la nationalité ivoirienne et la compréhension d'une dynamique transculturelle de la société ivoirienne.

Juridiquement, la nationalité ivoirienne s'acquiert à titre exclusif. Au plan juridique, ceci implique que ces auteurs sont ivoiriens et rien d'autres. Or l'écriture migrante comme la littérature migrante, postule ces identités doubles, triples, qui faisaient dire à Appadurai, dans le contexte américain, que « la formule du trait d'union [...] atteint son point de saturation et le côté droit du trait d'union peut difficilement contenir les turbulences du côté gauche »[27]. Le contexte transnational que proférait une littérature migrante ivoirienne serait en contradiction, voire en opposition, avec un régime exclusiviste de la nationalité[28].

On se retrouverait en difficulté de définir la transculture observée chez Liking alors que la topique de l'immigration, présente dans *Monsieur Ki,* rejoindrait simplement une historiographie littéraire de l'émigration présente depuis *Un nègre à Paris* de Bernard Dadié. Ainsi un arrière plan postcolonial de *Reine Pokou* serait-il difficile à tenir ; l'œuvre se situant dans ce contexte centralisateur nationaliste, dans la dynamique d'un jeu de

---

[27] Arjun Appadurai, *Après le colonialisme. Les conséquences culturelles de la globalisation*, Paris, Payot, 1996, 2001, p. 239.

[28] La complexité d'un tel sujet est d'opérer une lecture sur la dimension d'une littérature nationale sans que cette Nation ne constitue le point incontournable. Ici l'analyse récupère un double mouvement dynamique centrifuge et centripète autour d'un imaginaire national et d'une Nation imaginaire...

légitimation nationale ou nationaliste. Or la hardiesse justement de ce texte semble échapper à un discours univoque historiciste pour être, dans le contexte de la guerre à fort relent identitaire qui se déclare en Côte d'Ivoire à partir du 19 septembre 2002, un discours de la relativité de l'État-Nation fort, de l'historicité exclusiviste et une complainte de la psyché féminine…

C'est peut-être une telle attitude qui recommande de faire une discrimination claire et rigide entre littérature nationale de la migration et une écriture migrante. Le premier semblerait possiblement, encore, rattachable à un discours nationaliste alors que le second, comme pratique d'écriture, assumerait son statut d'indétermination et de l'entre-deux. La littérature migrante (somme des écritures migrantes) serait différente de la littérature nationale disant la migration. Reprenons, en les actualisant, les propos de légitimation qui font entrer des auteurs dans un cadre transculturel migrant en pensant au cas de Werewere Liking :

> Ce sont en dernier lieu la reconnaissance des auteurs et de œuvres [néo-ivoiriennes] dans le cadre institutionnel, par des prix, des bourses, des distinctions, leur entrée dans les sociétés et académies et la légitimité apportée par la critique et l'histoire littéraires, qui donnent une autre confirmation du transculturel, comme résultante d'une transformation du système de la littérature[29].

Le cas de Werewere Liking, justement épouse ce constat et permet de penser à une analyse des textes d'auteurs comme Flore Hazoumé et autres dans la littérature ivoirienne. Chevalier des Arts, membre de l'ASCAD[30], l'auteur de *La Mémoire amputée,* introduite dans les cercles du pouvoir artistique, porte autant sa terre

---

[29] Clément Moisan et Renate Hildebrand, *Ces étrangers du dedans*, Montréal, Éditions Nota Bene, 2001, p. 212.

[30] Académie des Sciences, des Arts, des Cultures d'Afrique et des Diasporas Africaines (A.S.C.A.D.), société savante réunissant l'intelligentsia scientifique et culturelle de Côte d'Ivoire et de la diaspora africaine (on les appelle aussi les immortels de Côte d'Ivoire).

d'accueil métissée dans son art que dans la thématisation de l'écriture de *La Mémoire amputée.* Dans ce roman, elle devient défenseur de la cause des femmes et d'une culture métissée, d'un art total, figure par excellence du melting pot culturel ivoirien…Elle y travaille dans sa fondation le Kiyi Mbock, dont le rayonnement mondial rejaillit autant sur elle que la Côte d'Ivoire qui l'abrite.

L'une des conséquences de « nouveaux territoires littéraires »[31] est la problématisation du territoire non plus à partir de la Nation mais de la circulation. Simple pointe de l'iceberg des flux, à l'échelle du roman africain, il est encore central chez les romanciers de Côte d'Ivoire. Les quatre romans figurent une métaphore de *Ces étrangers du dedans*[32]. Dans une histoire littéraire menée à partir du lieu du roman ivoirien, Werewere Liking est bien une étrangère du dedans, quand Maurice Bandaman, du dedans regarde dehors et Kwahulé s'inscrit dans le parisianisme alors que Tadjo écrit une forme particulière du roman migrant du sud[33].

Parce que la notion de "littérature" charrie des poncifs d'appareillage de légitimation, il importe de parler d'écriture migrante pour saisir la subjectivité de l'écriture même si le roman migrant indexe un double flux portant sur le migrant, la langue et la question de la mémoire.

II. Une écriture du double flux

Dans *Le Voleur de parcours*, Simon Harel, entre autres critères, positionne l'écriture migrante comme une « libre

[31] Adama Coulibaly, « Écriture migrante et nouveaux territoires littéraires dans quelques romans africains francophones », *Littératures africaines et territoires*, Paris, Karthala, 2011, pp. 249-262.

[32] Clément Moisan et Renate Hildebrand, *Ces étrangers du dedans*, Montréal, 2001, Éditions Nota Bene, 363p.

[33] L'objet est plus de pouvoir interroger et connaître des faits que de produire une taxinomie figée. De fait, l'acte d'écriture est déjà un jet hors de soi, indiscutable ontologiquement et épistémologiquement.

circulation des idées à la faveur d'une migration qui nie l'enfermement national »[34]. En décidant donc de lire une écriture migrante à partir du roman… ivoirien, l'étude s'inscrit dans la tension, le double flux, à partir d'un imaginaire en/du mouvement.

La migration se présente ainsi comme exil, exode, immigration, en somme comme un déplacement fondamental. Le déplacement, l'exode, est à la base de la création des peuples et en est bien un des marqueurs historiques[35]. L'exode de la reine Abla Pokou donne ainsi un exemple presque paradigmatique. Non pas relativement au fait historique sur la base duquel il s'établit, mais par rapport à la parution de cette œuvre dans le contexte culturel et politique de 2004. Ce contexte est celui de la crise militaro-politique et identitaire avec ses dérives. "Douloureux voyage originaire"[36], la dimension heuristique du récit de *Reine Pokou* est plus dans le traitement bégayant du fait légendaire. L'exode prend valeur non plus de fondement national absolu, immuable, indiscutable mais de lieu de crise, crise des valeurs séculaires ou sécularisées. Le péritexte auctorial du récit fournit une lecture postcoloniale :

> Plusieurs décennies plus tard, la violence et la guerre déferlèrent dans notre vie, rendant brusquement le futur incertain. Pokou m'apparut alors sous un jour beaucoup plus funeste, celui d'une assoiffée de pouvoir, écoutant des voix occultes et prête à tout pour asseoir son règne. (*Reine Pokou*, p. 8.)

Cette lecture est importante par la centralité de la thématique de l'exode que la romancière situe au point nodal de sa réécriture. Tous les possibles narratifs qu'elle évoque sont liés

---

[34] Simon Harel, *Le Voleur de parcours, identité et cosmopolitisme dans la littérature québécoise contemporaine*, Saint-Laurent, Éditeur XYZ, 1989, p. 81.

[35] Celui d'Israël avec la destruction du Temple de Salomon et l'exode vers l'Égypte est une référence importante.

[36] Patrick Nganang, « Le roman de l'émigration », *La Littérature préemptive*, Paris, Éditions Homnispères, 2007, p. 236.

non à la vie tranquille (avec ses intrigues de cour du Royaume Ashanti sous Osei Tutu et son frère Opokou Waré) mais à l'exode, au départ ou à la fuite de royaume sous la menace d'un vieil oncle contestant la succession de Darko établie par Opokou Waré sur son lit de mort. En creux, il y a bien une construction parallèle par le jeu de transfert ou réécriture des tribulations politiques depuis le décès du père fondateur de la Côte d'Ivoire indépendante en 1993[37]. La mobilité, l'exil ou l'exode a ainsi un double sens : celui d'un motif narratif littéraire (réécriture) mais aussi importance de l'exil, de la mobilité pour la romancière, absente du pays natal et qui, réécrit l'histoire nationale comme cheminement, déplacement plus sur un imaginaire (spectral) que sur une image référentielle absolue. D'où cette version insolite qui fait débarquer la reine réduite à l'esclavage aux Amériques (ou en Amérique). Là, naîtra un second enfant et les deux enfants périront pendus, après avoir mené une révolte dans les champs de coton (en Virginie du sud). Ce possible n'est pas neutre, il fait prospérer comme un arrière-plan subliminal du roman de migration dans toutes ses formes, qui convoque et rappelle le trauma de l'esclavage[38], en soulignant la part contingente de l'histoire.

La conversion de la topique migrante en topique de l'esclavage, possible narratif dans *Reine Pokou*, apparaît dans *Le Paradis français*, dans une posture plus sociologique (on oblige Mira à se prostituer, dès son arrivée à Rome) et dans *Monsieur Ki* de Kwahulé, roman

---

[37] Justement ce point de départ des tensions de succession après la disparition de Félix Houphouët Boigny est rappelé, en toile de fond de *Le Paradis Français*, à la fois comme marqueur historique du texte mais aussi lieu /temps de passage et de basculement d'une période de paix vers les errements de l'aventure politique. *Cf*, *Le Paradis Français,* p. 85.

[38] Le schéma du commerce triangulaire, de la traite négrière et son cheminement douloureux ne sont-ils pas son arrière-plan historique (ou postcoloniale) que Nganang soulignait pour poser la particularité du roman de l'émigration ?

psychologique. Analysant le roman de l'émigration dans une réaction contre le roman de la dictature, Nganang fait valoir que « le roman de l'émigration est de l'ordre de l'histoire : le bateau est sa métaphore significative ».[39] Dans *Reine Pokou*, l'exode ne livre pas une construction de la Nation, elle est plutôt frappée du sceau du trauma du départ et de la question de l'arrivée.

En retournant à la typologie déclinée par Nganang, à propos du roman de l'émigration (écriture migrante), *Reine Pokou* est un roman du cheminement. Il ne dit pas la Nation, mais la traverse, la situe en une dynamique, une traversée, un cheminement. De fait, la Nation ivoirienne n'est pas et ou est problématique. L'incompréhension de cette donne a entraîné la crise identitaire et la guerre. Sa lecture de la Nation semble buter sur une compréhension hégémonique, essentialiste et immuable. Tadjo pouvait argumenter la réécriture comme une recherche d'un autre chemin : « Notre rôle en tant qu'écrivain, c'est de poser des questions, de sortir les gens de leurs idées préconçues pour les amener sur des chemins non explorés, remettre en question ce que l'on prend pour des acquis »[40]. Là se trouvent les limites d'une écriture migrante comme réponse à un roman de la dictature, selon l'approche de Patrick Nganang.

Avec ce mouvement du flux et reflux des vagues de la narration et peut-être des eaux qui charrie(nt) les migrants, *Monsieur Ki* et *Le Paradis français* sont bien des romans parisiens. Ce dernier roman justement se décline en cheminement, depuis les pages incipitales qui débutent à l'aéroport de Rome, suivi d'une plongée dans l'univers des travailleuses du sexe, souvent appâtées par la recherche du

---

[39] Patrick Nganang, « Le roman de l'émigration », *La Littérature préemptive*, *Loc. Cit*, p. 235.

[40]Dahouda Kanaté, « Rendre hommage à la vie », Entretien avec Véronique Tadjo, *Loc. Cit.* p. 182.

prince charmant (via Internet) et les désillusions. On n'a peut-être pas un roman parisien, au sens de l'élection du macro-espace de l'action principale dans Paris, mais bien celui d'un cheminement, d'une traversée au sens du flux-reflux. Ainsi à l'arrivée à Rome succède la fuite : « l'épreuve de la traversée » (p. 47.) vers la ville lumière en passant par les Alpes le jour de Noël 1999 et les péripéties françaises et spécifiquement parisiennes[41].

On aurait peut-être tort de dissocier une analyse de l'écriture migrante du statut même des auteurs en la ramenant à une simple mise en discours de l'immigration ou de la migration. L'histoire littéraire tourne rarement le dos à l'écrivain sinon l'écriture suffirait pour tout et en tout. L'histoire littéraire prospère bien sur l'écriture mais aussi autour de l'écrivain et souvent la thématique ou le genre mis en circulation dans le texte. Le roman de l'immigration et le roman de l'émigration ne visent pas les mêmes objectifs. Le premier trait discriminant avec un récit comme *Un nègre à Paris* porte sur l'évacuation de la notion du pays natal et la nostalgie qui la traverse, en faisant un pionnier de l'écriture de l'immigration. Avec l'écriture migrante disparaît le mythe orphique du territoire et ne perdure que la longue traversée…

Ainsi dans *Le Paradis français* justement, au terme d'une vie de périple, Mira arrêtée par la police parisienne, alors qu'elle tentait par tous les moyens de réunir la somme nécessaire à son retour, demande un rapatriement. Il ne s'agit point d'un retour romantique « un come back Africa à la Marcus Garvey » (*Le Paradis français*, p. 78).

[41] Par cette dynamique de l'espace, la trajectoire et la trajectibilité, le régime de la carcéralité nocturne mis en évidence ailleurs, *Le Paradis français* opère une sorte de réduplication du trajet de Charlie dans *Le Paradis du nord* de J.R. Essomba. Lire «Écriture migrante et nouveaux territoires littéraires dans quelques romans africains francophones», *Littératures africaines et territoires*, Paris, Karthala, 2011, pp. 249-262, Christiane Albert (dir.).

Cette image est battue en brèche par l'image du charter chargé d'évacuer en Afrique les Noirs sans papiers raflés. Le souhait du personnage échappe ainsi à ce romantisme angélique (ou négritudien) pour être une sorte de réalisme tragique face à la découverte de l'enfer européen : "départ volontaire" (p. 164) comme un migrant déçu qui rentre au pays, affranchi de ses illusions et meurtri de ses blessures physiques et morales. Toutefois, la remarque de Lydie Moudileno selon laquelle le migrant des textes de la nouvelle génération a acquis un « sens de l'orientation » qui se manifeste par le « manque de vertige et de saisissement au milieu de la foule blanche »[42] autorise à s'interroger justement sur la maturité ou la maturation du *Paradis français* comme roman migrant…

Le double flux, c'est la part camerounaise et ivoirienne (ou plutôt bassè et ivoirienne) qui féconde *La Mémoire amputée*. Cheminement intérieur de l'auteur, cheminement interne fictionnalisé qui vient échouer sur les bords de Laguna comme lieu de l'"ici énonciatif".

Monsieur Ki est un véritable roman parisien avec l'installation de l'action principale dans la ville de Paris. Les actions du *Paradis français* y sont fortement ancrées avec les chambres miteuses et en forme de cagibis précaires dont parle Papa Samba Diop : « Les personnages de ces romans sont exilés dans des confins de bonnes insalubres, métiers harassants aux salaires dérisoires, loisirs inexistants. Autant de lieux ou de conditions concentrationnaires d'où ils rêvent d'une existence normale, dont ils se sentent irrémédiablement exclus. »[43] À ce type de roman parisien, *Monsieur Ki* ajoute la centralité de ce retour obsessionnel aux potins de Djimi

[42] Lydie Moudileno, *Parades postcoloniales*, Paris, Karthala, 2006, p. 113.

[43] Papa Samba Diop, « Le roman francophone subsaharien des années 2000. Les cadets de la post-indépendance », *Culture Sud, Notre Librairie*, N°166, Juillet-sept 2007, p. 12.

(le petit village africain du narrateur omniprésent dans ses narrations du passé). Le narrateur, choisi par le masque, passe le plus clair de son temps à avancer des arguments pour faire tourner en rond l'Ancêtre à la tête de cynocéphale, venu lui demander de retourner à Djimi pour prendre sa place de porteur de masque (privilège jamais encore refusé par un fils du village).

> En fait, ma tête n'a jamais envisagé sérieusement l'éventualité de retourner croupir au village dans la peau d'un faiseur de pluie. Rien que l'idée ! Comme ça de but en blanc, un matin un masque entre chez toi rue saint-Maure, en plein Paris, et te somme de retourner au village au motif que c'est toi que les Anciens et la Confrérie de l'Ancêtre-à-la-tête de Cynocéphale ont choisi pour perpétuer la tradition. Au nom de quel mérite ? Au nom de quel parjure ? Au nom de quoi, bon Dieu ? (...) Mais où se croient-ils ? (pp. 119-120.)

À l'analyse, tout le récit tourne autour des potins de ce patelin perdu dont les habitants sont « des deconnards nés ». En effet, à l'exception de la relation complexe de la concierge de l'hôtel où le narrateur logeait et de son voisin en Ardèche dont les lettres font irruption[44] dans les réflexions, toute la fiction est consacrée aux potins de Djimi. Il n'est pas excessif d'avancer l'hypothèse d'une *peopolarisation villageoise* du récit, d'un roman à potins ou d'un récit d'historiettes. Ce village s'impose à lui à Paris, dans sa chambrette.

À raison, Clément Moisan, après avoir insisté sur la nécessité pour l'histoire littéraire de « faire voir le changement profond, continu et progressif de ce polysystème de la littérature »[45], rappelle que l'analyse de la littérature migrante est particulière par ce rapport à la culture frappé au coin de la technicité dans l'expression de la mobilité.

---

[44] (pp. 16-17 ; 63-66 ; 139-141)

[45] Clément Moisan, *Écritures migrantes et identités culturelles,* Montréal, 2008, Éditions Nota Bene, p. 54.

III. Technicité mémorielle de l'écriture migrante

Deux lieux incontournables d'inscription de l'écriture migrante sont le terroir, la langue. De fait, il s'agit d'une inscription dans la mémorialité, une mémoire ne débordant plus simplement le souvenir mais le dopant d'une véritable technicité de l'écriture postmoderne ou postcoloniale. Le récit migrant prend en charge tant le départ, le déplacement que l'intégration, en somme une transculture, phase ultime d'une intégration voire d'un recyclage culturel où l'écriture migrante dit, à la fois, la migration et les avancées de la mondialisation qu'elles se nomment cinéma, médias, culture de masse, économie globale et autres.

Ces ressources à la rescousse de la mémoire sont l'intermédialité dans *Monsieur Ki* et *Le Paradis français*, une historicité faible et un véritable recyclage dans *Reine Pokou* et *La Mémoire amputée*.

> L'écrivain migrant ouvre un espace enfoui au-dedans de soi. Il faudrait alors envisager une autre forme de témoignage, puisque le sujet migrant est le porteur de l'envers de la mémoire officielle qu'il dénonce par son écriture ; refus de la mémoire nationale de la communauté d'accueil, refus de la commémoration passéiste que requiert de son côté la communauté ethnoculturelle.[46]

La lecture de Simon Harel a un véritable relent politique : face officielle de l'écriture migrante. Toutefois, on peut bien lui trouver une forte inclination postcoloniale qui serait une véritable démarche de contre-écriture, voire de réécriture d'une vision téléologique et hégémonique.

Sur l'axe politique, *Monsieur Ki* et *Reine Pokou* fournissent aussi une double articulation complémentaire. Cette question de la subjectivité est aussi centrale dans *Monsieur Ki* où le narrateur premier, suicidé au moment où débute le récit du roman, qui enregistre la bande

---

[46] Simon Harel, *Les Passages obligés de l'écriture migrante*, Montréal, Editeur XYZ, 2005, p. 63.

magnétique témoin de son passage dans cette chambre d'hôtel, est presque condamné à mort par son refus de porter le masque tutélaire de son village. D'ailleurs, l'ancêtre-à-la-tête-de-cynocéphale avait déjà éliminé le concurrent illégitime (à l'image de Koui Gaspard, p.119) parce que le choix des Anciens était déjà fait. Avec l'écriture migrante, on observe bien une substitution du schéma subjectif, auto-centré sur un individu à la métaphore des enfants du continent allés « apprendre à lier le bois au bois et à vaincre sans avoir raison »[47].

En somme, il ne s'agit plus simplement de la problématique du retour au pays natal et de l'intégration des valeurs mais bien d'un discours de l'individualisme tous azimuts. On pourra adjoindre à cette situation une discrimination narrative imposante (les potins du village de Djimi, sans aucun projet de construction) loin d'un réalisme pour être plus dans la perspective de la déconstruction d'une quête centrale qui traverse le récit ; lui imprimant une destinée ou un destin national(e). « Le texte migrant se souvient, croit se souvenir, est hanté par l'originel et l'authentique, mais doit en même temps constater, que d'une certaine manière cette hantise est sans objet, ou [...] qu'«il n'est plus question de patrie »[48], dit Pierre Nepveu.

Reine Pokou ouvre la voie d'une approche plus postcoloniale, déconstructiviste. Contre l'histoire officielle, la romancière ivoirienne installée en Afrique du sud, convoque, en effet, une analyse spéculaire des possibles narratifs de la légende comme pour asseoir non plus une légitimité, une nécessité nationale, ethnique immuable mais un discours de l'avatar qui relativise le discours identitaire exclusiviste dont les dérapages sont l'ivoirité. En substance, la migration ouvre l'écrivaine à

---

[47] Nous citons de mémoire *L'Aventure ambiguë* de Cheick Amidou Kane.
[48] Pierre Nepveu, *L'Écologie du réel*, Montréal, Boréal, 1999,1988, p. 200.

une sorte de distance bienfaitrice et de tolérance fécondante. Elle reconnait avoir pris un risque « en écrivant *Reine Pokou*, car toucher aux mythes n'est pas chose facile »[49] et si elle ne souscrit pas au sacrifice de la reine, elle comprend la positivité que véhicule cette légende-exode.

> Elle nous rappelle que le peuple Baoulé dont l'identité ivoirienne n'a jamais été remise en question vient en fait du Ghana actuel, c'est-à-dire hors des frontières de la Côte d'Ivoire. Cela devrait donc nous encourager à comprendre que nous sommes une nation de migrants et que nous devons par conséquent apprendre à vivre ensemble et à apprécier notre diversité culturelle et ethnique. Ce pan de notre histoire peut nous aider à relativiser la question de l'"ivoirité" en faveur d'une réconciliation nationale qui transcende les considérations ethniques.[50]

Convocation d'un possible qui subjectivise l'histoire… Dans la veine de la déconstruction, l'image d'Épinal de l'enfance heureuse est battue en brèche par le titre évocateur *La Mémoire amputée*. Ailleurs, nous rappelions que le mythe du *Lôs* est déconstruit et reconstruit : traversé par une véritable tension féminine qui en fait un attribut de Halla, « un être complet, mieux qu'un homme, meilleur qu'une femme » (p. 40). Le récit opère une destruction patiente du mythe patriarcal masculin du *Lôs* (Los de mes fesses ! (p. 129), dit la folle Nemy ; « faux jeton de mon père », dit l'enfant Halla (p. 196)), à travers la présentation mitigée du village et de la métaphore du royaume de l'enfance. Le texte reconstitue donc l'ici de l'énonciation, moment de mémoire, lieu d'opportunité de retour à l'espace du trauma. Ce va-et-vient symbolique décrit, à nouveau, le mouvement de l'émigration, du déplacement

---

[49] Dahouda Kanaté, « Rendre hommage à la vie », Entretien avec Véronique Tadjo, *Nouvelles Études francophones*, Vol. 22, 2, Automne 2007, p. 182.
[50] *Ibidem*.

axé ici sur un personnage féminin dont les doutes, les douleurs expliquent la structure en "temps" du récit.

> Je pris la résolution d'écrire au gré de ma mémoire sans lui imposer un ordre ou une préséance, et encore moins, un rythme extérieur...Et pour exprimer ma compassion, j'ai senti que je ne pourrai y parvenir plus émotionnellement qu'en chantant. (*La Mémoire amputée*, pp. 22-23)

Le lieu d'arrivée et d'intégration est un lieu de mémoire et un lieu d'écriture... « Le sujet migrant incarne la pluralité des temps de la mémoire »[51]. Cette temporalité se délite en, au moins, trois configurations énonciatives ou discursives autour des quatre romans analysés.

Le locataire anonyme de *Monsieur Ki*, Halla dans *La Mémoire amputée*, Mira dans *Le Paradis français* vivent dans un jeu temporel : le passage d'un univers de valeurs spécifiques, historiques à celui d'un présent qui implique que le présent est un temps de transit entre deux registres de valeurs. C'est pourquoi, on a le sentiment d'une superposition de mondes dans les récits analysés. C'est l'image très spectrale de cet Ancêtre fantomatique qui fréquente ou hante le locataire (p. 20 ; 62, etc..) et dont le fantôme rode autour de l'hôtel (p. 145). Mira bascule de l'insouciance de son Abidjan dans l'enfer de l'Europe des migrants...Mais on pourra aussi évoquer cette légende de la Reine Pokou (du dix-huit siècle) pour comprendre la crise ivoirienne de 2002. *La Mémoire amputée* reconstitue cette nécessité du dire par une rencontre, une recomposition de la société initiale de Halla, au soir de sa vie :

> En ces temps-là, Tantie Roz avait dû s'exiler aussi, lasse de ne plus être permise de rêver. C'est ici à Laguna, où je me suis à mon tour exilée dix ans après, que je l'ai connue. Ma mère Naja avait alors accepté de venir m'y rendre visite et, toujours aussi chrétienne, elle cherchait des renseignements sur les lieux de culte et les chrétiens pratiquants (p. 408).

---

[51] Simon Harel, *Les Passages obligés de l'écriture migrante*, Montréal, Editeur XYZ, 2005, p. 57.

Halla accède ainsi au statut d'écrivain migrant (statut intratextuelle) dont la quête d'une écriture pour dire la condition des femmes (pas seulement celles de son environnement et son pays d'origine mais aussi celles de toutes les autres femmes rencontrées sur le chemin de la recherche de soi), comme sujet et femme, se constitue par couches sédimentaires épaissies par les multiples imaginaires féminins du roman. On aboutit à une sorte de mémoire générique contre une mémoire tronquée, manipulée et installées par le Patriarcat.

Cette perspective rencontre bien la forte mémoire spéculative autour de la question historique ou nationale. Halla donne bien l'importante contribution des femmes de son clan à la lutte anticoloniale et à la résistance du pays bassè, mais la démarche plus ouverte et plus affichée de *Reine Pokou* est tout aussi éloquente. La réécriture ou contre-écriture voire l'écriture hésitante d'une légende fondatrice, connue et établie devient ainsi comme une mise en discours du spéculaire, de l'imaginaire contre une image péremptoire et castratrice d'un imaginaire fécondant la Nation. Cette approche d'un imaginaire fluctuant, proche d'une incrédulité à l'égard des métarécits ou un décentrement postcolonial (Périphérie/centre) hisse ainsi le spéculaire contre l'autorité de l'identité meurtrière.

Monsieur Ki et *Le Paradis français* semblent proposer le schéma d'une mémoire technique. En effet, un peu comme un testament, l'inconnu dont le narrateur hérite de la chambre a stratégiquement laissé une bande qui

> était ostensiblement posée sur la table de formica, de sorte que ce soit la première chose qu'on voie dès qu'on entrait dans la chambre. À l'évidence, le locataire précédent l'avait laissée au suivant, moi, en occurrence. La bande m'attendait. (p. 13)

La médiation de l'Histoire des femmes exilées et celle de Mira, dans *Le Paradis français,* passe aussi par le détour du film. Elle avait pris l'engagement au plus fort de la galère, en Europe, dans l'entre-deux, à la frontière, au moment de sa fuite « Je raconterais ma vie à un cinéaste et on en tirera un film » (p. 83) ; « J'ai tenu à ce que la cinéaste montre ces scènes (p. 9) ; la camera balaie les lieux, alternant travellings, zooms, scènes » (p. 12) ; la caméra la filme au ralenti (p. 30). Le Tchadien qui fait la traversée des Alpes avec elle avait le même souci de la mémoire « J'écrirai notre vie, j'écrirai un livre à succès » (p. 80) ; « J'écrirai notre vie, j'écrirai un livre à succès, un best-seller, un cinéaste en fera un film » (p. 120).

On retrouvera une représentation de cette distance technique dans le rapport du lieu du trauma et celle du lieu de l'écriture.

Le premier constat est bien que le lieu du trauma est distinct de celui de l'écriture ou de l'édition, à l'exception de *Monsieur Ki*. Le schéma de ce roman n'est pas sans rappeler une tendance ancienne du roman africain où l'on écrit à partir de la France…Si la démarche de Nganang inscrit un lieu symbolique du trauma (le bateau ou la terre de la déportation), la figuration de la distance est importante ici dans les autres cas, rappelant que le roman de l'émigration ne reste pas dans le lieu symbolique (avec sa posture postcoloniale).

Le sous-titre de *Monsieur Ki* est « Rhapsodie parisienne à sourire pour caresser le temps ». Ce syntagme appelle à l'élection du roman de banlieue mais aussi à une bifurcation, voire une distance, par rapport au roman engagé dans la construction nationale. La technicité de la bande magnétique se retrouve ainsi à un carrefour qui fonde son ambivalence sémantique. Un ludisme, un ergotage, voire une cure de la parole du suicidé sont clairs et subjectivisent à raison l'horizon d'attente de ce roman. La lecture de *Monsieur Ki* comme roman des potins ne s'explique que par ce dos tourné à l'écriture de l'urgence, marque de fabrique de la littérature nationale. Sur la question de la constitution d'une nouvelle diaspora, avec une conscience diasporique, Kwahulé précisait aussi que son questionnement, plus qu' « une simple question noire,[est surtout] une question qui touche l'homme contemporain que le consumérisme a chassé de la sphère du désir »[52]. Son propos n'a pas encore la violence radicale de la boutade d'un Kossi Efoui qui professe que l'Afrique n'existe pas[53], mais il est bien tourné, paradoxalement vers la France, sa terre d'élection. Il serait plutôt très proche de la « nouvelle tribu »[54] que Léonora Miano nomme les afropeans[55]… Aussi la solitude du narrateur premier est ainsi symptomatique de la solitude du nouveau sujet Africain perdu à Paris et, peut-être spécifiquement du sujet ivoirien, perdu dans la diaspora. Au surplus, son écriture du potin est bien une déviation de la Nation vers une forme plus ludique ou fictionnelle du pays…

De ce point de vue, *Le Paradis français* est spécifique, voire utopique, notamment avec l'impératif du retour affiché par Mira dont l'empressement à rejoindre le pays natal surprend même les policiers au moment de son transfèrement à la prison de l'aéroport, en attendant son rapatriement. Ce « départ volontaire »[56] tranche aussi avec les sentiments de ses compagnons d'infortune dans l'avion de rapatriement : « Toutes menottées. Elles pleurent, maudissent la France, injurient les policiers qui restent de marbre » (p. 164). Il

[52] Propos de Koffi Kwahulé, « Immigration et conscience diasporique », *Loc. Cit.*, p. 160.

[53] Cet auteur aime à insister sur la nature "liquide" de la littérature et refuse tout aussi sa catégorisation comme auteur africain. Cette métaphore du liquide est celle du mouvement, du fluide, refus du territoire, du statique.

[54] Ce syntagme est utilisé ici dans le sens très sociologique que lui confèrent des travaux comme ceux de Michel Maffesoli et Arjun Appadurai.

[55] Leonora Miano, *Afropean Soul et autres* nouvelles, Paris, Flammarion GF Étonnants classiques, 2008.

[56] L'expression est l'objet d'une double appréciation : vérité pour Mira, elle est empreinte d'un sarcasme, voire d'un humour noir ou d'une ironie de la part des policiers, incrédules, qui pensent à une mise en scène…

tranche aussi avec un mouvement tourné vers l'Occident[57]. Ainsi les turpitudes du voyage de Mira auront bien occasionné un roman de banlieue, avec ses espaces sordides, avec un espace du trauma caractérisé par *l'intranquillité.* À propos de la littérature de banlieue justement, on peut s'interroger sur son espace de rattachement et ses instances de légitimation. Là se résume peut-être l'un des flottements de l'écriture migrante : il existe bien une légitimité de fait inscrite dans la nécessité de dire un mal être, d'être un ni…ni…et presque de nulle part.

Que retenir de ses histoires qui semblent tourner le dos au pays natal pour se tenir dans l'ailleurs. Le migrant est bien un voleur de parcours et quand vient le moment de s'arrêter, apparaît la fragilité des amarres dont les ancres ne sont pas souvent bien rivées ou accrochées aux bords du pays natal encore moins à ceux de la France et autres pays d'accueil. À ce constat, se greffe la question d'une légitimation institutionnelle de cette écriture des amarres rompues. Si outre atlantique, on intègre, en France, le cheminement de cette écriture et de ses hommes est celle « du malaise de la "condition noire" dans la société française »[58].

Distance problématique, d'où la possibilité d'un questionnement impertinent à Véronique Tadjo et autres de savoir d'où ils viennent pour oser empêcher le monde de tourner avec ses moulins tragiques brouilleurs de destins... Koffi Kwahulé et son personnage semblent avoir fait le choix de tourner le dos et… la page. Mais l'Ancêtre, le pays natal peuvent-ils accepter d'essuyer un tel refus ?

---

[57] Les récents ouvrages de Nadège Veldwachter, *Littérature francophone et mondialisation* (Paris, Karthala, 2012, 315p.) et Catherine Mazauric, *Mobilités d'Afrique en Europe, Récits et figures de l'aventure* (Paris, Karthala, 2012, 384p.) confirment ce mouvement.

[58] Éloïse Brezault, « Du malaise de la "condition noire" dans la société française », *Nouvelles Études francophones*, N°26-2, 2012, pp. 143-157

Conclusion

« À la différence de nos parents qui ont en leurs mains vu naître un continent, nous sommes des nécrologues des nations »[59]. Dans le mouvement des déplacements, des flux globaux, comment concilier l'exigence de nommer les choses et une dynamique interne qui les situe *in situ* ou en transit ? Le cadre global de ce questionnement élisait ainsi l'écriture migrante dans son rapport à la Nation et à la nationalité, à partir de quatre romans liés à la migration. La réponse a nécessité ainsi une approche combinant une lecture socio-textuelle et sociocritique de la migration sur le niveau cognitif et le niveau de signification du roman ivoirien.

À dessein, cette contribution a voulu porter une esquisse des difficultés de l'analyse et des enjeux d'un questionnement de l'écriture migrante dans son rapport au sud, à l'historiographie littéraire et peut-être aussi du point de vue d'une critique analysant à partir du sud. Prioritairement, si la question de la littérature (ivoirienne) impliquait la soumission à des critères rigides de nationalité et du *locus*, ces quatre romans, qui n'échappent pas aux tensions d'une écriture migrante, rappellent que l'État-Nation est mis à mal tant dans ses critères juridiques que par la réalité d'un monde globalisé et ouvert à une mobilité tous azimuts. Ainsi *Reine Pokou*[60] de Véronique Tadjo et *Monsieur Ki* de Koffi Kwahulé font-ils la fierté du pays d'ailleurs dans un monde où leur intégration infléchit leur roman ou récit aux exigences d'un imaginaire fluctuant, non hégémonique. Werewere Liking, partie de son Cameroun natal, pour se retrouver en Côte d'Ivoire, imprime le même cheminement à son héroïne dont la beauté du verbe, au-delà du discours de la femme sur les femmes, est fécondée

[59] Patrick Nganang, *La République de l'imagination*, Vents d'ailleurs, 2009, p. 15.

[60] Il n'est pas anodin que ce texte remporte le Grand prix d'Afrique (2006) et que peu de cas y sont faits en Côte d'Ivoire même…où il semble sinon inconnu du moins symptomatiquement méconnu.

par un patrimoine métissé qu'on lui reconnaît et qu'elle a en partage avec la Côte d'Ivoire, pays hybride, pays de la transculture. Cette ouverture sur le monde et ses problèmes traverse également la question de la mobilité, de l'immigration dans *Le Paradis français* où au bout d'une désillusion sans fin, Mira revient au pays : roman de la migration qui confirme que Paris n'est pas le centre du monde, mais bien le centre de la traversée de nos illusions, le lieu des frontières.

En somme, l'historiographie littéraire, faite de flexibilité et de réajustement constant, recommande de prendre en compte que nos romanciers, partis pourront peut-être être intégrés aux littératures d'ailleurs (car la question de fond est de savoir jusqu'à quand ils restent des étrangers), tout comme les textes produits à partir du *locus* doivent être lus en tenant compte de la possible intégration des auteurs comme Werewere Liking et autres à la littérature ivoirienne. Ceci est l'un des défis de la face littéraire de la dynamique des flux globaux

Bibliographie sommaire

BANDAMAN, Maurice, *Le Paradis français*, Abidjan, CEDA-NEI, 2008, 173p.

BERROUET-ORIOL, Robert et FOURNIER, Robert, « L'émergence des écritures migrantes et métisses au Québec», *Québec Studies*, N°14, 1992, pp. 7-22.

BREZAULT, Éloïse, «Du malaise de la "condition noire" dans la société française», *Nouvelles Études francophones*, N°26-2, 2012, pp. 143-157

CHALAYE, Sylvie, « Immigration et conscience diasporique », *Africultures* N°72, 2007, Interview de Koffi Kwahulé, pp. 156-163.

CHARTIER, Daniel, « Les origines de l'écriture migrante. L'immigration littéraire au Québec au cours des deux derniers siècles », *Voix et images*, Vol. XXVII, N°2(80), hiver 2002, pp. 303-316.

COULIBALY, Adama, « Écriture migrante et nouveaux territoires littéraires dans quelques romans africains francophones », *Littératures africaines et territoires*, Paris, Karthala, 2011, pp. 249-262. (Christiane Albert dir.)

COULIBALY, Adama, « *Ethnoscape* et écriture migrante : vers une réévaluation du paradigme identitaire dans *Pelourhino* de Tierno Monénembo », *Revue French Studies in South Africa*, N°39, 2009, Afrique du Sud, Publications AFSSA, pp. 1-24.

DIOP, Papa Samba, « La recherche francophone au-delà des approches thématiques : de nouvelles orientations méthodologiques », *Littératures au Sud*, Paris, AUF-Éditions des Archives Contemporaines, 2009, pp. 37-42

DVORAK, Marta, « Les écrivains venus d'ailleurs », *Études canadiennes/Canadian Studies*, N°46, 1999, pp. 161-171.

GNAOULE-OUPOH, Bruno, *La Littérature ivoirienne,* Paris-Abidjan, Karthala-CEDA, 2000, 444p.

HAREL, Simon, *Les Passages obligés de l'écriture migrante*, Montréal, XYZ, 2005, 250p.

HUANNOU, Andrien, *La question des littératures nationales*, Abidjan, CEDA, 1989, 202p.

KANATE, Dahouda, « Rendre hommage à la vie », Entretien avec Véronique Tadjo, *Nouvelles Études francophones*, Vol. 22, 2, Automne 2007, pp. 179-185.

KWAHULÉ, Koffi, *Monsieur Ki,* Paris, Gallimard, Continents-Noirs, 2010, 146p.

LEZOU, Dago Gérard, KONÉ, Amadou et M'LANHORO, Joseph, *Anthologie de la littérature ivoirienne,* Abidjan, CEDA, 1983, 309p.

LIKING, Werewere, *La Mémoire amputée*, Abidjan, NEI, 2004, 415p.

MOISAN, Clément, HILDEBRAND, Renate, *Ces étrangers du dedans*, Montréal, 2001, Éditions Nota Bene, 363p.

MOISAN, Clément, *Écritures migrantes et identités culturelles,* Montréal, Éditions Nota Bene, 2008, 146p.

NEPVEU, Pierre, *L'Écologie du réel*, Montréal, Boréal, 1999 [1988], 241p.
NGANANG, Patrick, « Le roman de l'émigration », *La littérature préemptive*, Paris, Éditions Homnispères, 2007, pp. 233-282.
TADJO, Véronique, *Reine Pokou,- concerto pour un sacrifice*, Paris, Actes Sud, 2004, 90p.
VIGNONDE, Jean-Norbert, « Littératures nationales ou cri pluriel ? », *Notre Librairie* N°85, octobre-décembre 1986, 3. Histoire et Identité, pp. 85-91
WABERI, Abdourahman, « Les enfants de la postcolonie, esquisse d'une nouvelle génération d'écrivains francophones d'Afrique noire », *Notre Librairie,* N°135, Sept.-Déc., 1998, pp. 8-15.

Poétique des écritures migrantes dans *Le Roi de Kahel* de Tierno Monénembo

Didier Brou ANOH
Université Félix Houphouët-Boigny Abidjan-Cocody

Introduction

Selon Daniel Chartier, « l'écriture migrante apparaît comme le prolongement d'une histoire migratoire qui a façonné les frontières et les marges de la vie littéraire »[61]. Elle se caractérise par la capacité d'un espace littéraire à accueillir les voix venues d'autres horizons. Cette définition place le concept d'écriture migrante au centre d'un enjeu littéraire, depuis son apparition[62], pour la première fois, dans le magazine transculturel *Vice versa*, sous la plume de Robert Berrouët-Oriol, et son introduction dans les études littéraires. L'enjeu du « devenir autre » face aux exigences de l'exil, le processus d'acculturation[63] des « ayants immigrés » et la construction d'une identité migrante, sont, entre autres, les fondements des écritures migrantes.

Les études sur l'écriture migrante ont certes leurs racines au Québec, mais les théories et arguments qu'elle développe influencent bon nombre de littératures, et s'appliquent parfaitement à des productions venant d'autres endroits.

---

[61] Daniel Chartier, « Les origines de l'écriture migrante. L'immigration littéraire au Québec au cours des deux derniers siècles », *Voix et images*, vol. XXVII, n°2 (80), hiver 2002, pp. 303-316.

[62] On situe en fait vers 1983, le moment où les écritures migrantes sont nées au Québec (Sherry Simon, « Écrire la différence. La perspective minoritaire », *Recherches sociographiques*, n°25, Septembre-Décembre 1998, pp. 57-58).

[63] Processus au cours duquel l'immigré, coupé de sa patrie, se laisse influencer par la culture d'accueil.

En Afrique, les écritures migrantes ont fait découvrir ceux qu'on appelle, par périphrase, les « voix de l'exil ». Au nombre de ces écrivains migrants, on peut classer en bonne place Alain Mabanckou, Calixthe Beyala, Patrice Nganang ou encore Tierno Monénembo qui se définit lui-même comme « un écrivain de l'exil » dont l' « œuvre est née en exil »[64].

Son roman *Le roi de Kahel*, prix Renaudot 2008, est un produit de la migritude[65]. L'œuvre raconte l'aventure de Sanderval qui se lance dans l'ambitieux projet de conquérir, à titre personnel, le *Fouta-Djalon* afin d'y faire passer une ligne de chemin de fer et d'avoir le contrôle d'une région riche de ses ressources naturelles et humaines. La problématique de la mémoire[66], qui imprègne d'ailleurs toutes les œuvres de Tierno Monénembo, est présente dans ce roman. Notre hypothèse est qu'on y découvre certains thèmes caractéristiques des écritures migrantes : l'hybridité, le métissage, le déracinement, l'autobiographie, etc. L'approche fictionnelle et l'approche analytique coexistent, pour ainsi dire, et permettent de saisir, de près, le jeu de la « migrance[67] » selon la terminologie d'Émile Ollivier.

La réflexion qui s'inspire des approches théoriques de certains auteurs dont Simon Harel[68], Monique Lebrun[69],

---

[64] Lire Eloïse Brezault, « Tierno Monénembo », *Afrique, paroles d'écrivains*, Montréal, Mémoire d'Encrier, 2010, pp. 255-276.

[65] Terme employé par Jacques Chevrier pour parler du processus de la migration littéraire, notamment en rapport avec les écrivains africains qui ont fait le choix de vivre en France, et dont le discours littéraire est décalé.

[66] Koulloun dans *Les écailles du ciel*, Escritore dans *Pelourinho,* ou encore le narrateur d'*Un rêve utile* mettent un point d'honneur sur le passé. La mémoire est aussi ce qui hante Faustin dans *L'ainé des orphelins*.

[67] Emile Ollivier, « Propos d'un musard impénitent », *Montréal des écrivains*, Montréal, L'hexagone et union des écrivains québécois, 1988, pp. 174-177.

[68] Simon Harel, *Les Passages obligés de l'écriture migrante*, Montréal, XYZ éditeur, 2005.

Luc Collès, s'articule autour de trois grands axes, à savoir : la juxtaposition des signes culturels, l'écriture comme recomposition identitaire et la langue de soi, la langue de l'autre.

1. Juxtaposition des signes culturels

Bien souvent, les écritures migrantes laissent découvrir la cohabitation des signes culturels du pays d'origine et ceux de la terre d'accueil du sujet migrant. On sent dans le processus scripturaire, cette volonté, selon Daniel Chartier, de remettre en question « l'unicité des référents culturels et identitaires »[70]. Pour l'écrivain migrant, l'écriture devient, dans ce cas, le lieu d'expression de deux cultures formant un couple gémellaire, plutôt hybride. Selon Sherry Simon,

> l'hybridité se situe [...] dans la rencontre inhabituelle des signes culturels, dans la juxtaposition des répertoires habituellement tenus séparés [...] Le texte hybride interroge les imaginaires de l'appartenance, en faisant état de dissonances et d'indifférence de diverses sortes[71].

Ainsi, au lieu de subir ce qu'Ortiz appelle une « ex-culturation » au cours de laquelle le migrant assume le déracinement de sa culture originelle, ce dernier s'approprie plutôt la notion de transculturation que Jean Lamore considère comme « un processus dans lequel on donne quelque chose en échange de ce qu'on reçoit » [72]. Le changement de lieu et de

---

[69]Monique Lebrun et Luc Collès, *La Littérature migrante dans l'espace francophone : Belgique – France – Québec - Suisse.* Belgique, E.M.E. & Inter Communications, sprl., 2007.

[70] Daniel Chartier, « Les origines de l'écriture migrante. L'immigration littéraire au Québec au cours des deux derniers siècles », *Voix et images*, vol. XXVII, n°2 (80), hiver 2002, pp. 303-316.

[71] Sherry Simon, *Hybridité culturelle*, L'île de tortue, coll. « Les élémentaires. Une encyclopédie vivante », 1999, p. 44.

[72] Jean Lamore, « Transculturation : naissance d'un mot », *Vice-versa*, n°21, 1987, pp. 18-19.

culture, « la transition d'une culture à une autre »[73], entraine deux situations dans la vie du sujet migrant : la déculturation qui est le détachement de la culture d'origine, et l'acculturation qui consiste à intégrer la culture d'accueil. Il a « parfois tendance, ajoutent Lebrun et Collès, à occulter ses propres codes culturels en vue d'une plus grande acculturation. Cependant, il ne désire pas pour autant trahir sa culture d'origine »[74]. C'est ici que se perçoit tout le sens de la cohabitation, de la juxtaposition et de l'hybridité des signes culturels comme marques distinctives des écritures migrantes.

Monénembo a écrit *Le Roi de Kahel* en s'inscrivant dans cette démarche. Sa double culture (guinéenne et française) survole le jeu de la narration et anime fortement la ligne de l'intrigue. On assiste à une sorte de cohabitation entre deux cultures dont l'alternance, à géométrie variable, frappe inévitablement. Le double ancrage culturel se perçoit déjà dans le nom du héros. De son vrai nom *Aimé Olivier de Sanderval*, les Peuls l'appellent *Yémé Wéliyéyé Sandarawalia* (p. 171).

Dans le texte, cette double appellation (*Sanderval* par le narrateur, *Yémé* par les Peuls) fonctionne par imbrication à l'effet d'évoquer les deux identités culturelles en jeu. Presqu'autant de fois cités (*Yémé* → 62 fois ; *Sanderval* → 79), les deux noms alternent tout au long du récit. L'occurrence de l'un interrompt ou appelle celle de l'autre. La variation onomastique permet de percevoir le mélange culturel dans le discours narratif et l'hybridité identitaire du personnage principal. On citera également des noms à consonance peule tels que Bocar-Biro, Mâ-Yacine, Alpha

---

[73] Monique Lebrun et Luc Collès, *La littérature migrante dans l'espace francophone : Belgique – France – Québec - Suisse*. Belgique, E.M.E. & Inter Communications, sprl. , 2007, p. 11.

[74] Monique Lebrun et Luc Collès, *La littérature migrante dans l'espace francophone, Op. Cit.*

Yaya etc., associés à de célèbres noms comme René Caillé, Mungo Park, Léopold II rappelant *l'onomaturgie* occidentale.

Une autre caractéristique des signes culturels juxtaposés est cette alternance entre les espaces narratifs dans lesquels évoluent les personnages de l'œuvre. Ils évoquent tantôt le pays natal, tantôt la terre d'accueil. Sanderval, par exemple, débute son périple par le port de Madrague (à Marseille) où il embarque à bord du *Niger* en direction de l'Afrique, pour y devenir « le souverain des sauvages » (p. 18). D'autres espaces évoqués rappellent également la France (son pays natal), ainsi que l'Europe, de façon générale. On découvre, par ailleurs, des structures topographiques africaines telles que Timbo, Ségou, Kayes ou encore Gorée avec sa « terre sombre et chaude », ses « palmiers chétifs et échevelés [...], le bruit incessant des tams-tams et des mouettes » (p. 21). Tous ces espaces s'imbriquent parfaitement au rythme des allées et venues de Sanderval dans le ventre des deux grands pôles spatiaux (l'Europe et l'Afrique).

La part de l'interculturalité dans les écritures migrantes est donc évidente. Les différentes couches culturelles dont hérite le récit s'entremêlent et s'interfèrent. Dans le texte de Monénembo, Sanderval incarne, d'un côté, l'identité blanche, la civilisation occidentale et impérialiste ; entité culturelle et idéologique parcourant en réalité le *Fouta-Djalon*, à la recherche d'espaces pour s'affirmer et faire triompher les valeurs dont le personnage est la représentation physique. De l'autre côté, la bande à *l'Almâmy*, Alpha Yaya, Bocar-Birô etc. , est dépositaire de la civilisation des Peuls, jalouse de leurs valeurs et de leur identité qu'ils essaient, tant bien que mal, de préserver, malgré les ruses et l'audace de Sanderval, auxquelles s'ajoutent des trahisons internes.

Une telle pratique de l'écriture rompt avec le cloisonnement, l'unicité culturelle et identitaire pour privilégier l'approche interculturelle. La multiplicité des référents culturels dans le récit s'inscrit dans la mouvance d'une écriture de l'excès qui, selon Sherry Simon, prend des « configurations diverses et variées »[75]. C'est une écriture de confrontations interculturelles. Qu'elles se laissent découvrir subtilement ou ouvertement, la culture du sujet migrant et celle du pays d'accueil n'échappent pas à la lecture. On peut même parler de la mise en évidence par le migrant, d'une paire culturelle pour donner un sens à l'intrigue.

Ainsi, le sujet migrant se trouve au cœur de deux cultures, de sorte qu'on entend souvent dire des écrivains migrants qu'ils n'appartiennent ni à la société d'origine ni à la société d'accueil. L'histoire coloniale de l'Afrique dont Monénembo tente de restituer les vestiges pour faire entrer cette période controversée dans l'imaginaire romanesque, sert donc de prétexte pour faire passer deux cultures dans le tamis. La « fictionnalisation de l'histoire (politique) [...] dans la production romanesque » [76] sous la forme de l'entre-deux, est d'ailleurs une pratique chère aux écrivains migrants comme Kama Sywor Kamanda, Calixthe Beyala ou encore Kangni Alem. Les écritures migrantes participent donc à la cohabitation féconde des lignes culturelles. C'est une écriture de gommage des frontières.

Dans un contexte où le sujet migrant assume une culture en mouvement, cette approche des écritures migrantes favorise la cohabitation de cultures différentes et étrangères l'une à l'autre dans une intention d'universalité. La détermination de Sanderval à se construire une identité au cœur du *Fouta-Djalon* et son parcours marquée par l'instabilité, permettent également de percevoir un pan des écritures migrantes comme une écriture de recomposition identitaire.

---

[75] Simon Sherry, *Hybridité culturelle*, Montréal, L'île de la Tortue, coll. « Les élémentaires. Une encyclopédie vivante », 1999, p. 27.

[76] Marie Vauthier, « Les métarécits, le postmodernisme et le mythe postcolonial au Québec : un point de vue de la "marge" », *Études littéraires*, vol 27, n°1, Été 1994, pp. 43-57.

2. L'écriture comme recomposition identitaire

Les écritures migrantes permettent de voir, à partir du récit, le processus de recomposition identitaire du sujet migrant. Les signes caractéristiques sont parfois « l'instabilité, la confusion, voire l'effacement des points de repères ».

L'exil met en effet, le plus souvent, l'écrivain migrant face à des contradictions qu'il peine à résoudre. Pour avoir migré, sa vision et son approche nouvelles de la vie sont influencées par les ambigüités et les exigences du pays d'accueil. Dans la plupart des cas, l'exil contribue au déclenchement d'une activité scripturaire latente qui met en scène des personnages en perpétuelle quête d'identité, rappelant la condition de l'auteur. Selon Lebrun et Collès, l'écrivain migrant croit seulement « perdre une identité [mais] il s'en découvre une autre par l'écriture »[77]. Littéralement, « il est en quête de la reconnaissance sociale, de l'identification personnelle, familiale et même existentielle »[78].

Dans *Le Roi de Kahel*, Sanderval se trouve dans une sorte d'engrenage. Son projet de mettre le *Fouta-Djalon* à ses pieds est ambitieux et nécessite qu'il s'adapte aux réalités de cet espace d'accueil et fasse des concessions. « Mon rêve, déclare-t-il, est de fonder une nouvelle nation de Noirs et de Blancs, l'empire du Soudan, illimité... ». (p. 30) Ce projet d'envergure demande que Sanderval signe des traités, séduise *l'Almâmi*, multiplie les voyages (il en a fait cinq au total entre l'Europe et l'Afrique), se fasse des amis, notamment Alpha Yaya, Tierno, Pathé..., renonce à soi-même et accepte les exigences de la tradition peule. Son parcours est parsemé d'étapes et de situations contradictoires. Il donne l'impression d'être en quête d'une identité dans le *Fouta-Djalon*. Anglophobe, explorateur solitaire et indépendant de la France,

---

[77] Monique Lebrun et Luc Collès, *Op. Cit*, p. 13.

[78] *Idem*, pp. 175 -176.

admirateur de la civilisation peule, il cherche à s'adapter en privilégiant le consensus, l'équilibre, la perte d'une partie de soi-même, le renoncement identitaire et idéologique. Comme « un caméléon [...] qui prend la couleur de son environnement »[79], Sanderval s'adapte au *Fouta-Djalon*, à la recherche d'une identité capable de le rendre maître de son nouvel univers. *L'Almâmi* a d'ailleurs cru bon, par la voix du muezzin, de lui donner l'identité peule, indispensable à la réalisation de son projet :

> À partir de cet instant, l'individu de peau blanche et de grande taille que le bon Dieu a dénommé Yémé Wéliyéyé Sandarawalia est déclaré peul, citoyen du *Fouta* et noble de la tête aux pieds. Respectacle du royaume et seigneur de Kahel, seuls le bon Dieu et *l'Almâmi* lui sont supérieurs. Celui qui lui désobéit sera fouetté, celui qui l'insulte aura la langue coupée, celui qui le vole sera décapité. (p.171)

Du statut d'explorateur redouté, d'étranger suspecté, il est devenu, en l'espace de quelques temps, un citoyen peul à part entière, de surcroit, le deuxième personnage après *l'Almâmi*. Son parcours a l'allure d'un désir de recomposition identitaire et de quête d'une société d'accueil. Son désir de jouir des bienfaits de sa terre d'accueil le pousse à consentir des sacrifices. Chaque étape de sa quête est jalonnée de moments de joie, très souvent éphémères, et surtout de peine, d'errance, d'interrogations etc. Ses agonies, ses fièvres, son paludisme, ses diarrhées, ses évanouissements et ses comas, participent de sa recomposition identitaire dans cette région hostile qu'il rêve de transformer en un « empire au commencement d'une épopée »[80].

---

[79] Alain Mabanckou, entretien avec Éloïse Brezault, « Alain Mabanckou », *Afrique, paroles d'écrivains*, Montréal, Mémoire d'encrier, Collection Essai, 2010, pp. 213-226.

[80] Yves Chemla, « Entre la colonisation et l'indépendance, je ne saurais te dire laquelle est le pire », *Interculturel francophonies,* Alliance française de Lecce, 2006, pp. 159-168.

L'identité est donc au centre des écritures migrantes auxquelles elle est intimement liée. L'écriture migrante permet d'exprimer sa propre condition liée au déplacement, tout comme c'est d'ailleurs l'apanage des romans de Monénembo qui, selon Romuald Fonkoua, « racontent l'histoire de l'exil : un mal et une souffrance qui durent depuis la fin de l'ère coloniale »[81].

Dans *Le Roi de Kahel*, le comportement teinté de contradictions du héros laisse présager un désir de mettre en lumière les vicissitudes liées à une vie nouvelle à bâtir sur les cendres d'une vie antérieure. En réalité, Monénembo semble exprimer, par l'entremise de son personnage, sa propre préoccupation liée aux contraintes de l'exil, en usant de ce que Daniel Chartier appelle « des formes particulières [...] d'autobiographie »[82]. L'écriture devient, dans ce cas, le moyen idéal pour mettre à nu ses propres souffrances, et un « palliatif à l'aphonie de l'allogène » que Julia Kristeva appelle le « silence des polyglottes »[83].

La construction de l'identité de certains personnages du roman fait par conséquent écho à celle d'une identité personnelle : celle de l'auteur lui-même. Ce dernier se donne en fait une nouvelle naissance, une certaine « naturalité » dans sa position de déraciné. L'identité n'étant pas « une donnée, mais une dynamique »[84] comme le rappelle Carmel Camilleri, le sujet migrant est de ce fait soumis aux fluctuations et mouvements que lui impose la terre d'accueil. Une telle

---

[81] Romuald Fonkoua, « Tierno Monénembo ou « la mélancolie du voyeur » : éléments pour un discours littéraire africain », *Interculturel francophonies*, n°9, Alliance française de Lecce, 2006, pp. 209-231.

[82] Daniel Chartier, « Les origines de l'écriture migrante. L'immigration littéraire au Québec au cours des deux derniers siècles », *Voix et images*, vol. XXVII, n°2 (80), hiver 2002, pp. 303-316.

[83] Julia Kristeva, *Étrangers à nous-mêmes*, Paris, Fayard, 1988, p. 26.

[84] Carmel Camilleri, « Les stratégies identitaires des immigrés », *Sciences humaines*, n°15, Montréal, Déc. 1996 - Janv. 1997, pp. 32-34.

exigence requiert une posture à double entrée[85] : le regard que le migrant porte sur lui-même, d'une part, et celui qu'il porte sur les autres, d'autre part.

Monénembo a réussi, dans *Le Roi de Kahel,* à adapter certains traits caractéristiques de son héros à sa condition d'exilé, sous le prétexte de la revisitation de l'histoire coloniale amplifiée pour les besoins de la fiction. Monénembo (l'exilé en France) et Sanderval (le migrant dans le *Fouta-Djalon*) forment deux entités ayant en commun la quête d'une identité personnelle et sociale dans le tumulte de la culture de leurs sociétés d'accueil. Le premier a fui la dictature de Sékou Touré (ancien chef d'État de la Guinée) pour se retrouver en France en 1973, après un passage au Sénégal et en Côte d'Ivoire. Le second a, pour sa part, quitté sa France natale pour l'Afrique, encore « obscure, extravagante, parfaitement imprévisible » dans son imaginaire. (p. 18) Cette Afrique dont il avait une vision atypique, a fini par lui apparaître comme un « monumental opéra baroque : des personnages difformes, des scènes extravagantes, une orgie de bruits et de couleurs [...], les fièvres, les furoncles, les morsures de serpents et les états comateux » (p. 185), évoquant ainsi les réalités de la migration.

L'approche de l'écriture par glissement et par narration métaphorique avec, en toile de fond, le poids du déracinement et du métissage, du trauma de départ qui révèle celui que Lebrun et Collès appellent « un énonciateur du trauma »[86], détermine un pan de l'écriture migrante comme une écriture de recomposition identitaire. L'auteur et son héros, sont traversés par un sentiment de séduction et de désillusion, d'attrait et de rejet entre les motifs de la migration (à partir du pays d'origine) et les

---

[85] La première entrée correspond à la fonction ontologique de l'identité, et, la seconde, à la fonction pragmatique de l'identité.

[86] Monique Lebrun et Luc Collès, *Op. Cit*, p. 62.

horizons d'attente (le pays d'accueil). En faisant le deuil de l'unicité du discours identitaire, et en plongeant dans l'Histoire, Monénembo semble assumer une identité en mouvement, avec un usage particulier de la langue empruntant aussi bien à l'univers du pays natal qu'à celui du pays d'accueil.

3. Langue de *soi*, langue de *l'Autre*

En général, la langue du pays d'accueil fascine l'écrivain migrant qui l'emprunte dans l'intention d'abolir la frontière de part et d'autre. Pour évoquer « sa nouvelle patrie » (avec ses habitudes, son mode de vie, son parler), il se sert quelquefois de son code linguistique. Celui utilisé par exemple par Monénembo dans *Un attiéké pour Elgass*[87] convient bien (à certains endroits), au lecteur abidjanais qui se retrouve dans la description de Bidjan, la « ville scandaleuse où s'illustre les contradictions de l'Afrique post-indépendante »[88].

Dans *Le Roi de Kahel*, du strict point de vue de la langue, les visibles intrusions du parler peul dans le récit représentent un trait de l'écriture. La langue « très soignée et méticuleuse dans ses descriptions » [89] ayant servi à écrire le roman, est associée à ce que Monénembo appelle lui-même « la tonalité africaine »[90] dont les peuls sont ici l'image référentielle. On découvre à foison dans le texte, cet ensemble de substantifs peuls, avec des charges sémantiques variées et des structures syntaxiques et mélodiques marquées. Il est question, par exemple, de *bowé* (hauts plateaux herbeux, p. 39), de *touldé*

---

[87] Tierno Monénembo, *Un Attiéké pour Elgass*, Paris, Seuil, 1993.
[88] Romuald Fonkoua, « Tierno Monénembo ou « la mélancolie du voyeur » : éléments pour un discours littéraire africain », *Interculturel francophonies*, n°9, Alliance française de Lecce, 2006, pp. 209-231.
[89] Tierno Monénembo cité par Éloïse Brezault, « Tierno Monénembo », *Paroles d'écrivains*, Montréal, Mémoire d'Encrier, Collection Essai, 2010, pp. 255-276.
[90] *Ibidem.*

(éminences granitiques de forme tabulaire, p. 39), de *loukous* (longues gousses desquelles sortent de longs filaments de soie, p. 61), de *mbatirdou* (un pavillon, p. 74), de *poulakou* (éthique des peuls, p. 91), de *la i lâ i lallâhou*, de *doûki*, de *tchingali* (variété de fruits, p. 61), de *teldi* (espèce d'arbre), de *mampata*, de *sangala* (p. 61), de *diango, fab'i diango* (p. 154), de *kokoulo* (p. 241) etc.

Par ces mots, Monénembo cherche à donner une couleur locale à son roman. Ces termes peuls constituent, pour lui, un moyen d'expression de l'identité culturelle et de conciliation entre deux langues distinctes. La langue française et la langue peule s'imbriquent pour former un ensemble original.

L'intrusion de la langue peule dans la langue d'écriture semble répondre à une dynamique de construction narrative dans la cohabitation des consciences et dans le jeu de l'alternance linguistique. La variation des catégories linguistiques légitime un aspect très essentiel des écritures migrantes : les interférences linguistiques. La langue du narrateur joue de la superposition et du mélange avec celle ayant servi au processus scripturaire. Le narrateur use de catégories linguistiques convoquant aussi bien l'univers culturel de la terre d'accueil que celui du pays d'origine. L'évocation d'un fait ou d'une chose se rattachant à l'univers du lecteur, par le truchement de la langue, crée, chez lui, un sentiment d'implication dans le récit et celui d'en être le destinataire. Une telle démarche suscite l'envie de lecture et rompt avec le discours univoque dans l'approche de la langue dont la nouveauté et le renouvellement ne manquent pas d'intérêt.

Les écritures migrantes offrent par conséquent une langue plurielle servant de point de rencontre. Comme dans l'écriture postmoderne, on y assiste à un travail d'assemblage et d'interférences entre unités linguistiques hybrides dans une perspective transgressive. Ainsi, la langue constitue un trait des écritures migrantes. En situation d'exil, l'écrivain migrant emprunte soit la langue du pays d'accueil (ce qui aboutit à ce que Robert Berrouët-Oriol appelle les « écritures métisses »[91]), soit se contente d'un mélange hybride des langues en jeu. Dans la différence des catégories linguistiques qui cohabitent et s'entremêlent, il faut donc également noter le processus de rapprochement entre deux langues distinctes et, au-delà, deux cultures.

Cette technique est une marque des écritures migrantes caractérisées par le métissage et le discours pluriel. La langue sert de point de rencontre entre des entités traditionnellement tenues séparées. La langue de *soi* et celle de *l'Autre* se mélangent et se superposent de façon harmonieuse. Selon Harel, le passé traumatique lié à l'exil et à la migration est un facteur déterminant dans ce processus de conciliation et de mixité, en ce sens que :

> Choisir une langue d'écriture autre que la langue maternelle revient à faire l'expérience d'un clivage qui a des conséquences majeures, puisque ce choix équivaut à bannir une partie de soi. Changer de langue, c'est aussi changer de peau[92].

À quelque niveau qu'on puisse la situer (langue identitaire, langue empruntée, langue de l'autre, langue hybride etc.), la langue contribue à créer l'autonomie de l'œuvre et à l'inscrire dans un répertoire littéraire bien donné. Parce que *Le Roi de Kahel* offre une telle hybridité langagière dans l'évocation de l'histoire peule, l'on peut dire que Monénembo procède à une écriture déstructurée, écriture de la fécondation qui épouse quelques traits saillants des écritures migrantes.

---

[91] Robert Berrouët-Oriol, « L'émergence des écritures migrantes et métisses au Québec », *Québec Studies*, n°14, 1992, pp.7-22.

[92] Simon Harel, *Les passages obligés de l'écriture migrante*, Montréal, XYZ Editeur, 2005, p. 178.

Conclusion

L'objectif de ce travail a été d'identifier quelques aspects des écritures migrantes dans *Le roi de Kahel* de Tierno Monénembo. À partir de l'histoire d'un des grands explorateurs de l'Afrique, Monénembo convoque et retravaille le paradigme des écritures migrantes dont l'émergence et la réception sont différentes d'un pays à l'autre. Nous avons pu distinguer trois éléments majeurs qui montrent bien que le roman de Monénembo peut être classé parmi les œuvres qui ont les traits caractéristiques des écritures migrantes : l'assemblage dans le roman de signes culturels distincts, le désir d'une recomposition identitaire du héros et le choix de la langue.

L'intrigue (la revisitation de la colonisation) et la construction du récit, avec ses mélanges et son foisonnement, obéissent à la pratique de l'écriture migrante qui est devenue « l'un des emblèmes de la littérature de la fin du XXème siècle »[93]. Cette réflexion a donc atteint son objectif puisque des éléments caractéristiques de l'écriture migrante que nous avons analysés à partir des approches de théoriciens, sont bien présents dans le texte narratif de Monénembo. Ce dernier s'est essayé à réécrire l'histoire peule, à inventorier la colonisation sous l'angle de la création, en s'inspirant des techniques de l'écriture migrante qui forme avec d'autres types d'écriture, cet ensemble de « littérature-monde » inspirée de la théorie du « tout monde » de Glissant. Dans la pratique, il a réussi à mettre en évidence les traits formels d'une écriture qui continue d'alimenter la réflexion.

---

[93] Daniel Chartier, « Les origines de l'écriture migrante. L'immigration littéraire au Québec au cours des deux derniers siècles », *Voix et images*, vol. XXVII, n°2 (80), hiver 2002, pp. 303-316.

Bibliographie

BERROUET-ORIOL, Robert, « L'émergence des écritures migrantes et métisses au Québec », *Québec studies*, n°14, 1992, pp. 7-22.

BREZAULT, Eloïse, « Tierno Monénembo », *Afrique, paroles d'écrivains*, collection Essai, Montréal, Mémoire d'Encrier, 2010, pp. 255-276.

CAMILLERI, Carmen, « Les stratégies identitaires des immigrés », *Sciences humaines*, n°15, Montréal, Déc.1996 - Janv. 1997, pp. 32-34.

CHEMLA, Yves, « Entre la colonisation et l'Indépendance, je ne saurais te dire laquelle est le pire », *Interculturel francophonies*, Lecce, 2006, pp. 159-168.

COULIBALY, Adama, « Métafiction historiographique ou le discours postmoderne de *Peuls* de Tierno Monénembo, *Interculturel francophonies*, Lecce, 2006, pp. 39-58.

FONKOUA, Romuald, « Tierno Monénembo ou la « mélancolie du voyeur » : éléments pour un discours littéraire africain », *Interculturel francophonies*, Lecce, 2006, pp. 209-2310.

HAREL, Simon, *Les Passages obligés de l'écriture migrante*, Montréal (Québec), XYZ éditeur, 2005.

KRISTEVA, Julia, *Étrangers à nous-mêmes*, Paris, Fayard, 1988.

LAMORE, Jean, « Transculturation : naissance d'un mot », *Vice-versa*, n°21, Montréal, 1987, pp. 18-19.

LEBRUN, Monique COLLES, Luc, *La littérature migrante dans l'espace francophone : Belgique – France – Québec – Suisse*, Belgique, E.M.E. & Inter Communications, sprl. , 2007.

MONÉNEMBO, Tierno, *Le Roi de Kahel*, Paris, Seuil, 2008.

MONÉNEMBO, Tierno, *Un Attiéké pour Elgass*, Paris, Seuil, 1993.

OLLIVIER, Emile, « Propos d'un musard impénitent », *Montréal des écrivains*, Montréal, L'hexagone et union des écrivains québécois, 1988, pp. 174-177.

ABOU, Sélim, *L'identité culturelle. Relations interethniques et problèmes d'acculturation*, Paris, Anthropos, 1981.

SHERRY, Simon, *Hybridité culturelle*, L'île de tortue, 1999, coll. « Les élémentaires. Une encyclopédie vivante », 1999.

SHERRY, Simon, « Écrire la différence. La perspective minoritaire », *Recherches sociographiques*, n°3, Septembre-Décembre 1984, pp. 457-465.

VAUTHIER, Marie, « Les métarécits, le postmodernisme et le mythe postcolonial au Québec : un point de vue de la « marge », *Études littéraires*, vol 27, n°1, Été 1994, pp. 43-57.

Écritures migrantes de quelques pieds-noirs d'Algérie : le cas de Marie Cardinal et d'Alain Vircondelet

Elisabetta BEVILACQUA
Università Degli Studi
Di Milano Italie

Si je me sens plus près d'un paysan arabe, d'un berger kabyle,
que d'un commerçant de nos villes du Nord,
c'est qu'un même ciel, une nature impérieuse, la communauté des destins
ont été plus forts, pour beaucoup d'entre nous,
que les barrières naturelles ou les fossés artificiels
entretenus par la colonisation.
Albert Camus[94]

Écritures migrantes et littérature pied-noir, quel lien entre les deux?

Dans un ouvrage collectif entièrement consacré aux écritures migrantes, la littérature des Pieds-Noirs d'Algérie trouve une place privilégiée, bien qu'elle ne soit rapprochée de la *migrant literature* que rarement. Je me propose donc d'inscrire la production pied-noir à l'intérieur de cette thématique littéraire, de plus en plus emblématique de l'évolution de la littérature du XXIe siècle, par l'analyse des thématiques, des dynamiques et des tendances qu'elle met en jeu et qui sont exemplaires du rapprochement entre les écritures migrantes et le roman pied-noir.

Avant l'examen de mon corpus, j'enquêterai sur les éléments qui font de la littérature pied-noir une écriture de l'exil et de l'entre-deux, en proposant également un bref

[94]Albert Camus, *Cahiers Albert Camus 6*, «Albert Camus éditorialiste à L'Express», Paris, Gallimard, 1987, p. 39.

aperçu historique de son développement. S'agissant d'une production qui s'est constituée autour de l'exode des Français d'Algérie en 1962, comme l'on verra par la suite, une réflexion sur les conditions de son émergence est nécessaire. Quant à l'étude du corpus, il s'articulera autour de deux romans des années 80 : *Au pays de mes racines*[95] de Marie Cardinal et *Alger l'amour*[96] d'Alain Vircondelet. Récits d'un retour provisoire à la terre natale, ces textes seront mis en comparaison, à la lumière de plusieurs aspects (la représentation lyrique du territoire, l'évocation douloureuse de l'exil, le déracinement, l'interrogation identitaire qui obsède les auteurs) : être à la fois d'ici et de là-bas les amène à un questionnement personnel exprimé par le biais de l'écriture, incontournable porte-parole de leur mémoire. Cette démarche me permettra donc de revenir sur mon hypothèse initiale, en parvenant à démontrer la cohérence de l'inscription de la littérature pied-noir au sein des écritures migrantes.

Mais tout d'abord, il convient de s'arrêter sur quelques considérations préalables visant à mieux cerner le rapport entre les deux objets d'étude ici concernés, la littérature de migration[97] d'un côté et la littérature pied-noir de l'autre. La première trouve sa définition officielle dans le *Dictionnaire du littéraire* :

> À côté de la littérature d'exil, s'est développée une littérature que l'on désigne comme « littérature migrante », « littérature de l'émigration » ou « littérature des émigrés ». Elle comprend les auteurs et les thèmes qui traduisent les vastes déplacements de

[95] Marie Cardinal, *Au pays de mes racines*, Paris, Grasset, 1980.

[96] Alain Vircondelet, *Alger l'amour*, Paris, Presses de la Renaissance, 1982.

[97] L'appellation « littérature de migration » a été proposée par Elien Declercq dans son étude consacrée aux différents concepts employés pour se référer aux productions littéraires issues de la migration (cf. Elien Declercq, « "Écriture migrante", "littérature (im)migrante", "migration literature" : réflexions sur un concept aux contours imprécis », Paris, *Revue de Littérature comparée*, n° 3, 2011, pp. 301-310).

population suscités par le développement capitaliste occidental. Cette littérature largement acculturée dans le pays d'accueil et qui développe une interrogation identitaire spécifique est produite par les migrants eux-mêmes, mais également par la deuxième ou la troisième génération de leurs descendants[98].

La description, appliquée au cas de la littérature pied-noir, pose quelques problèmes.

En premier lieu, il ne s'agit pas d'une production qui a vu le jour à la suite d'un déplacement suscité par "le développement capitaliste occidental" : la raison du départ des Pieds-Noirs est plus politique qu'économique. C'est, en effet, l'indépendance de l'Algérie qui a déclenché une véritable diaspora des Français et des Juifs de l'ancienne colonie vers la Métropole. Les raisons qui les poussent à quitter leur pays natal sont essentiellement liées aux actions meurtrières de l'OAS[99] qui jettent la panique et même la peur de voir la majorité musulmane s'emparer de tout ce qui leur appartenait. L'événement traumatisant de l'exode est à l'origine de l'écriture pied-noir, là où « l'exil est une expérience de perte et d'absence, de solitude et de différence, [...] et pour de nombreux Pieds-Noirs, comme pour tant d'exilés avant eux, c'est l'écriture qui deviendra « abri », la force de mots pouvoir de réappropriation du monde »[100].

En deuxième lieu, les Pieds-Noirs ne sont pas des migrants comme les autres et leur « pays d'accueil » est tout à fait spécial : pour la France, ils sont rapatriés, c'est-à-dire qu'ils reviennent dans leur patrie[101]. Mais dans la

---

[98] Paul Aron, Denis Saint-Jacques, Alain Viala (sous la dir. de), *Le Dictionnaire du littéraire*, Paris, PUF, 2010, p. 483.

[99] Organisation Armée Sécrète (OAS): mouvement terroriste clandestin des partisans extrémistes de l'Algérie française, créé en 1961.

[100] Lucienne Martini, *Maux d'exil, mots d'exil. À l'écoute des écritures pieds-noirs*, Nice, Éditions Jacques Gandini, 2005, p. 4.

[101] Afin d'atténuer l'image négative que ce rapatriement précipité aurait provoqué chez la population métropolitaine, le premier ministre Georges Pompidou annonce publiquement qu'il s'agit d'un déplacement massif de... vacanciers.

plupart des cas, ils n'ont jamais connu directement la Métropole sinon par les livres scolaires où l'Hexagone était idéalisé grâce aussi au pouvoir de fascination qu'il exerçait sur les jeunes Pieds-Noirs. Leur arrivée en 1962 n'est pas bien vue par les Français de souche: dans un pays vaincu et épuisé après huit ans de guerre, les rapatriés deviennent très rapidement les boucs émissaires sur lesquels il est facile de jeter toute responsabilité. De plus, les différences culturelles entre les uns et les autres se manifestent de façon explicite, à tel point que les Pieds-Noirs sont traités presque de la même manière que les autres immigrés. Dans l'un des témoignages recueillis par l'historienne Michèle Baussant, l'écrivain fait remarquer : « Quand nous sommes arrivés, beaucoup de monde venait voir les gens descendre des bateaux, ils observaient ce spectacle, le spectacle de notre malheur, comme si on était des bêtes de foire. Ils étaient venus voir ces drôles de gens qui débarquaient [...] (Élisabeth) »[102]. Tout cela fait que le statut identitaire des Pieds-Noirs est bouleversé et mis en question: ni Français de souche ni véritables migrants, ils doivent faire face à la déception et au désenchantement dans un pays qui leur est étranger bien qu'ils y appartiennent officiellement. Lucienne Martini, l'une des critiques littéraires qui s'est le plus intéressée à la littérature pied-noir, a bien illustré cette situation :

> À la rupture des liens avec l'univers familier, à la dispersion des fratries, à la perte des biens matériels et des objets d'investissement affectif s'ajoute le sentiment d'être mal accueillis, méconnus. Les médias et l'opinion publique dans la France de 1962 portent sur eux des jugements négatifs, dénigrant sans nuances tout ce qu'ils considéraient comme des réalisations positives faites dans la peine et l'effort,

[102] Michèle Baussant, *Pieds-noirs, mémoires d'exils*, Paris, Stock, 2002, p. 353.

dénonçant leur œuvre comme objet de honte et motif de culpabilisation[103].

Ces remarques, rapportées à la définition donnée dans le *Dictionnaire du littéraire*, amèneraient à penser que la littérature pied-noir ne peut s'inscrire au sein de la littérature de migration. En effet, les auteurs ne partagent pas la même situation caractérisant les écrivains migrants, à savoir le fait d'avoir entrepris un parcours migratoire qui les conduira dans un pays étranger où ils espèrent pouvoir mieux vivre.

Toutefois, d'autres aspects rapprochent la littérature pied-noir des écritures migrantes et permettent d'établir un lien entre les deux. Dans son article consacré à l'étude de concepts tels que littérature *migrante* et *transnationale*, Janet M. Paterson relève la présence de deux poétiques fondamentales qui se dégagent de cette littérature :

> 1) une poétique de l'exil, de la perte et de la dépossession identitaire; 2) une poétique transnationale qui transcende les critères identitaires de la nation et de l'ethnie pour promouvoir des identités multiples, mouvantes, souvent multiculturelles[104].

D'une certaine manière, la littérature pied-noir se rattache à la fois à ces deux poétiques. En ce qui concerne la première, j'ai déjà souligné le rôle fondamental joué par l'exil en tant qu'événement fondateur de la littérature pied-noir: « mots d'exil en réponse aux maux d'exil »[105] car, comme l'écrit Leïla Sebbar, « plus l'exil est fort, plus il est dangereux et plus il est productif et fécond si on en fait une matière »[106]. La deuxième, pour sa part, s'applique

---

[103] Lucienne Martini, *Maux d'exil, mots d'exil. À l'écoute des écritures pieds-noirs*, *Op. Cit.*, p. 8.

[104] Janet M. Paterson, «Identité et altérité: littératures migrantes ou transnationales?», Rio Grande, *Interfaces Brasil/Canadá*, n. 9, 2008, p. 89.

[105] Lucienne Martini, *Maux d'exil, mots d'exil. À l'écoute des écritures pieds-noirs*, *Op. Cit.*, p. 13.

[106] Gérald Grunberg (préface), *D'encre et d'exil. Premières rencontres internationales des écritures de l'exil*, Paris, Bibliothèque du Centre

bien à une production littéraire dont l'identité des auteurs dépasse les frontières nationales en se situant dans un entre-deux-mondes souvent problématique, comme pour Marie Cardinal qui voudrait pouvoir être « tranquillement bi-culturée sans que la névrose s'empare de [sa] personne bicéphale, sans que le reniement guillotine l'une de [ses] deux têtes, sans avoir à faire un choix impossible »[107]. L'écriture devient alors un moyen pour restaurer « une identité de son être en rassemblant le puzzle épars de ses potentialités »[108].

Poétique de l'exil, écriture de l'entre-deux et hybridité culturelle représentent donc certains des aspects qui permettent d'inscrire la littérature pied-noir à l'intérieur de l'écriture migrante, comme l'établira, par la suite, l'analyse du corpus où d'autres thématiques spécifiquement migrantes seront introduites et examinées.

En guise de prolégomènes à l'étude, examinons les contours de l'affirmation et de l'évolution de cette production littéraire.

Une littérature méditerranéenne

Le titre générique de *Littérature pied-noir* s'applique « à ce qu'écrit, depuis la France (ou le lieu de son refuge), un Français né en Algérie sur l'Algérie de la période française »[109] et il se rattache fortement à l'événement fondateur de l'exil. Cette appellation ne concerne donc pas la production littéraire des Français d'Algérie avant 1962, qui

---

Pompidou, 2002, p. 55. Leïla Sebbar est une écrivaine et critique littéraire franco-algérienne, née à Aflou en 1941.

[107]Marie Cardinal, *Au pays de mes racines*, *Op. Cit.*, p. 17.

[108]Sélom Komlan Gbanou, «Migration et identité littéraire: les écrivains africains d'Allemagne», in Danielle Dumontet, Frank Zipfel, *Écriture migrante/Migrant Writing*, Hildesheim/Zürich/New York, Georg OlmsVerlag, 2008, p. 198.

[109]*Maux d'exil, mots d'exil. À l'écoute des écritures pieds-noirs*, *Op. Cit.*, p. 11.

s'était constituée dans une situation tout à fait différente et qui présentait bien d'autres caractéristiques[110]. Une brève comparaison entre les deux productions permettra de mettre en relief les changements qui se sont manifestés à la suite de l'indépendance et qui ont donné lieu à un véritable renouvellement littéraire.

La littérature des Français d'Algérie s'est développée en deux moments différents : dans une première phase, dès la fin du XIXe siècle jusqu'aux années 30, elle s'est affirmée sous l'égide de l'*Algérianisme*[111], un mouvement culturel qui réunissait les intellectuels d'origine française qui revendiquaient leur double appartenance identitaire. Parmi eux, on peut rappeler Jean Pomier et Robert Randau[112], fondateurs de *l'Association des écrivains algériens* (1920), du *Grand Prix littéraire de l'Algérie* (1921) et de la revue littéraire *Afrique* (1924). Ils ont également rédigé un manifeste algérianiste où ils souhaitaient la formation d'un peuple franco-berbère au sein d'une société culturellement européenne et de langue française.

Une nouvelle génération d'hommes de lettres s'est ensuite constituée autour de l'*École d'Alger*, des années 30 jusqu'à l'indépendance, en proposant un dépassement des idées

---

[110]Le mot *pied-noir* a vu le jour au début de la guerre d'Algérie, en 1954, quand il a été attribué de façon inattendue aux Français d'Algérie. Dès lors, ils ont assumé (non sans problèmes) cette appellation pour affirmer et revendiquer la spécificité de leur groupe, unique et riche dans ses composantes multiculturelles (cf. Lucienne Martini, «Scrittura identitaria pieds-noirs: il singolare di un plurale», Rosalia Bivona e Giuseppina Igonetti, *Multicuturalismo. Frammenti, confluenze e prospettive mediterranee*, coll. Lo specchio del Mediterraneo, Napoli, Arte Tipografica Editrice, 2001, pp. 137-147).

[111] Le terme a été conçu par Jean Pomier (Toulouse, 1886 – Fronton, 1977), poète d'origine française, au début du XXe siècle. Il a écrit, entre autres, *Chronique d'Alger ou le temps des Algérianistes (1910 1967)*, Paris, La Pensée Universelle, 1972.

[112]Robert Randau (Alger, 1873-1950), romancier et poète. Il est considéré, avec Jean Pomier, comme le Père des Algérianistes.

algérianistes en faveur d'un universalisme méditerranéen. Fondée en 1935 par Edmond Charlot[113], l'*École d'Alger* a vu se réunir des écrivains de grande réputation tels qu'Albert Camus, Emmanuel Roblès, Gabriel Audisio et Jules Roy. Pour créer une grande communauté d'écrivains algériens, non seulement français mais aussi arabes, ils s'engagent dans la valorisation de la culture méditerranéenne qu'ils ont en partage. Les revues littéraires de cette période (comme *Forge* d'Emmanuel Roblès et *L'Arche* de Jean Amrouche[114]) représentent des tentatives concrètes de rassembler les différentes composantes du panorama littéraire algérien, au nom du multiculturalisme qui le caractérise[115].

Ce projet à l'esprit fraternel connaît, toutefois, une brusque interruption lors du déclenchement de la guerre de libération qui brise la cohésion entre les membres de la communauté littéraire. La brutalité du conflit les amènera à prendre conscience de l'échec de leur rêve et l'exode des Pieds-Noirs en 1962 marquera un point de non-retour inévitable. Face à ce drame historique et à la nécessité de défendre leur image, pulvérisée par l'opinion publique française, certains d'entre eux choisissent l'écriture en tant que moyen d'expression privilégié. Cela explique leur "frénésie d'écriture", comme le rappelle Lucienne Martini :

> Ils [les Pieds-Noirs] expriment, par une prise de parole, la volonté de mettre en valeur et de transmettre leurs particularités, forgées en 130 ans de contacts culturels. Raconter leur vie, leurs expériences, mais aussi tracer le parcours de leurs ancêtres qui, une fois installés en Algérie, ont fondé l'originalité qu'ils revendiquent, les

---

[113] Edmond Charlot (Alger, 1915 – Béziers, 2004): libraire et éditeur à Alger, il publia les premiers livres d'Albert Camus, Emmanuel Roblès, Jules Roy.

[114] Jean Amrouche (Ighil Ali, Kabylie, 1906 – Paris, 1962), poète et journaliste littéraire algérien de langue française.

[115] Lucienne Martini, « Scrittura identitaria pieds-noirs: il singolare di un plurale », Rosalia Bivona e Giuseppina Igonetti, *Multicuturalismo. Frammenti, confluenze e prospettive mediterranee*, *Loc. Cit.* pp. 137-147.

aidera, d'un côté, à exprimer par les mots cette différence obscurément vécue, et, de l'autre, à la présenter aux lecteurs, principalement français, dans toute son authenticité[116].

La littérature des Français d'Algérie connaît ainsi une nouvelle évolution à la suite de l'indépendance algérienne. Mais, il s'agit d'une production tout à fait différente par rapport au passé. Si les intellectuels algérianistes et ceux de l'*École d'Alger* étaient des véritables hommes de lettres, totalement adonnés à l'écriture, les auteurs Pieds-Noirs qui prennent la plume après 1962 ne sont pas toujours des « professionnels » et ils choisissent d'écrire pour satisfaire d'autres exigences : épancher les souffrances de l'exil, sauvegarder la mémoire, raconter la terre natale, retrouver leur identité, sortir du mutisme qui les condamne à l'impossibilité de se défendre. L'urgence de s'exprimer est donc à l'origine de leur premier rapport à l'écriture.

Des années 60 jusqu'à aujourd'hui, cette littérature a connu trois phases[117]. Aux écrivains-révoltés de l'immédiat après 62 succèdent les auteurs des récits d'enfance, des autobiographies, des chroniques du retour : « Le vocabulaire se fait plus affectif, la notion de perte reste présente mais avec une connotation moins agressive, plus sentimentale, le regard de tendresse et d'émotion vers le passé domine les cris de haine »[118]. *Au pays de mes racines* et *Alger l'amour*, récits d'un retour indispensable et bouleversant au pays natal, sont au nombre de ces œuvres. À côté de ces narrations subjectives s'affirment également des romans historiques qui rapportent les aventures des ancêtres, les pionniers de l'Algérie française. Pendant les dernières années, les nouvelles générations

---

[116] Lucienne Martini, « Scrittura identitaria pieds-noirs: il singolare di un plurale », *Loc. Cit.* p. 143. C'est moi qui en fait la traduction.

[117] Voir, à ce propos, Lucienne Martini, *Maux d'exil, mots d'exil. À l'écoute des écritures pieds-noirs*, *Op. Cit.*, pp. 20-28.

[118] Lucienne Martini, *Maux d'exil, mots d'exil. À l'écoute des écritures pieds-noirs*, *Op. Cit.*, p. 21.

s'engagent dans un questionnement objectif de la mémoire pied-noir par des recherches et des travaux universitaires : bien qu'ils ne soient pas directement concernés par le passé de leurs parents, les descendants des Pieds-Noirs n'ont pourtant pas cessé de s'interroger sur leurs origines.

Il reste que, au-delà des différences entre une phase et l'autre, l'écriture pied-noir, refuge et salut pour les romanciers, répond toujours aux mêmes exigences :

> Aux maux répondent les mots dans une sorte de passage à l'acte symbolique, mais aux maux différents répondent des mots différents. [...] Le but d'écrire reste identique quand bien même on ne le dit pas, acte de remémoration, l'écriture se révèle simultanément acte de reconstruction, réinterprétation, justification mais aussi désir d'échapper à l'aliénation, recherche d'identité, sublimation...[119]

On retrouve cela dans l'écriture de Marie Cardinal et d'Alain Vircondelet : là, remémoration, reconstruction et réconciliation avec le pays natal se mêlent inextricablement.

Revenir à ses racines : histoires d'un retour possible

Au tout début des années 80, Marie Cardinal[120] et Alain Vircondelet[121] s'engagent dans un émouvant retour *chez eux*,

---

[119] Lucienne Martini, *Maux d'exil, mots d'exil. À l'écoute des écritures pieds-noirs*, *Op. Cit.*, p. 129.

[120] Marie Cardinal est née à Alger en 1929, dans une famille de colons, et elle est morte à Valréas en 2001. Après de nombreuses vacances et des études en Métropole, elle a définitivement quitté l'Algérie en 1953 pour se marier et commencer une carrière de professeur autour du monde. Elle s'est ensuite orientée vers le journalisme et l'écriture. Parmi ses œuvres, on peut rappeler *Les mots pour le dire* (Paris, Le Livre de Poche, 1975), *Écoutez la mer* (New York, French & European Publications, Incorporated, 1978), *Comme si de rien n'était* (Paris, Grasset, 1990).

[121] Alain Vircondelet est né à Alger en 1947. Universitaire, écrivain et biographe, il a dû quitter son pays natal en 1962. Il a fait ses études secondaires à Limoges où sa famille a été rapatriée, et ses études supérieures de lettres et de philosophie à Paris. Parmi ses romans, on cite *Amore Veneziano* (Paris, Stock, 1979), *Maman la Blanche* (Paris, Albin

ce qui constitue la source d'inspiration pour la rédaction des romans *Au pays de mes racines* (1980) et *Alger l'amour* (1982). Dans ces deux textes, écrits à la première personne du singulier, il est question de rencontre des auteurs avec leur terre natale, de retrouvailles et d'évocation d'un monde perdu où ils parviennent à se retrouver. Mais il s'agit également de récits qui racontent l'Algérie des années 80, partagée entre le socialisme et l'islam, sans oublier les références à son douloureux passé. C'est surtout et enfin, un hymne d'amour que les écrivains offrent à la terre qui les a vus naître et qu'ils porteront à jamais dans leurs cœurs.

Bien qu'ils aient des similitudes, les deux romans suivent des chemins distincts à plusieurs points de vue.

Tout d'abord, la narration se fait différemment : le récit de Marie Cardinal prend la forme d'un journal intime, avec les dates les plus importantes de son séjour, même si ses souvenirs de voyage se mêlent constamment aux analepses de son enfance, dans un incessant va-et-vient temporel. Dès le début jusqu'à son accomplissement, l'écrivaine invite dans son parcours de réconciliation avec le passé. Sans aucune peur de montrer son inquiétude et sa fragilité à la rencontre de ses racines, elle livre un récit passionné où elle sonde toutes les profondeurs de son âme troublée[122]. Le départ pour l'Algérie ne représente donc pas seulement le retour chez soi mais aussi un voyage à l'intérieur de soi-même qui l'amènera à faire face aux

---

Michel, 1981), *Tant que le jour te portera* (Paris, Albin Michel, 1984) et *La Vie la vie* (Paris, L'Archipel, 2012); parmi ses biographies les plus célèbres, on trouve *Saint-Exupéry. Vérité et légendes* (Paris, Éditions du Chêne, 2000), *Sur les pas de Marguerite Duras* (Paris, Presses de la Renaissance, 2006) et *Albert Camus. Fils d'Alger* (Paris, Fayard, 2010).

[122] Marie Cardinal souffrait de profonds troubles psychosomatiques. Grâce à la psychanalyse, elle renaît au monde et prend conscience de l'oppression qui l'a conduite à la folie (cf. Colette Trout Hall, *Marie Cardinal*, Amsterdam/Atlanta, Collection monographique Rodopi en *Littérature Française Contemporaine*, 1994, p. 9).

souvenirs déchirants liés à sa famille, à *la petite fille* qu'elle fut, à sa communauté d'appartenance. Mais dans cette aventure, elle n'est pas toute seule: l'une de ses filles, celle qui n'est pas née en Algérie, la rejoint là-bas, afin de mieux se rapprocher de sa mère par la connaissance de son pays d'origine. « Dans ma tête, Alger représentait la mère de ma mère »[123], dit Bénédicte Ronfard dans le bref récit qui suit celui de sa mère, *Au pays de Moussia*. Le voyage lui permet en effet de se rendre compte qu'« il n'y a qu'ici, à l'endroit où en grande partie elle s'est construite, que je pouvais comprendre la couleur de ses mots, l'odeur de ses images… »[124].

La présence du reportage de Bénédicte est par ailleurs importante car elle pose la question des enfants des Pieds-Noirs : nés en France, ils ne sont pas directement concernés par l'histoire de leurs parents, mais ils se trouvent toutefois chargés de leur mémoire et engagés dans un travail de sauvegarde et de transmission[125].

Le roman de Vircondelet est partagé en plusieurs chapitres, chacun avec un titre qui évoque un moment ou un lieu particulier de l'enfance algérienne de l'auteur-protagoniste. Le récit de son histoire personnelle se fait simultanément et parallèlement à celui de l'histoire algérienne, dans une narration qui revient sur les moments les plus dramatiques de la guerre de libération, du départ des Pieds-Noirs et de leur arrivée en France. Apparemment plus détaché que Marie Cardinal, l'écrivain enquête sur tous les aspects de son passé sans rien cacher : son ressentiment envers la France, coupable d'avoir trahi et rejeté la communauté pied-noir, se fait explicite dès les premières pages du livre. Vircondelet assume

---

[123] Bénédicte Ronfard, *Au pays de Moussia* in Marie Cardinal, *Au pays de mes racines*, *Op. Cit.*, p. 203.

[124] *Idem*, p. 217.

[125] *Maux d'exil, mots d'exil*, *Op. Cit.*, p. 98.

les revendications de son peuple exilé, en se faisant porte-parole des souffrances et des difficultés qu'il a dû supporter.

Il devient donc l'interprète de toute une collectivité, dont il loue la force de résistance et d'adaptation : « Il y a des exilés langoureux, des exilés hâves et pâles, dépérissant loin de leur terre natale, il y en a d'autres qui sont doués d'une telle force de vie, d'une telle violence intérieure qu'ils deviennent des batteurs et des vainqueurs, [...] les Pieds-Noirs sont de ceux-ci »[126], affirme-t-il. Dans cette narration engagée et au caractère communautaire, l'auteur se consacre également au récit de son parcours personnel, celui-ci marqué par vingt années d'occultement de ses racines. L'hostilité des Français l'obligeant à cacher ses origines, Vircondelet sera en mesure de dire son Algérie natale seulement beaucoup de temps après l'avoir quittée :

> Oui, vingt ans pour dire aux autres que je suis pied-noir, vingt ans pour dénoncer ceux qui n'ont pas su accepter la différence, vingt ans pour faire rire de mon accent dans des soirées mondaines, vingt ans pour avouer dans des récits aux lecteurs éberlués et à ceux qui me connaissent la terre-mère. Fallait-il donc que les relations fussent si détestables et si peu fraternelles pour que l'aveu fût si tardif ?[127]

À partir de ce moment, l'urgence du retour en Algérie se fera pour lui de plus en plus grande et elle ne pourra que s'accomplir par un voyage *au pays de ses racines*. Vircondelet se livre donc au récit de son retour, avec tous les sentiments contrastés qui se succèdent du moment du départ jusqu'au séjour à Alger. Moins introspectif, peut-être, que Marie Cardinal, il ne néglige pourtant pas de raconter les implications affectives d'une expérience qui est, à la fois, une rencontre avec l'Histoire et avec soi-même. La douleur de l'exil qu'il a connu directement devient la source d'inspiration de son écriture et l'un de

---

[126] Alain Vircondelet, *Alger l'amour*, *Op. Cit.*, pp. 28-29.
[127] *Idem*, p. 36.

ses sujets principaux: le livre, qui se clôt justement sur un chapitre intitulé *Le chant de l'exilé*[128], trouve sa raison d'être dans cet événement fondateur qui entraîne le besoin d'écrire. Cela ramène à ce qu'on a dit dans la première partie à propos de la littérature pied-noir en tant qu'écriture migrante : « Écrivains migrants, exilés ou nouveaux francophones, peu importe cette divergence désignative, ils partagent tous l'expérience de l'exil et du déplacement comme source de création artistique »[129]. Le roman de l'exil représente, comme le dit Janet M. Paterson, « une écriture du déracinement. Il exprime la rupture douloureuse entre un être humain et son lieu d'origine »[130]. Le déracinement, la douleur due à l'éloignement forcé du pays natal, la mémoire blessée trouvent leur place dans le roman d'Alain Vircondelet qui écrit dans son carnet de voyage :

> Je mesure la dimension de l'exil à la ténacité de cet amour, à l'impression si indélébile que la ville a laissée sur ma rétine et dans le sol terreux de la mémoire. La précision de la mémoire, la puissance qu'elle a à rassembler l'espace, à retenir les couleurs, les sons, les parfums, les matières, la netteté topographique de la ville, me font penser au travail prodigieux qu'elle accomplit, obscurément, aux activités inouïes qu'elle développe, aux ardeurs qu'elle met à se souvenir et à engranger, et combien ce travail est loin d'être innocent.

---

128 « Me voici de nouveau en France. Terre d'accueil. Terre d'exil. L'apprentissage de vingt ans sur cette terre m'a donné l'apparence d'un vrai Français. On pourrait penser que l'intégration a bien eu lieu. [...] Je demeure toutefois exilé. [...] Déraciné, j'ai honnêtement joué le jeu cruel de la réadaptation. », *Idem*, pp. 223-224.

129 Beatriz Mangada Cañas, « Dai Sijie : écrire en français pour évoquer dans la distance le pays quitté », *Cédille. Revista de estudios franceses* (publicación electrónica), n° 7, 2001, p. 192.

130 Janet M. Paterson, «Identité et altérité: littératures migrantes ou transnationales?», *Op. Cit.*, p. 95.

L'auteur poursuit :

> Loin de ma ville, pendant vingt ans, Alger s'est cependant fortifiée en moi, elle s'est répandue en moi comme elle-même s'étalait vraiment et quand je la revis, rien ne me paraît rapporté. Tout est à sa juste place[131].

Si chez Vircondelet l'exil joue explicitement un rôle de premier plan, chez Marie Cardinal, c'est plutôt la recherche des racines qui s'affirme de manière manifeste : « Il faut que j'écrive pourquoi je remplis ces pages. Il faut que je dise quel enjeu est ce voyage. Retrouver mes racines. Me confronter avec moi-même. Revoir les lieux de mes commencements »[132]. La rencontre avec la terre-mère représente donc l'occasion pour revenir sur sa double appartenance identitaire, française et algérienne à la fois, et pour s'apaiser avec son passé. Elle y retrouve la petite fille qu'elle était, celle qui pouvait jouer avec ses copains arabes avant de grandir et d'être confinée dans la communauté pied-noir; elle y revoit sa famille, qui représentait « la France et ses conquêtes, son empire colonial, sa morgue, son mépris, son racisme, son humanitarisme hypocrite »[133] et contre laquelle elle s'est toujours battue; elle y reconnaît les paysages, les odeurs, les rythmes d'antan. Partagée entre l'Algérie et la France, elle parvient finalement à réunir ses deux appartenances. La proximité d'avec son pays natal malgré les nombreuses années d'exil : « Je suis venue en Algérie pour retrouver mes racines, mais elles tiennent si fort que je n'ai pas eu à les chercher longtemps »[134].

L'exil pour Marie Cardinal ne coïncide pas avec la diaspora des Pieds-Noirs en 1962. Chez elle, il y a comme une condition intérieure vécue douloureusement depuis son départ volontaire d'Algérie, en 1953, et qui déclenche

---

131 Alain Vircondelet, *Alger l'amour*, *Op. Cit.*, pp. 213-214.
132 Marie Cardinal, *Au pays de mes racines*, *Op. Cit.*, p. 83.
133 *Idem*, pp. 153-154.
134 *Idem*, p. 165.

son malaise psychologique. Alors que Vircondelet évoque, à plusieurs reprises, le trauma de l'exode et de l'arrivée en Métropole, Marie Cardinal n'aborde pas ce sujet. Mais elle prend quand même position sur d'autres questions strictement historiques et politiques. Elle n'hésite pas, par exemple, à dénoncer l'iniquité du système colonial et à partager la cause arabe en faveur de l'indépendance. Pied-noir atypique donc, elle n'a jamais été pour l'Algérie française et elle n'a pas partagé avec sa communauté les mêmes idéaux. Elle livre, en outre, dans plusieurs pages du roman, d'autres considérations concernant la situation des femmes musulmanes, la question kabyle, le socialisme et la condition des paysans algériens.

Dans un récit où se succèdent souvenirs d'enfance, retrouvailles et évocations lyriques des paysages algériens, il ne manque donc pas de réflexions socio-politiques approfondies. Ce qui se retrouve aussi dans *Alger l'amour*, mais avec des différences remarquables. Vircondelet se focalise sur trois moments fondamentaux, évoqués tout au long de sa narration: la guerre de libération, la diaspora pied-noir et l'évolution de l'Algérie indépendante. Bien qu'il reconnaisse les erreurs des Pieds-Noirs[135], son sens d'appartenance au groupe et son amour pour le peuple dont il fait partie n'en sont pas moins forts. Bien au contraire, son roman est un hymne non seulement à l'Algérie, perdue et retrouvée, mais aussi aux Français qui viennent de *là-bas* et qui ont su reconstruire leur vie ailleurs.

Écritures migrantes de l'exil et du retour aux racines, les narrations de Vircondelet et de Marie Cardinal se

---

[135] « Il n'y a guère de discussion [...] où le pied-noir reconnaisse ses torts et ses erreurs. Inculqué dans cette morale des pères de la République ou de la patrie, il est impossible bien souvent de lui faire admettre que nous étions racistes et injustes. Morale simpliste et primaire, elle admettait facilement la loi du talion, et *a priori* notre présence en Algérie était comme de droit divin. Un dogme intouchable... ». Alain Vircondelet, *Alger l'amour*, *Op. Cit.*, p. 229.

rapprochent l'une de l'autre, au-delà des divergences, sous un aspect fondamental : l'amour dont l'écriture est témoin absolu. Il s'agit d'un amour qui lie les écrivains au pays natal et qui resurgit lors du séjour à Alger. Leur voyage n'est que provisoire et, pourtant, il leur donne une sérénité et un bonheur tels qu'ils pourront rentrer en France apaisés. Rien n'a changé pour eux relativement à *leur* Algérie, à leurs attentes et à leur imaginaire qui se voit confirmé : « De cette Algérie tant aimée, conquise, convoitée, perdue, tout est gardé. J'étais revenu pour vérifier tout cela. Mission accomplie »[136], dit Vircondelet. Marie Cardinal répond :

> C'est chez moi à nouveau. [...] J'avais peur d'être déçue, d'avoir magnifié, dans mon souvenir, l'amour que j'ai pour ce pays. [...] Je sais maintenant que c'est bien cette terre que j'aime. Je me sens imprégnée de son odeur, de ses rythmes, de ses couleurs, de sa musique[137].

Dans ce sens, leur retour au pays natal s'avère possible: ils rentreront en France, certes, mais sûrs de pouvoir faire retour en Algérie à tout moment, cette fois-ci sans aucune peur et avec la paix dans le cœur. Les plaies de l'exil et du déracinement seront encore à soigner pour longtemps mais, au moins, elles ne saigneront plus. La littérature se fera entre-temps réponse aux urgences des auteurs, en les aidant à revenir sur leur passé et à y faire face.

L'analyse de l'œuvre romanesque de ces écrivains et les réflexions théoriques menées au début de cette étude autorisent à affirmer que Vircondelet, par son écriture de l'exil, et Cardinal, par son écriture de l'entre-deux, sont les représentants d'une littérature qui dépasse le confinement de la production pied-noir pour s'inscrire parmi les écritures migrantes. Leurs productions analysées ici présentent les mêmes dynamiques et les mêmes enjeux: de

---

[136] Alain Vircondelet, *Alger l'amour*, *Op. Cit.*, p. 240.

[137] Marie Cardinal, *Au pays de mes racines*, *Op. Cit.*, p. 219.

la poétique de l'errance que dans la mouvance identitaire. Leurs textes partagent ainsi avec la littérature de migration les mêmes traits caractéristiques.

Bibliographie sélective

ALBES, Wolf, *Les Écrivains pieds-noirs face à la guerre d'Algérie*, Friedberg, Éditions Atlantis, 2012.

AMSELLE, Jean-Loup, *Logiques métisses: anthropologie de l'identité en Afrique et ailleurs*, Paris, Payot, 1990.

AREND, Elisabeth, DAGMAR, Reichardt, ELKE, Richter (éds.), *Histoires inventées. La représentation du passé et de l'histoire dans les littératures françaises et francophones*, Frankfurt am Main, Peter Lang, 2008.

ARON, Paul, SAINT-JACQUES, Denis, VIALA, Alain (sous la dir. de), *Le dictionnaire du littéraire*, Paris, PUF, 2010.

BAUSSANT, Michèle, *Pieds-noirs, mémoires d'exil*, Paris, Stock, 2002.

BAYARD, Jean-François, *L'Illusion identitaire*, Paris, Fayard, 1996.

BONN, Charles (sous la dir. de), *Migration des identités et des textes entre l'Algérie et la France, dans la littérature des deux rives*, Paris, L'Harmattan, 2004.

BRIÈRE, Camille, *Ceux qu'on appelle Pieds-noirs, ou 150 ans de l'Histoire d'un peuple*, Versailles, L'Atlanthrope, 1984.

BRUNE, Jean, LAMBERT, Michel, LORENTZ, Anne-Marie, PÉLÉGRI, Jean, DE PENA, Marie-Louise, DE SAINT MARC Hélie, *Une historie souterraine. Pieds-Noirs et Musulmans en Algérie*, Friedberg, Éditions Atlantis, 2000.

BUONO, Clarisse, *Pieds-noirs de père en fils*, Paris, Balland, 2004.

CAMUS, Albert, *Les Cahiers Albert Camus*, tome VI, «Albert Camus éditorialiste à L'Express», Paris, Gallimard, 1987.

CANDAU, Joël, *Mémoire et identité*, Paris, PUF, 1998.

CARDINAL, Marie, *Au pays de mes racines*, Paris, Grasset, 1980.
CHARTIER, Daniel, « Les origines de l'écriture migrante. L'immigration littéraire au Québec au cours des deux dernières siècles », *Voix et images*, vol. 27, n° 2, 2002, pp. 303-316.
CHATTI, Mounira: « "Migritude" : jeu de l'identité et de l'altérité», *Silène*, Centre de recherches en littérature et poétique comparées de Paris Ouest-Nanterre-La Défense, 2008.
http://www.revue-silene.com/images/30/extrait_115.pdf
CHAULET-ACHOUR, Christiane, VIRCONDELET, Alain, « Camus, l'Algérien », *2000 ans d'Algérie*, Paris, Séguier, tome 2, pp. 91-103.
CHEVRIER, Jacques, « Afrique(s)-sur-Seine: autour de la notion de "migritude" », *Notre Librairie*, n. 155-156, juillet–décembre 2004, pp. 96-100.
CHIKHI, Beïda, QUAGHEBEUR, Marc (sous la dir. de), *Les Écrivains francophones, interprètes de l'Histoire*, Bruxelles, Peter Lang, 2006.
COLLECTIF, *L'Autobiographie dans l'espace francophone - III Le Maghreb*, Serie de estudios de francofonia, Cádiz, Cristina Boidard éd., 2007.
COLLECTIF, *Narrative di migrazioni, diaspore ed esili*, numero monografico di *Afriche e Orienti*, n. 2, 2007.
DECLERQ, Elien, « "Écriture migrante", "littérature (im)migrante", "migration literature" : réflexions sur un concept aux contours imprécis », *Revue de Littérature comparée*, n. 3, juillet-septembre 2011, pp. 301-310.
DELPARD, Raphaël, *Les Oubliés de la guerre d'Algérie*, Neuilly-sur-Seine, Michel Lafon, 2003.
DELPARD, Raphaël, *Les souffrances secrètes des Français d'Algérie: histoire d'un scandale*, Neuilly-sur-Seine, Michel Lafon, 2007.

DUMONTET, Danielle, ZIPFEL, Frank (sous la dir. de), *Écriture migrante/Migrant Writing*, Hildesheim/Zürich/New York, Georg OlmsVerlag, 2008.

GRUNBERG, Gérald, *D'encre et d'exil. Premières rencontres internationales des écritures de l'exil*, Paris, Bibliothèque du Centre Pompidou, 2002.

HALL, T. Colette, *Marie Cardinal*, Amsterdam/Atlanta, Collection monographique Rodopi en Littérature Française Contemporaine, 1994.

HAREL, Simon, *Les Passages obligés de l'écriture migrante*, Montréal, XYZ éditeur, 2005.

JERAD, Nabiha, « La Méditerranée et ses migrants: à propos de langue, culture et identité en diaspora », *Letterature di Frontiera/Littératures Frontalières*, anno X, n. 2, EdizioniUniversità di Trieste, 2000, pp. 5-19.

JORDI, Jean-Jacques, *De l'exode à l'exil. Rapatriés et Pieds-noirs en France* (réédition), Paris, L'Harmattan, 2004.

JORDI, Jean-Jacques, « Entre immigration et émigration, la constitution d'une population: les Français d'Algérie (XIXe-XXe siècle) », *2000 ans d'Algérie*, tome 3, Paris, Séguier, 2000, pp. 43-59.

LACOUTURE, Jean, *L'Algérie algérienne: fin d'un empire, naissance d'une nation*, Paris, Gallimard, 2008.

LAVIGNE, Sophie, « La *migritude*: une errance identitaire et littéraire? », *Equinoxes*, A Graduate Journal of French and Francophone Studies, Issu 10, Automne/Hiver 2007-2008,
http://www.brown.edu/Research/Equinoxes/journal/Issue%2010/eqx10_lavigne.html.

LECONTE, Daniel, *Les Pieds-noirs. Histoire et portrait d'une communauté*, Paris, Seuil, 1980.

LEJEUNE, Philippe, *Le Pacte autobiographique*, Paris, Seuil, 1975.

MANGADA CAÑAS, Beatriz, « Dai Sijie: écrire en français pour évoquer dans la distance le pays quitté » in *Cédille.*

Revista de estudios franceses (publicación electrónica), n° 7, 2001, http://cedille.webs.ull.es/siete/11mangada.pdf.

MARTINI, Lucienne, *Racines de papier. Essai sur l'expression littéraire de l'identité pied-noirs*, Paris, Publisud, 1997.

MARTINI, Lucienne, « Scrittura identitaria pieds-noirs: il singolare di un plurale » in Rosalia BIVONA e Giuseppina IGONETTI (dir.), *Multiculturalismo. Frammenti, confluenze e prospettive mediterranee*, Napoli, Arte tipografica editrice, 2001, pp. 137-148.

MARTINI, Lucienne, *Maux d'exil, mots d'exil: à l'écoute des écritures pieds-noirs*, Calvisson, Gandini, 2005.

MERCIER, Cécile, *Les Pieds-noirs et l'exode de 1962 à travers la presse française*, Paris, L'Harmattan, 2003.

MOUMEN, Abderahmen, *Dictionnaire bibliographique. Entre histoire et mémoire. Les rapatriés d'Algérie*, Nice, Gandini, 2003.

MICHEL-CHICH, Danielle, *Déracinés, les Pieds-noirs aujourd'hui*, Paris, Calmann-Levy, 1990.

NORA, Pierre, JULIEN, Charles-André (préface), *Les Français d'Algérie*, Paris, Julliard, 1961.

PATERSON, M. Janet, « Identité et altérité: littératures migrantes ou transnationales? », *Interfaces Brasil/Canadá*, n° 9, 2008.

RICŒUR, Paul, *Histoire et vérité*, Paris, Seuil, 1955.

RICŒUR, Paul, *La Mémoire, l'histoire, l'oubli*, Paris, Seuil, 2000.

STORA, Benjamin, LECLÈRE, Thierry, *La Guerre des mémoires. La France face à son passé colonial*, Paris, L'Aube, 2007.

VEYNE, Paul, *Comment on écrit l'Histoire*, Paris, Seuil, 1996.

VIRCONDELET, Alain, *Maman la Blanche*, Paris, Albin Michel, 1981.

VIRCONDELET, Alain, *Alger l'amour*, Paris, Presses de la Renaissance, 1982.

Le Ventre de l'Atlantique et *La Préférence nationale* de Fatou Diome : deux œuvres paradigmatiques de l'écriture migrante[138]

Antonin ZIGOLI
Université Houphouët Boigny
Cocody-Abidjan

Introduction

L'itinéraire douloureux de Fatou Diome, de son Sénégal natal à Strasbourg, en France, a largement influencé la plume de cette auteure émergente de la génération des écrivains dits de la " migritude", c'est-à-dire ceux dont le statut d'émigrés /immigrés transparaît, éloquemment, dans leurs écrits. Son recueil de nouvelles, *La Préférence nationale*[139] et son roman *Le Ventre de L'Atlantique*[140] présentent la particularité de relater, comme l'écrit Jacques Chevrier, le passage de l'Afrique à l'Europe en insistant sur le mépris dans lequel sont tenus les immigrés et le regard dépréciatif dont ils font l'objet[141].

La contribution s'intéresse, particulièrement, aux traits de l'écriture migrante dans les textes de Fatou Diome, elle-même, écrivaine issue de la migration. L'analyse qui interroge les paradigmes constitutifs des écritures migrantes va se focaliser, pour emprunter l'expression à

---

[138]Le titre est inspiré de *La fortune du passager* de Naïm Kattan : une œuvre exemplaire des paradigmes constitutifs de l'écriture migrante au Québec in *Les Passages obligés de l'écriture migrante* de Simon Harel, Montréal (Québec), XYZ édition, 2005, p. 127.

[139] Fatou Diome, *La Préférence nationale,* Paris, Présence Africaine, 2001.

[140] Fatou Diome, *Le Ventre de L'Atlantique ? Paris,* Éditions Anne Carrière, 2003.

[141]Jacques Chevrier, « *Fatou Diome, une écriture entre deux rives* » in *Cultures sud-Notre librairie*, N° 166 juillet-Septembre 2007, p. 37.

Mélanie Potevin, sur la poétique migrante[142] en s'appuyant sur les deux œuvres de cette écrivaine. L'article lit le contexte d'émergence, les grands traits et les enjeux de la migrance en littérature. Autrement dit, comment ces textes traduisent-ils l'immigration et, par ricochet, en quoi celle-ci impacte l'écriture de l'auteure ? Par souci de cohérence, il importe de s'attarder sur son contexte d'émergence dans le champ littéraire avant d'en dégager les jeux et enjeux chez Fatou Diome.

I. Le contexte d'émergence de l'écriture migrante dans le champ littéraire

Le concept de " l'écriture migrante " suscite un grand intérêt dans le milieu des théoriciens et critiques littéraires au point qu'aujourd'hui des débats, conférences, tables rondes, interviews, colloques s'organisent constamment dans le monde universitaire pour mieux définir ses contours[143].

I.1 / Historiographie de l'écriture migrante

Si historiquement l'expression est apparue dans les années 1980 au Canada, plus précisément, au Québec, pratiquement, le concept de " l'écriture migrante " a été admis dans le champ littéraire au cours des années 1990 parce qu'il intéressait l'institution universitaire. Mais

---

[142] Mélanie Potevin, « *L'écriture migrante : une catégorie en devenir* » (Résumé), *Écriture migrante*, Danielle Dumontet et Franck Zipfel (éd), Hildesheim : olms verlag, coll. « Passages/Passagen », 2008.

[143] *Écriture des femmes migrantes en français au Canada et en France*, colloque international tenu à l'université Concordia à Montréal en mai 1994 ; Olivier Émile, « Entrevue (avec Jean Jonanssaint). Écrire pour soi en pensant aux autres », *Lettres québécoises*, n°65 (printemps), pp. 13-15 ; Entretien de Gisèle Pineau avec Christine Avignon, « L'écriture est un combat », 14 mai 2007. http : //www.africultures.com/ php/ index.php ? nav =article&n° :5946

concrètement, quelles sont les traits d'identification de l'écriture migrante ?

On peut dire qu'elle s'est développée dans le contexte de la mobilité des sociétés ou des écrivains. L'écriture migrante est fille de la migration parce qu'elle émane des auteurs(es) immigrés(es). Pour clarifier le concept, Gilles Dupuis recourt à Nepveu pour éclairer les termes « immigrant » et « migrant » :

> L'épithète "immigrant" est utilisée ici sans connotations qui relèveraient de la discrimination positive ou négative, deux versants de la même problématique de distinction qui marque l'individu en insistant sur sa différence. Par ailleurs, si le terme renvoie à la personne de l'écrivain qui a immigré, le qualificatif "migrant" s'applique plutôt au corpus littéraire né de l'immigration généralisée que connaît le Québec, mais aussi l'Occident depuis les années 1980 dans le contexte de la mondialisation. Autrement dit, il y a des écrivains immigrants, émigrés, voire apatrides, mais il ne peut y avoir que des textes migrants[144].

Comme le relève si bien l'extrait, est appelée « écriture migrante » la production littéraire des écrivains immigrants ; l'adjectif « migrant » devenant un qualificatif propre à cette littérature. Clément Moisan, faisant allusion au même Nepveu, abonde dans le même sens que Gilles Dupuis :

> Selon Nepveu, le terme de migrante insiste davantage sur le mouvement, la dérive, les croisements multiples que suscite l'expérience de l'exil, alors que immigrante est un mot à connotation socioculturelle. Migrante pointerait donc vers une pratique esthétique, « une dimension évidemment fondamentale pour la littérature actuelle[145].

---

[144] Nepveu cité en note de bas de page par Gilles Dupuis, « La littérature migrante est-elle universelle ? Le cas de Ying Chen » in *Universalisme et multiculturalisme*, 2011, Atelier des cahiers 2110-6142/11, p. 24.

[145] Nepveu cité par Clément Moisan, *Ecritures migrantes et identités culturelle,* Québec, éd. Nota bene, 2008, p. 48.

I.2 / Quelques traits caractéristiques de l'écriture migrante

Si l'écriture migrante pointe vers une esthétique, quelle est en est l'orientation ? Il convient alors de dégager les traits de l'écriture migrante, même s'ils ne sont pas encore définitivement établis. Pour bon nombre de théoriciens et de critiques comme Simon Harel, « l'écriture migrante est par essence une écriture de l'exil, de la diaspora : le déplacement y apparaît de façon autoritaire comme une nécessité »[146].

L'exil est donc l'un des éléments référentiels de l'écriture migrante. Plus simplement, l'éligibilité de l'œuvre comme écriture migrante tient prioritairement aux canons du nomadisme comme le relève si bien Simon Harel : un écrivain migrant est valable si son œuvre souscrit aux canons du nomadisme : métissage, exil, migration(…)[147]. Thème majeur, fondement du texte de la migrance, l'exil construit et entretient, par conséquent, un vaste réseau d'indices lexico-sémantiques qui mettent en valeur, selon Marco Micone, trois principaux axes :

> Le premier est l'expérience du vécu dans le pays d'origine, ce que les immigrés ont vécu dans le pays d'accueil (…). Le deuxième axe concerne l'expérience de l'émigration / immigration, c'est-à-dire le processus de déracinement, cause d'insécurité et donc de problèmes tant sur le plan psychologique que sur le plan social (…). Le troisième axe met l'accent sur le devenir (québécois) et les difficultés d'adaptation progressive et constante que ce processus comporte.[148]

---

[146] Simon Harel, *Les passages obligés de l'écriture migrante*, *Op. Cit.* p. 88.

[147] *Idem,* p. 86.

[148] Marco Micone cité par Clément Moisan in *Ecriture migrants et identités culturelles, Op. Cit.* pp. 74-75.

Clarifions ces axes :

L'expérience du vécu dans le pays d'origine ou la nostalgie/ l'expérience de l'immigration/ le devenir de l'immigrant.

L'écriture migrante repose, considérablement, sur ces principaux axes, même si des éléments formels s'y laissent, parfois, découvrir. En réalité, souligne Simon Harel, « le concept de l'écriture migrante ne désigne pas un cadre théorique unifié. Et c'est justement cette absence d'homogénéité qui fait, de manière paradoxale, la puissance d'interprétation de l'expression désormais consacrée d'écriture migrante »[149] .

L'étude des textes de Fatou Diome révèle, certainement, des spécificités propres à l'espace français, car les immigrés écrivent souvent pour rendre compte de leurs propres expériences. L'écriture migrante prend, dès lors, forme selon les conditions existentielles du pays d'accueil comme le soutient Simon Harel : « Elle est l'aboutissement tragique et lyrique de la condition immigrante »[150]. D'ailleurs, il précise : « Ces écrits mettent l'accent sur la situation de l'immigrant par rapport à la réalité nouvelle où il se trouve, par rapport aussi à la réalité qu'il a vécue dans son pays d'origine ou que ses parents lui ont racontée »[151].

En somme, chaque pays d'accueil traduit une écriture particulière de la migrance. De ce point de vue, l'on relève que, géographiquement et historiquement, l'Europe et l'Afrique sont proches et liées par les faits de l'esclavage et de la colonisation. Ce lien a considérablement favorisé le flux migratoire d'Africains vers le vieux continent. Les écrivains africains immigrés en Europe ou en France vont marquer leur écriture par des réalités qu'ils vivent, ressentent et affrontent au quotidien et qui ne sont pas

---

[149] Simon Harel, *Op. Cit.*, p. 33.

[150] *Idem,* p. 192.

[151] *Idem,* p. 47.

forcément celles que vivent les immigrés du Canada, du Québec ou d'ailleurs. Fatou Diome s'évertue à construire ses œuvres autour du triptyque Exil-Victimisation- Identité dans un discours cru et sans complaisance.

II. Le déploiement de l'écriture migrante dans les œuvres de Fatou Diome

Le Ventre de l'Atlantique et *La Préférence nationale* révèlent des paradigmes de l'écriture migrante définis autour de l'exil, de l'expérience du vécu dans le pays d'origine (nostalgie), de l'expérience de l'immigré sur le sol d'accueil et de son devenir sur le plan culturel ou identitaire.

II/1 Une écriture de l'exil

L'exil est la thématique dominante dans les deux textes de Diome. Il est constitutif des trames narratives et il informe l'écriture. Dans *Le Ventre de l'Atlantique*, Fatou Diome donne deux versions contrastées de l'exil, celle de Madické et autres prétendants de l'immigration et celle de la narratrice partagée aussi par l'auteure[152]. Jeune frère de cette dernière (la narratrice), Madické rêve de quitter l'île de Niodior (Sénégal) pour monnayer, en Europe, son talent de footballeur en herbe. Pour lui, l'exil constitue la seule voie de réussite :

> Mon frère avait la ferme intention de s'expatrier. Dès son plus jeune âge, ses aînés avaient contaminé son esprit. L'idée du départ, de la réussite à aller chercher ailleurs, à n'importe quel prix, l'avait bercé ; elle était devenue, au fil des années, sa fatalité. L'émigration était la pâte à modeler avec laquelle il comptait façonner son avenir, son existence tout entière. (pp. 165-166)

---

[152] Les deux œuvres de Fatou Diome ont des relents autobiographiques : le « Je » narrateur, dans *Le Ventre de…*, incarné par Salie, a curieusement le même parcours que l'écrivaine elle-même.

La narratrice est exilée à Strasbourg (France) où elle poursuit ses études universitaires. Son statut d'immigrée lui réserve, malheureusement, bien des difficultés d'intégration dans la société française. En connaissance de cause, elle se charge de dissuader son frère à mettre en exécution son projet de quitter le pays natal. Mais Madické ne conçoit guère la vie en France comme elle la lui décrit constamment dans leurs conversations téléphoniques. Elle traduit, dans ce passage, l'image que son frère se fait des immigrés en France :

> Au paradis, on ne peine pas, on ne tombe pas malade, on ne se pose pas de questions : on se contente de vivre, on a les moyens de s'offrir tout ce que l'on désire, y compris le luxe du temps, et cela rend forcément disponible. Voilà comment Madické imaginait ma vie en France". (*Le Ventre de l'Atlantique,* p. 43)

Et pourtant, la réalité est tout autre lisible à travers l'isolement, la solitude, l'humiliation, etc. qu'elle exprime sans état d'âme : « Comment aurais-je pu lui faire comprendre la solitude de l'exil, mon combat pour la survie et l'état d'alerte permanant où me gardaient mes études ? » (*Le Ventre de l'Atlantique,* p. 44). De plus, « en Europe, mes frères, vous êtes d'abord noirs, accessoirement citoyens, définitivement étrangers, et ça, ce n'est pas écrit dans la constitution, mais certains le lisent sur votre peau ». (*Le Ventre de l'Atlantique,* p. 176)

La conception contrastée de l'exil est également manifeste chez l'homme de Barbès et chez l'instituteur Ndétare. Les récits de l'homme de Barbès présentent l'Occident comme un Eldorado, un monde qui a vaincu la pauvreté et la misère. Ainsi, au clair de lune, il raconte que là-bas, la vie est une vraie vie de pacha. Discours flatteurs qui ne peuvent avoir raison de Monsieur Ndétare qui, connaissant bien les tristes réalités de ce monde égoïste, partage avec la narratrice l'idée de dissuader les jeunes de s'y aventurer naïvement. Il recourt, dans ce cas, à la mésaventure de Moussa en France pour sensibiliser la jeunesse de l'île. De même, *La Préférence nationale*, recueil de six nouvelles, se consacre à mettre l'accent sur les effets pervers de l'exil. Dans un style incisif, le recueil dévisage la laideur de l'immigration comme en témoignent ces extraits :

> Toi en France, combien de temps?
> Pour corroborer l'image idiote qu'elle se faisait de moi, je me contentai d'indiquer le mois (p.65).
>
> C'était donc ça : pour madame Dupont, africain est synonyme d'ignorance et de soumission. Monsieur saurait maintenant que faire avec ça : une bonne-à-tout- faire. Je me dis que c'est sans doute pourquoi, dans ce pays, même les métiers ont des visages, surtout les plus durs et les plus mal payés. (p. 70)

Ainsi, la problématique de l'exil est en point de mire dans les deux œuvres de Fatou Diome. Fondamentale, elle sert de point de fixation du récit migrant. Clément Moisan écrit, à propos, qu'au départ, l'exil apparaît au fondement de l'écriture migrante, en ce sens qu'il inscrit dans la littérature (québécoise) des caractéristiques qui n'y étaient pas en première place, « la dualité, la double appartenance, l'étrangeté, la pluralité et l'altérité »[153] .

Du reste, ce passage précise que le thème de l'exil n'apparaît pas de façon fortuite dans le texte migrant. Il n'y est pas non plus comme un simple leitmotiv, mais y génère un système de narration qui exploite à fond les thématiques relatives à la dualité, à la double appartenance, à l'étrangeté, à la pluralité et à l'altérité. Le champ lexical de la mobilité, de l'errance ou de la mouvance confère à l'exil toute sa valeur dans l'écriture migrante. C'est pourquoi, certains critiques préfèrent plutôt parler de la poétique de l'exil[154].

---

[153] Clément Moisan, *Op. Cit.* p. 73.

[154] Patrice J. Proulx, « Marie Cardinal : sa poétique de l'exil », *Multi-culture, Multi-écriture : la voix migrante au féminin en France et au Canada*, Paris, L'Harmattan, 1996, p. 239.

Au nombre des caractéristiques signifiantes de l'écriture migrante, il y a la nostalgie ou l'expérience vécue par l'immigré dans son pays d'origine.

II/2 Le récit nostalgique ou l'expérience vécue dans le pays d'origine

La nostalgie est un indice caractéristique de l'écriture migrante. En général, la plupart des récits de la migrance débutent par des aventures qui rappellent le passé de l'immigré dans son pays d'origine. Les conditions difficiles qu'il vit en terre d'accueil sont telles que la nostalgie emprunte souvent des voies et voix pleines de douleur, de souffrance et de traumatisme. Claire Le Brun préfère parler de douleur de la mémoire[155] et Simon Harel de récit traumatique[156].

Le Ventre de l'Atlantique et *La Préférence nationale* répondent pertinemment à ce trait important de l'écriture migrante. La seconde œuvre citée consacre deux nouvelles, « la mendiante et l'écolière » et « mariage volé », au regard rétrospectif sur l'enfance de la narratrice au pays natal. Dans « la mendiante et l'écolière », par exemple, la narratrice se souvient de la vieille Codou, avec qui elle avait lié une amitié à force d'acheter les cacahuètes que cette dernière vendait sur le chemin de l'école. Avec un certain réalisme, elle raconte les habitudes de cette vieille mendiante comme en témoigne ces passages : « Un jour, la vieille Codou, fidèle à ses variations horaires, avait choisi de se présenter tôt le matin chez mes hôtes (...) » (p. 31). « Dès que Codou eut commencé son petit commerce, je lui laissai un carnet où

---

[155] Claire Le Brun, "*Exil, mémoire et métamorphose : Les maisons de cristal* d'Annick Perrot-Bishop", *Multi-culture, Multi-écriture : la voix migrante au féminin en France et au Canada*, Paris, L'harmattan, 1996, p. 86.

[156] Simon Harel, *Op. Cit.*, p. 86.

je consignais soigneusement le montant versé ainsi que la valeur restante. Avec ses petits bénéfices, Codou nourrissait sa famille ; (…) J'étais presque contente en arrivant chez Codou… » (p. 33).

Elle se souvient, également, de l'ambiance quotidienne de la cour du collège avec ses amis, celle que lui réservait le domicile de ses hôtes à Foundiougne, une cour de polygames avec ses sempiternelles querelles. *Le Ventre de l'Atlantique* fait aussi la part belle aux souvenirs d'enfance de la narratrice. Ce roman évoque, en effet, l'île de Niodior : « Là-bas, depuis des siècles, des hommes sont pendus à un bout de terre, l'île de Niodior. Accrochées à la gencive de l'Atlantique, tels des résidus de repas, ils attendent, résignés, que la prochaine vague les emporte ou leur laisse la vie sauve » (pp. 12-13). Les souvenirs de son île natale sont si forts dans sa mémoire qu'elle écrit : « La nostalgie est mon lot, je dois l'apprivoiser, garder dans mes tiroirs à reliques la musique de mes racines tout comme les photos de ceux des miens à jamais couchés sous le sable chaud de Niodior ». (pp. 36-37)

Ainsi, la narratrice conte, sans faux-fuyant, les conditions de sa naissance, son statut d'enfant illégitime qui lui vaut son rejet par sa propre mère et sa récupération par sa grand-mère auprès de qui elle trouve affection et réconfort. Elle n'oublie pas d'évoquer, avec sympathie, ses premiers jours de classe où monsieur Ndétare l'avait refoulée comme le montre Jacques Chevrier[157].

Le Ventre de l'Atlantique est alors un roman où la nostalgie prend le pas, quelquefois, sur le présent de la narratrice. Cet extrait en est un exemple : « mon attention était confisquée, seuls des souvenirs liés à Madické et à son environnement arrivaient à s'imposer dans ma tête ». (p. 45)

[157]Jacques Chevrier, « Fatou Diome, une écriture entre deux rives », *Cultures sud-Notre Librairie* N°166, juillet-septembre 2007, p. 35.

Par ailleurs, les récits nostalgiques, caractéristiques de l'écriture migrante, sont empreints de déchirures, de mélancolie, de douleur parce qu'ils sont narrés loin du pays d'origine et surgissent de la mémoire quand l'immigré se trouve confronté à une situation frustrante, à une difficulté lorsqu'il sent la solitude autour de lui ou un quelconque besoin : « Il y a des musiques, des chants, des plats qui vous rappellent soudain votre condition d'exilés, soit parce qu'ils sont trop proches de vos origines, soit parce qu'ils en sont trop éloignés » (*Le Ventre de l'Atlantique,* p. 36.) ou « mes souvenirs d'enfance m'étaient d'un grand secours. Deux images gravées en moi me servaient de béquilles lorsque ma volonté menaçait de s'affaisser. ». *(La Préférence nationale,* p. 107)

Pour Simon Harel, ce sursaut nostalgique pourrait être interprété comme une fixation à une origine[158]; l'origine étant considérée comme le passé de l'immigré mis en relation avec son présent, son actualité qui traduit ainsi un sens profond pour ce dernier.

On peut soutenir avec Harel que dans les récits de la migrance, « le sujet ne cesse de déclamer son origine, de revendiquer une appartenance particulière, de même qu'il pose le caractère étrange de cette singularité identitaire »[159]. Chez Fatou Diome, la nostalgie du pays natal a une triple fonction : une fonction thérapeutique parce qu'elle redynamise, réconforte et soulage l'immigré face aux difficultés ; une fonction cathartique du fait qu'elle purge, par moments, ses angoisses et ses mélancolies ; enfin une fonction doloriste ou traumatique car l'immigrée (la narratrice) se rend finalement compte que la nostalgie recouvre une blessure quand on est loin de son pays, elle charrie une douleur profonde. Par ailleurs, pour Simon Harel, si l'écriture

---

[158] Simon Harel, *Les Passages obligés de l'écriture migrante,* Montréal (Québec), éd. XYZ, 2005, p. 157.

[159] *Idem,* p. 132.

migrante accueille généralement un facteur traumatique, une douleur profonde qui fait référence à la nostalgie du pays natal, cette caractéristique ne définit pas en totalité ce qu'est l'écriture migrante[160]. D'autres facteurs comme l'expérience vécue par l'immigré en terre d'accueil sont aussi déterminants.

II/3 L'expérience de l'immigration ou le trauma du pays d'accueil

Il s'agit, concrètement, de mettre en lumière les réalités sociales, culturelles, les malaises et les frustrations que rencontrent les migrants dans l'espace étranger. Comme tous les immigrés, les Africains vivant en Europe, expérimentent, au quotidien, les pires réalités de la condition migrante. Elles sont beaucoup plus accentuées dans *La Préférence nationale* où quatre nouvelles de ce recueil mettent l'immigré en perpétuelle posture de victime et d'exclu. La narratrice de « le visage de l'emploi », par exemple, se découvre littéralement humiliée chez les Dupont qui l'accueillent avec mépris et méfiance à cause de la couleur de sa peau et de son origine africaine. Son recrutement, pour la garde des enfants, pose un véritable problème : elle est animalisée, chosifiée et méprisée. A l'image de chez les Dupont, l'Africain est perçu comme un analphabète, un ignorant et un éternel soumis, chez bien des Occidentaux. Ces extraits sont éloquents :
« Mais qu'est-ce que tu veux qu'on fasse de ça ?(…) C'était donc ça ? C'est pour cela qu'on me regardait comme ça. Je n'étais pas moi avec mon prénom, ni madame, ni mademoiselle mais ça. J'étais ça et même pas l'autre ». (pp. 66-67) « Pour corroborer l'image idiote qu'elle se faisait de moi, je me contentais d'indiquer le mois… ». (p. 65) « Il n'y a rien de plus insupportable qu'un gosse de bourgeois surtout

[160] *Les Passages obligés de l'écriture migrante, Op. Cit.*, p. 86.

quand on lui a mis dans la tête que tous les autres peuples de la planète ne sont que des primitifs ». (p. 72)

Ces passages mettent à nu les clichés et stéréotypes forgés dans la mémoire collective des Occidentaux depuis l'esclavage et la colonisation des peuples africains. Ces clichés déterminent et conditionnent leur rapport. En France, l'immigré africain est victime du racisme et de l'exclusion. Cela est traduit dans les œuvres de Fatou Diome. Avec elle, la thématique du trauma prend tout son sens, car l'écriture migrante est avant tout une écriture de la douleur, du déchirement, de l'humiliation et de la chosification du sujet migrant. En portent témoignage ces exemples : « … mes diplômes sont certes français mais mon cerveau n'est pas reconnu comme tel et pour cela on lui interdit de fonctionner » (*Idem,* p. 85), ou encore : « La relation entre employeur et employé n'est pas une relation de personne à personne, mais de ventre à pain. Et dans ce meilleur des mondes de l'emploi domestique, quand l'employée rote, on dit que ça pue mais quand le patron ou la patronne pète, on dit que ça sent la lavande ». *(La Préférence nationale,* p. 103)

Ces conditions inhumaines réservées aux immigrés amènent Simon Harel à l'observation suivante :

> La loi de la migrance est sévère pour celui qui en fait l'expérience(…) car le sujet migrant rencontre, de façon très douloureuse, l'angoisse d'être exclu. (…) .Les conséquences de cette crise dont le caractère dramatique est pour ainsi dire encapsulé chez un sujet qui se perçoit victime d'un déplacement dont il ne connait encore en rien l'aboutissement[161].

Ce qui est mis en cause ici c'est le problème de l'intégration de l'immigré dans la société qui l'accueille. Faisant l'objet d'un traitement particulièrement dégradant pour son statut d'étranger et pour la couleur de sa peau comme c'est le cas de la narratrice, son intégration semble être en

---

[161] Simon Harel, *Op. Cit.*, p. 158.

pointillé. Dans *Le Ventre de l'Atlantique*, c'est ce qu'elle semble dire sur un ton assez grave : « En Europe, mes frères, vous êtes d'abord noirs, accessoirement citoyens, définitivement étrangers(...) » (p. 176) et montre la voie idéale à suivre pour s'intégrer dans la société française : « Les étrangers sont acceptés, aimés et mêmes revendiqués seulement quand, dans leur domaine, ils sont parmi les meilleurs ». (p. 178)

L'intégration se fait donc, en réalité, au prix de mille efforts. Elle devient, dès lors, une quête, l'aboutissement d'un idéal recherché par les Français de souche. Mais au-delà de cette difficulté d'intégration, il est nécessaire de poser, de façon déductive, la problématique de l'identité, du devenir de l'immigré.

II/4 Le devenir de l'immigré ou la problématique de la quête identitaire

L'immigré est certes confronté au problème d'intégration, mais il doit s'adapter au monde qui l'accueille pour deux raisons essentielles. La première est que ce monde est majoritaire et s'impose, de ce fait, à lui et la seconde raison est liée aux contraintes de survie (nourriture, emploi logement, etc.) qui pèsent dans ses rapports avec son nouvel espace. Cela a, manifestement, des conséquences sur sa personnalité, car, comme le dit Micone, étant en évolution constante et capable d'adaptation, l'immigré sera transformé par la culture d'accueil et en retour exercera sur elle une certaine influence[162]. Ce sont, justement, ces influences qui problématisent son identité puisqu'il est désormais dans l'entre-deux mondes et dans l'entre-deux cultures. Nous convenons, alors, avec Moisan que « l'écriture migrante est la mise en scène des identités de parcours, d'itinéraires, non fixés, sans être totalement dans l'éclatement. Ce sont des

[162] Micone cité par Clément Moisan, *Op. Cit.* pp. 75-76.

écritures de l'entre-deux, de la béance, de l'interstice, de l'enracinerrance »[163].

La plupart des écrivains migrants dont Fatou Diome abordent la question à travers leurs personnages qui portent, généralement, sur eux le poids de cette bi-appartenance. En effet, malgré sa difficile intégration dans la société française, la narratrice de *Le Ventre de l'Atlantique* s'étonne de constater qu'à son retour au bercail (Sénégal), les siens ne la considèrent plus comme une fille de l'île de Niodior. Elle le dit en ces termes : « Je vais chez moi comme on va à l'étranger, car je suis devenue l'autre pour ceux que je continue à appeler les miens ». (p. 166)

L'effet de la double appartenance remet ici en cause l'identité sénégalaise de la narratrice. Or, dans *La Préférence nationale*, elle ne semble pas se lasser de valoriser ses origines et de contrarier les idéologies esclavagistes et colonialistes auxquelles ses patrons font, quelquefois, allusion dans leurs rapports professionnels. La narratrice leur rétorque sans complaisance : « Je veux apprendre à vos gosses à chanter Nos ancêtres les tirailleurs sénégalais, car la France est un grenier sur pilotis, et certains de ses poutres viennent d'Afrique ». (p. 89)

Cette dernière reste, malgré tout, attachée à ses origines et à sa culture. Malheureusement, elle est victime du regard dépréciatif des siens. La double appartenance lui impose alors de tenir un discours de l'entre-deux. Bien que victime des affres de l'exil, la narrratrice est désormais consciente d'appartenir à deux mondes : « Chez moi ? Chez l'Autre ? Être hybride, l'Afrique et l'Europe se demandent, perplexes, quel bout de moi leur appartient. Je suis l'enfant présenté au sabre du roi Salamon pour le juste partage »[164].

---

[163] Micone cité par Clément Moisan, *Op. Cit.* pp. 75-76.

[164] *Le Ventre de l'Atlantique, Op. Cit*, p. 254.

En retournant dans son Sénégal natal, la narratrice pensait fuir l'atmosphère raciste et viciée de la France et comme la plupart des personnages africains, elle croyait qu'effectuer ce voyage retour traduirait la quête de son identité réelle et originelle. Elle avait la ferme conviction que son Afrique lui reconnaîtrait ses souches "niodioriennes", puisqu' elle ne doutait pas d'être fille de cette île de Niodior qu'elle surnomme tragiquement « le ventre de l'atlantique ». Elle exprime cette conviction en ces termes : « Irrésistible, l'envie de remonter à la source, car il est rassurant de penser que la vie reste plus facile à saisir là où elle enfonce ses racines ». (p. 166) Elle éprouve, enfin de compte, son total désarroi quand elle avoue désespérément : « Pourtant, revenir équivaut pour moi à partir ». (p. 166)

Elle fait le constat de sa double appartenance identitaire reférentialisée à partir de ce discours imagé : Je préfère le mauve, cette couleur tempérée, mélange de la rouge chaleur africaine et du froid bleu européen. (p. 254)

En réalité, Salie, la narratrice de Fatou Diome, se rend à l'évidence qu'elle n'a plus de choix à opérer face à ces deux mondes auxquels elle appartient et qu'il faut absolument joindre. L'écriture est donc le seul moyen efficace pour réaliser son rêve : « L'écriture est la cire chaude que je coule entre les silos creusés par les bâtisseurs de cloisons des deux bords ». (p. 254)

Dans cette perspective, l'écriture de Fatou Diome traduit la quête d'une identité à la fois plurielle et universelle, celle qui ignore les barrières et méprise les idéologies nationalistes. Sa narratrice le dit clairement : « Je cherche mon pays là où on apprécie l'être-additionné, sans dissocier ses multiples strates. Je cherche mon pays là où s'estompe la fragmentation identitaire. Je cherche mon pays là où les bras de l'Atlantique fusionnent pour donner l'encre mauve (….). Je cherche mon territoire sur une page blanche ; un carnet, ça tient dans un sac de voyage ». (*Le Ventre de l'Atlantique,* pp. 254-255)

Salie montre ainsi qu'elle est une citoyenne d'un monde ouvert où le déplacement, la mobilité consolide sa perméabilité. « Alors, partout où je pose mes valises, je suis chez moi »[165], telle est sa vision dans le débat des identités. Mais au-delà, il faut rechercher les idéologies qui se dégagent de l'écriture de cette auteure migrante.

III. Les idéologies dominantes dans les œuvres de Fatou Diome

Avec les écrivains migrants, l'on aborde une nouvelle orientation de l'écriture romanesque au niveau de la diégèse, marquée par la mise en relief des préoccupations majeures des immigrés. Fatou Diome fait partie de la colonie des Africains qui ont migré en France et péjorativement appelés "blacks" ou "négros". Par sa plume, elle ne pouvait que faire œuvre militante en dénonçant ce qu'elle juge inacceptable dans un monde qui évolue au rythme de la mondialisation. A travers ses œuvres, Diome remet en question des habitudes, des comportements, des pratiques, des stéréotypes qui caractérisent non seulement la société d'accueil mais aussi le pays d'origine. Les deux titres *Le Ventre de l'Atlantique* et *La Préférence nationale* évoquent respectivement le Sénégal de ses ancêtres et la France Cosmopolite.

A travers le premier titre cité, Fatou Diome dénonce l'isolement de l'île de Niodior par rapport à la politique de développement des gouvernements successifs du Sénégal. L'île est abandonnée à elle-même, coupée des réalités du reste des Sénégalais : « D'ailleurs, on les oublie (habitants de l'île) pour tout, le dispensaire est presque vide ; la malaria, ils s'en remettent grâce aux décoctions. Le

[165] Fatou Diome, *Op. Cit.* p. 255.

président Père-de-la-nation n'a qu'à offrir sa paternité à qui la lui demande, ici personne n'attend rien de sa tutelle ». (p. 52)

L'île ne reçoit que les fonctionnaires jugés trop dangereux pour le pouvoir politique à cause de leur militantisme syndical comme le vieil instituteur Ndétare : « syndicaliste, il assure les fonctions de directeur de l'école primaire du village (...) depuis que le gouvernement, l'ayant considéré comme agitateur dangereux, l'a expédié sur l'île en lui donnant pour mission d'instruire des enfants de prolétaires ». Niodior représente donc un espace carcéral pour les fonctionnaires, mais aussi pour les insulaires dont la plupart rêve de partir loin, c'est-à-dire à l'autre bout de l'atlantique. *Le Ventre de l'Atlantique* symbolise alors la pauvreté, la misère, l'enfermement, l'éloignement, la profondeur et l'abandon. Il représente également un pont, une passerelle entre l'Afrique (Sénégal) et la France, entre les deux bouts de l'océan. Car l'île de Niodior, évoque d'abord le point de départ, le lieu d'embarcation (en bateaux de fortune ou d'artisan) des jeunes insulaires vers l'Eldorado au risque de leur vie.

Le deuxième titre, *La Préférence nationale,* est une prise de position directe relativement au racisme, à la méchanceté, à l'inhumanité des Français. En fait, ce titre choque, dérange par son contenu trop nationaliste. Fatou Diome s'insurge contre l'injustice et l'exploitation abusive des travailleurs étrangers en France. Elle décrie l'égoïsme et la haine des Français à tous les niveaux de la société : les Dupire et les Dupont écrasent sans état d'âme leur fille de ménage, le professeur d'université abuse de son étudiante de couleur qu'il considère comme une fille à satisfaire sa libido.

En somme, tels qu'ils fonctionnent, les deux titres traduisent la révolte de l'écrivaine sénégalaise. Dans *Le Ventre de l'Atlantique*, elle tente à dissuader les jeunes africains de renoncer à leur rêve de partir en Europe pour y rechercher un éventuel mieux être. C'est pourquoi, Salie n'approuve guère les récits séduisants de l'homme de Barbès qui font l'éloge de la vie de pacha qu'on mènerait chez les Blancs. Par des conversations téléphoniques et par l'entremise de l'instituteur du village, elle révèle le visage hideux de l'Occident. Là encore, Fatou Diome se montre engagée à une bonne cause : rester chez soi est bon, se contenter du peu qu'on a chez soi est mieux semble-t-elle dire à toute la jeunesse africaine.

Cependant, l'écrivaine ne se contente pas seulement de sensibiliser les siens restés au pays, mais s'adresse également à tout immigré africain en quête d'une identité. Selon elle, les deux mondes qui les caractérisent doivent être conciliés pour un idéal de vie fondé sur la culture de l'entre-deux, de l'universel. Fatou Diome milite, pour ce faire, en faveur d'un monde qui accepte sans condition toutes les nationalités, c'est-à-dire une citoyenneté mondiale.

In fine, *Le Ventre de l'Atlantique* et *La Préférence nationale* traduisent les positions de Fatou Diome face aux questions de la culture et de l'immigration dans le monde contemporain. Ces positions ont un impact sur son écriture devenue, pour le besoin de la cause, une arme de combat, mais également un refuge et un réflexe de survie : « ma grand-mère m'avait appris que si les mots sont capables de déclarer une guerre, ils sont aussi assez puissants pour la gagner », relève si bien Jacques Chevrier[166].

Conclusion

Les deux œuvres de Fatou Diome mettent en relief des paradigmes de l'écriture migrante à partir du triptyque Exil-Victimisation-Identité. En effet, le discours de la migrance se fonde essentiellement sur ces trois piliers

---

[166] Jacques Chevrier, « Fatou Diome, une écriture entre deux rives », *Cultures Sud-Notre librairie,* N° 166 Juillet-Septembre 2007, p. 38.

autour desquels se construisent le tissu thématique et les autres modalités déterminantes de l'écriture migrante.
La démarche a présenté un bref aperçu du contexte d'émergence du concept de l'écriture migrante dans le champ littéraire. Le concept est né de la multi appartenance socioculturelle de la société québécoise qui s'est manifestée dans l'écriture et, de ce fait, dans la littérature. Il a pris forme et est devenu, plus rapidement, le centre d'intérêt des écrivains migrants à travers le monde.

L'analyse a consisté ensuite à l'étude des deux œuvres en se focalisant sur les axes du triptyque susmentionné. Fatou Diome met systématiquement en point de mire les affres de l'exil, c'est-à-dire la victimisation de l'exilé ou de l'immigré tout en abordant avec un certain réalisme la question de l'identité dans un univers fortement influencé par des débats sur la multi et l'interculturalité. Malgré la difficile insertion de l'immigré dans le milieu français, Fatou Diome promeut le discours de l'entre-deux, de la multi et de l'interculturalisme, de l'universalisme culturel. Salie, sa principale narratrice est son porte-parole, car elle se proclame citoyenne du monde : « Partout où je pose mes valises, je suis chez moi »[167].

Références bibliographiques

ANDRÉS, Bernard, ZILÀ, Bernard, *L'identitaire et le littéraire dans les Amériques*, Québec, Nota Bene ,1999.
AUDET, Noël, « Quelques remarques sur l'écriture et l'identité », Bernard Andrés et Zilà Bernard (dir.), *L'identité et le littéraire dans les Amériques*, Québec, Nota Bene, 1999, pp. 199-203.

[167] *Le Ventre de l'atlantique, Op. Cit.* p. 255.

APPADURAI, Arjun, *Après le colonialisme. Les conséquences culturelles de la globalisation*, Paris, Payot, 2001.
BERROUET-ORIOL, Robert (1986-1987), « L'effet d'exil », *Vice Versa*, n°17(décembre-janvier), pp.20-21.
BLONDEAU, Dominique, *Les feux de l'exil*, Québec, éd, Pleine lune, 1991.
BOUCHARD, Gérard, « Identité collective et sentiment national dans *Le Nouveau Monde* », *L'identité et le littéraire dans les Amériques,* Bernard Andrés et Zila Bernard (dir.), Québec, Éd Nota Bene, pp. 63-83.
CACCIA, Fulvio, « Pour la transculture II », *Le Devoir* (Montréal),7 janvier 1994.
CHEVRIER, Jacques, « Fatou Diome, une écriture entre deux rives », *Culture Sud-Notre Librairie N°166*, juillet-sept, 2007, pp. 35-38.
DUPUIS, Gilles, « La littérature migrante est-elle universelle ? Le cas de Ying Chen », *Universalisme et culturalisme*, Québec, Atelier des cahiers. 2110-6142/, 2011, pp. 23-33.
FOURNIER, Robert, BERROUET-ORIOL, Robert, « L'émergence des écritures migrantes et métisses au Québec », *Québec- Studies, n°14* (printemps-été), p.7-22.
HAREL, Simon, *Les passages obligés de l'écriture migrante*, Montréal(Québec), éd.XYZ, 2005.
JOUBERT, J. L, « Littérature immigrée », *Diagonales, n°7*, supplément au n°218 de *Le Français dans le monde*, pp. 18-29.
KATTAN, Naim, *L'écrivain migrant. Essais sur des cités des hommes*, Montréal, Hurtubise HMH, coll. « constantes », 2001.
LE BRUN, Claire, « Exil, mémoire et métamorphose : *Les maisons de cristal* d'Annick Perrot-Bishop », *Multi-culture, Multi-écriture : la voix migrante au féminin en France et au Canada,* Lucie Lequin et Mair Verthuy (dir.), Paris, L'harmattan, 1996, pp. 91-100.

MOISAN, Clément, *Écritures migrantes et identité culturelle*, Québec, Nota bene, 2008.

SEMUJANGA, Josias, *Configuration de l'énonciation interculturelle dans le roman francophone. Éléments de méthode comparative*, Québec, Nuit blanche éditeur, coll. « cahiers du centre de recherche en littérature québécoise / Études », 1996.

L'écriture migrante comme poétique de l'*oikos* : une lecture de *Rift routes rails* et *Transit* d'Abdourahman Waberi

Roger TRO DÉHO
Université Alassane Ouattara de Bouaké, Côte d'Ivoire

Les écritures migrantes, celles des écrivains dits de la « migritude »[168], articulées principalement autour de la thématique de l'immigration et de l'exil, font désormais partie du paysage littéraire africain. Calixthe Beyala, Alain Mabanckou, Sami Tchack, Fatou Diome, Sandrine Bessora, Abdourahman Waberi…et autres promoteurs de ce qu'il est convenu d'appeler les « Afrique(s)-sur-Seine » sont représentatifs de cette tendance littéraire. La légitimité littéraire de ces écrivains migrants tient à l'inscription de leur démarche scripturaire dans un nouvel espace identitaire à la cartographie éclatée et mouvante. Pour ces derniers, en effet, écrire revient à « gérer l'espace », à (se) jouer permanemment avec (de) ses limites dans une traversée permanente des frontières. La notion de frontière, écrit Elena Marchese, « insiste sur l'idée de mouvement qui caractérise la condition

[168] Dans « Afrique(s) sur Seine : autour de la notion de "migritude" », (*Notre Librairie. Revue des littératures du Sud*, n° 155-156, juillet-décembre, 2004), Jacques Chevrier écrit que la « migritude » « renvoie à la fois à la thématique de l'immigration, qui se trouve au cœur des récits africains contemporains, mais aussi au statut d'expatriés de la plupart de leurs producteurs qui ont délaissé Dakar et Douala au profit de Paris, Caen ou Patin (…) Inscrivant leur démarche dans un nouvel espace identitaire (…) à équidistance entre l'africanité et la francité, ils puisent leur inspiration dans leur hybridité et leur décentrement qui sont devenus les éléments caractéristiques de la "World Literature" à la française ».

de l'écrivain migrant [...] [l'] impossibilité [...] de se situer dans un seul espace »[169].

Rift routes rails et *Transit* d'Abdourahman Waberi, ces métaphores de la mobilité[170], sont de belles illustrations de la *spatialité*[171] caractéristique des écritures migrantes[172]. Dans ces textes, comme dans ceux de la plupart des écrivains migrants d'origine africaine, le parcours de l'espace est une négociation permanente des frontières tant physiques que psychiques de *l'ici* des ex-colonies et de *l'ailleurs* des ex-métropoles. Il y a comme une tension inter-spatiale, repérable à la centralité du déplacement, de l'errance, de l'exil, du déracinement/ré-enracinement, qui amène à penser l'écriture migrante, expérimentée dans les deux romans de Waberi, comme poétique de l'*oikos*.

Au-delà de son acception grecque de « maison qui protège la cellule familiale », l'*oikos* renvoie au lieu habité et à l'acte d'habiter. Il « vise [également] à interroger le lieu non dans sa fixité, mais à partir des tourments, des

---

169 Elena Marchese, « L'écrivain migrant entre exil et avenir: la difficile construction de l'identité. Une étude rhétorique de *L'Écrivain migrant. Essais sur des cités et des hommes* de Naïm Kattan et *La Québécoite* de Régine Robin »,
http://aix1.uottawa.ca/~dforget/marchesee.htm (page consultée le 01 septembre 2012).

170 Les *routes* et les *rails* sont des moyens, par excellence, de la mobilité spatiale ; leur fonction étant de relier différents espaces entres eux. Quant au *transit* (transiter, lieu de transit, etc.), il suggère le séjour ponctuel, rapide et passager en un lieu parfois fait et reconnu comme tel. *Transit* commence d'ailleurs dans un aéroport et cela peut être très significatif : « Warya, je suis à Paris, c'est bien moi, hein ? Bon, c'est pas vraiment Paris mais Roissy. C'est comme ça que s'appelle l'aéroport. » (Incipit du roman, p. 13)

171 Les *routes* et les *rails* sont des métaphores du voyage, du mouvement et du décloisonnement des espaces quand le *transit* traduit l'idée de passage, de séjours ponctuels dans un lieu comme dans un autre mais aussi d' « espace tampon », de l' « entre-deux » espaces.

172 L'adjectif « migrante » inscrit le déplacement, le mouvement au cœur des « écritures migrantes » qui participent, dès lors, *essentiellement*, d'une poétique de l'espace.

appels, des quêtes et des rejets qui lui sont liés »[173]. L'*oikos* peut servir alors de modèle analytique à l'écriture de Waberi, tout à la fois hantée par la « géographie du pays natal » et mue par un nomadisme pointant vers la *nomaditude* bouraouienne, « mise en lumière d'une identité transitoire, ouverte et flexible s'adaptant à chaque étape du parcours ». [174]

Simon Harel soutient l'hypothèse que « toute forme narrative est récit d'espace, c'est-à-dire aménagement d'un *lieu habité* »[175]. Concernant spécifiquement les écritures migrantes, il précise que « la revendication de la notion de lieu n'implique pas de se confiner à la sédentarité. Dans un contexte postmoderne, où le concept d'identité s'est considérablement modifié (voire effrité), il importe en effet d'en arriver à une compréhension plus lucide des enjeux inhérents à l'idée de lieu »[176]. De tels propos autorisent à interroger, à partir des cas particuliers de *Rift routes rails* et *Transit* d'Abdourahman Waberi, les jeux et enjeux de la *spatialité* qui structure les écritures migrantes « africaines ». Par quels procédés topographiques Waberi situe-t-il ses fictions dans un espace plutôt mobile que fixe, plus psychique que physique ? Selon quelles modalités le facteur spatial intervient-il dans le processus d'élaboration de l'identité des sujets migrants, toujours en mouvement dans une sorte de « tout-lieu » et cherchant, désespérément, à réaliser une alchimie de *l'ici* et de *l'ailleurs* ?

Cette contribution met le paradigme de l'identité à l'épreuve de la spatialité, non plus pour le fixer, mais pour en

---

173 Simon Harel, *Les Passages obligés de l'écriture migrante*, Montréal, XYZ éditeur, 2005, p. 117.

174 Hédi Bouraoui, *Transpoétique. Éloge du nomadisme,* Montréal, Mémoire d'encrier, 2005, p. 9.

175 Simon Harel, *Op. Cit.*, p. 48.

176 *Idem*, p. 49.

révéler les caractères migrant, mouvant, fluctuant et liquide qui l'inscrivent dans l'air du temps...postmoderne[177].

I. Les écritures migrantes comme topographie et topologie de la mobilité

L'affirmation que « toute action racontée est obligatoirement située dans un espace et dans un temps qui lui sont propres »[178] relève désormais du lieu commun. Mais dans les écritures migrantes, la relation du *système* romanesque à l'espace va bien au-delà de la dimension chronotopique, inhérente à toute narration. Sans divorcer d'avec le temps, l'espace prend en effet le pas sur ce dernier pour se positionner comme le fondement esthétique, la raison et le mode d'être, le principe même du texte migrant. On peut alors postuler que l'espace est le « foyer organisateur » des écritures romanesques migrantes, c'est-à-dire « le point [...] d'où part et où converge le faisceau relationnel qui [les] constitue, point dont découle et auquel se rapporte par conséquent la construction romanesque dans sa totalité aussi bien qu'en chacune de ses parties ».[179]

I.1. L'espace comme moteur des écritures migrantes

Si le roman réaliste a tendance à « fixer » l'espace (dans le sens de sa mise en relief et d'une topographisation plus ou moins stable et mimétique)[180], le roman migrant, en revanche, privilégie sa *fonction constructive*[181].

---

[177] Adama Coulibaly, « Ethnoscape et écriture migrante : vers une réévaluation du paradigme identitaire dans Pelourinho de Tierno Monénembo ? », *French Studies in Southern Africa* n° 39, 2009, p. 3.

[178] Fernando Lambert, « Espace et narration. Théorie et pratique », *Études littéraires,* vol. 30, n° 2, 1998, p. 111.

[179] François Ricard, « Le décor romanesque », *Études françaises,* Vol. 8, n° 4, 1972, p. 348.

[180] Le roman réaliste a promu la conception de l'espace comme « cadre du récit », le romancier faisant évoluer ses personnages dans un espace, « représentatif » de la réalité, afin de faciliter l'adhésion du lecteur à la

L'adjectif « migrant » inscrit déjà et, littéralement, la spatialité au cœur du roman migrant ; « migrer » signifiant « se déplacer d'un espace à un autre ». À propos des « écritures migrantes », Pierre Nepveu écrit justement que le terme de *migrante* insiste davantage sur le mouvement, la dérive, les croisements multiples que suscite l'expérience de l'exil[182]. Sur le plan de l'écriture, les procédés et les stratégies convoqués par les auteurs migrants, dont les postures spatiales sont « mouvementées », participent alors du (au) traitement de « l'espace comme générateur d'une forme narrative productrice de sens »[183]. Dans les écritures migrantes, à la fois *topographiques* (elles représentent et écrivent l'espace) et *topologiques* (elles s'exercent à établir les principales « figures spatiales »[184] en jeu, à en traduire les propriétés et débouchent sur une *spatialité* du discours romanesque), l'espace n'est pas

---

fiction. L'espace est alors l'un des lieux de la *mimesis.* Les descriptions balzaciennes dont on retrouve l'une des plus belles illustrations au début de *Le Père Goriot*, consistent, par exemple, à créer, autour des personnages, un cadre manifestant leur « personnalité ». Selon François Ricard, cette technique typique de tout le roman des XIXe et XXe siècles, « vise à déployer un espace qui donne pour ainsi dire l'atmosphère du personnage » (« Le décor romanesque », *Études françaises, vol. 8*, n° 4, 1972, p. 346).

[181] J. Tynianov appelle *fonction constructive* d'un élément de l'œuvre littéraire comme système, « sa possibilité d'entrer en corrélation avec les autres éléments du même système et par conséquent avec le système entier ». (« De l'évolution littéraire », *Les Formalistes russes. Théorie de la littérature*, trad. Todorov, Paris, Seuil, 1965, p. 123.)

[182] Pierre Nepveu, *L'Écologie du réel. Mort et naissance de la littérature québécoise contemporaine*, Montréal, Boréal, 1988, pp. 200-201.

[183] Fernando Lambert, *Loc. Cit.*, p. 111.

[184] Fernando Lambert distingue deux catégories spatiales : « celle *de figure spatiale,* qui permet de rendre compte des divers espaces inscrits dans le récit, et celle de *configuration spatiale,* qui articule ces différents espaces en une grande figure spatiale d'ensemble. La narration construit ces figures et cette configuration, de sorte que l'espace contribue à la production du sens par sa participation essentielle à la structure narrative globale ». (Fernando Lambert, *Loc. Cit.*, p. 114.)

seulement le cadre où évoluent les personnages, il n'est pas non plus réductible à l'un des matériaux de l'écriture. Il est, dans la plupart des cas et compte tenu de la mobilité spatiale des auteurs, non seulement l'élément déclencheur du « devoir écrire » ou de l' « envie d'écrire » (dans le sens physiologique de satisfaire un besoin) mais aussi et surtout, un « espace-sujet », un « espace-acteur »[185] dont le comportement narratif informe tout le récit.

Pourtant, son statut de « foyer organisateur » du système romanesque ne fait pas de l'espace une donnée statique, permanente et repérable au moyen d'une cartographie visible et lisible. La spécificité de l'espace du roman migrant est de n'exister que *dans* et *par* le mouvement, le déplacement ; d'être constamment un « où ? » à la fois interstitiel (l'entre-deux), totalisant (tout-lieu) et utopique (non-lieu) ; d'être enfin cet « espace comme pratique *des* lieux et non *du*[186]lieu [procédant] (…) d'un double déplacement : du voyageur (…) mais aussi parallèlement, des paysages dont il ne prend jamais que des vues partielles, des "instantanés"… »[187]. Avec les écritures migrantes, on est loin des descriptions balzaciennes. L'espace y est plus « rhétorique »[188] que géographique, plus narré que décrit, plus vécu (parfois psychiquement) que foulé par les personnages, plus symbolique que réel. Enfin dans le roman migrant, l'espace n'est pas *définitivement* à l'image du personnage ni vice-versa ; ce dernier étant modelé par les étapes de son parcours spatial. D'où la présence, chez les romanciers migrants, de références plus ou moins explicites au chemin, au voyage, au vagabondage et au nomadisme comme métaphores de la mobilité spatiale des personnages, rappelant

---

[185] Roland Bourneuf, « L'organisation de l'espace dans le roman », *Études Littéraires*, Vol. 3, n° 1, 1970, p. 93.

[186] C'est nous qui soulignons.

[187] Marc Augé, *Les Non-lieux, introduction à une anthropologie de la surmodernité*, Paris, Seuil, 1992, p. 109.

[188] Espace construit à coups de discours et dont on veut (se) convaincre de l'existence.

parfois celle des auteurs eux-mêmes. Deux pôles se dégagent cependant de cette errance spatiale et apparaissent comme caractéristiques de la topographie et de la topologie des écritures migrantes : *l'ici* et *l'ailleurs*.

*I.2. L'***ici** *et l'***ailleurs** *ou les lieux communs des écritures migrantes*

Clément Moisan définit les écritures migrantes comme « l'œuvre d'écrivains ancrés dans leur présent d'immigrants, imprégnés de leur passé, de leur langue et culture, qui doivent affronter ceux du pays d'accueil et traduire cette expérience en des termes susceptibles de toucher… »[189]. Cette posture, corollaire du parcours spatial des auteurs, inscrit constamment leurs écritures entre *l'ici* de leur territoire d'origine et *l'ailleurs* de leur espace d'accueil ou vice-versa.

Cependant, si le sujet migrant semble généralement tiraillé entre ces deux polarités déictiques[190], chez les auteurs migrants africains, originaires de pays anciennement colonisés et vivant généralement dans les ex-métropoles, la tension inter-spatiale se vit avec plus d'acuité et ses manifestations en sont plus lisibles. Les textes d'auteurs comme Abdourahman Waberi, Alain Mabanckou, Calixthe Beyala, Koffi Kwahulé et autres interrogent tant les lieux d'accueil que la nostalgie du pays perdu. Le « parcours spatial » peut être alternatif quand il est réalisé par la mobilité, voire l'errance des personnages d'un pôle déictique à un autre ou simultané lorsque la distance entre *l'ici* et *l'ailleurs* est effacée par la juxtaposition des deux espaces dans l'esprit des personnages.

[189] Clément Moisan, *Écritures migrantes et identités culturelles*, Québec, Éditions Nota bene, 2008, p. 71.

[190] Notons cependant que ce « tiraillement inter-spatial » ne concerne pas les fils de migrants qui, ayant un statut transnational, sont rattachés aux lieux d'arrivée.

Le dernier cas de figure, récurrent dans les romans migrants, peut être appréhendé sur le mode de l'hétérotopie de Michel Foucault[191]. Ils sont nombreux, ces personnages qui, à l'instar d'Alice dans *Transit* et des exilés parisiens dans *Rift routes rails* de Waberi, parcourent ces territoires intérieurs traduisant une vue et une vie doubles, tout à la fois emplies du souvenir du pays d'origine et des réalités nouvelles de l'espace d'accueil. Ballotés entre l'ici et l'ailleurs, les écrivains de la migritude, et leurs personnages avec, évoluent dans cet « espace tiers » que Régine Robin décrit comme celui de « la permanence de l'autre, de la perte, du manque, de la non coïncidence »[192].

Les écritures migrantes sont l'œuvre d'auteurs dételés de leurs espaces originels et leurs textes ont forcément en commun une bipolarisation spatiale à partir des pôles déictiques de l'ici et de l'ailleurs et l'élan de conjonction des lieux qui la caractérise. Marion Sauvaire note, à juste titre, que

> la recherche d'un *tiers-espace*, d'un espace interstitiel, permet d'assumer les déséquilibres entre le présent et le passé, l'ici et l'ailleurs (...) Cet espace interstitiel est créé par la mise en relation de lieux autrefois juxtaposés. Ainsi, le pays réel et le pays rêvé s'imbriquent dans l'imaginaire des personnages ou se déplacent au gré d'une narration polyphonique, dans un constant aller-retour entre le pays natal et le pays d'accueil[193].

---

[191] Cette configuration spatiale théorisée dans *Le Corps utopique, les hétérotopies* (Nouvelles Editions Lignes, Clamecy, 2009), « a pour règle de juxtaposer en un lieu réel plusieurs espaces qui, normalement, devraient être incompatibles ». pp. 27-28.

[192]Citée par Yannick Gasquy Resch dans *Littérature au Québec*, Paris, Edicef/Aupelf, 1994.

[193] Marion Sauvaire, « De l'exil à l'errance, la diversité des sujets migrants. Le cas des romanciers caribéens au Québec », *Amerika n° 5*, Allers/Retours. Migrations transatlantiques, interaméricaines et territoires littéraires en devenir, 2011. (Consulté le 01 septembre 2012. URL : http://amerika.revues.org/2511 ; DOI : 10.4000/amerika.2511)

Cette alchimie de l'ici et de l'ailleurs, projetée sur l'axe espace d'origine-espace d'accueil, peut être analysée à la lumière de l'*oikos* grec qui peut en constituer une métaphore éclairante.

*I. 3. L'***oikos** *comme mode d'habiter du sujet migrant*

En le situant dans le contexte de la Grèce ancienne, Florence Gherchanoc définit l'*oikos* comme « la demeure, la maison, le lieu où l'on habite, chez soi ; il désigne également le patrimoine ; enfin, c'est la communauté humaine du mari et de la femme destinée à se reproduire, du père et des enfants, du maître et de l'esclave... »[194]. Toutefois, elle précise que « l'*oikos* n'est pas seulement un espace fermé. Des rapports sociaux se tissent dans l'*oikos*, créant des liens familiaux au-delà des liens biologiques »[195], qu'il est aussi « une structure ouverte (...) dont les frontières sont dès lors floues, fluctuantes et perméables »[196]. Simon Harel, dans une réflexion sur l'*habitabilité* revient, lui aussi, sur les origines grecques de la notion : « C'est par le terme d'*oikos* que le grec ancien désignait le lieu habité, terme qui mettait en relation les idées de permanence et d'espace domestique. »[197] Il ajoute également qu' « étymologiquement, cette permanence caractérise aussi l'hospitalité de la demeure »[198].

Chez Gherchanoc comme chez Harel, la configuration spatiale suggérée par l'*oikos* et qui semble, à première vue, symbolique d'un repli *chez soi* et *sur soi*, n'en traduit pas moins l'extensibilité et la porosité de ses frontières, un au-delà du *topos* (mise en espace clairement circonscrite)

---

194 Florence Gherchanoc, *L'Oikos en fête. Célébrations familiales et sociabilité en Grèce ancienne*, Paris, Publications de la Sorbonne, 2012, p. 15.

195 *Ibidem*

196 *Idem*, p. 20.

197 Simon Harel, *Les Passages obligés de l'écriture migrante*, Montréal, XYZ, 2005, p. 114.

198 *Ibidem.*

prenant en compte les lieux imaginaires et leur mode d'habitabilité psychique. C'est justement dans ses prolongements et enjeux psychiques que l'*oikos* peut aider à cerner la spatialité en jeu dans les écritures migrantes. En incorporant à la fois les composantes physique et psychique du lieu, l'*oikos* traduit l'expérience spatiale liée au processus migratoire, expérience des « lieux d'ancrage » mais aussi celle des lieux remémorés ou imaginés « chemin faisant ».

La plupart des sujets migrants, auteurs ou personnages, vivent en effet la tension entre le lieu abandonné et le lieu d'accueil. Mais celle-ci s'estompe dans la mesure où, tout comme l'habitabilité propre à l'*oikos,* allant au-delà de l'espace privé pour embrasser l'espace public, au-delà de la matérialité de l'habitation pour décrire l'*acte* d'habiter, les lieux habités ou parcourus par le sujet migrant ne sont réductibles ni à leurs points d'ancrage ni à leur matérialité indépendamment du sujet qui s'y meut. Dans les écritures migrantes, les lieux n'acquièrent un sens que relativement à la « détermination topique »[199] du sujet le situant « tantôt dans un monde de l'action, tantôt dans un monde rêvé. »[200] La nature des lieux – matériels ou imaginaires, privés ou publics – est assujettie à la pensée-habitacle décrite comme une « manifestation subjective qui indique à chaque fois la façon dont un sujet se situe dans le monde, la manière dont il l'habite, c'est-à-dire son mode particulier d'aménagement du monde »[201]. Il est possible, à partir d'une lecture de *Rift routes rails* et *Transit*, « récits d'espace », d'esquisser une pensée-habitacle d'Abdourahman Waberi.

---

[199] Simon Harel, *Op. Cit*, p. 122.
[200] *Idem,* p. 123.
[201] *Ibidem*.

II. Les configurations d'une « pensée-habitacle »

La pensée-habitacle de Waberi, du moins celle que donnent à voir les textes étudiés, se dégage de la conjugaison du mode d'agencement de l'espace romanesque, de la conception des personnages, de leurs manières de parcourir l'espace et de la mobilité des objets culturels ; chacun de ces pôles d'observation représentant un des piliers de l'*oikos* de Waberi.

II.1. Un espace romanesque labile : des **non-lieux** *au* **tout-lieu**

L'ici de l'univers diégétique de *Rift routes rails* et *Transit* ne renvoie pas à un lieu unique, précis, déterminé et fixe. Il relève, bien au contraire, d'une localisation et d'une cartographie problématiques. L'espace waberien, s'il ne se situe pas *entre* des pôles déictiques eux-mêmes incertains, est en effet, à la fois un « nulle part » et un « partout ».

II.1.1. Les non-lieux : entre indétermination et totalisation spatiales

Selon Marc Augé, l'une des caractéristiques de la surmodernité, ayant trait à la gestion de l'espace, est l'émergence de non-lieux. Il les définit comme étant

> aussi bien les installations nécessaires à la circulation accélérée des personnes et des biens (voies rapides, échangeurs, aéroports) que les moyens de transport eux-mêmes ou les grands centres commerciaux, ou encore les camps de transit prolongé où sont parqués les refugiés de la planète[202].

Le concept de « non-lieu » réfère aussi, et complémentairement, à la manière dont les hommes « habitent » ces espaces de transit, ces espaces transitoires : « Par non-lieux, nous désignons deux réalités complémentaires mais distinctes : des espaces constitués

---

[202] Marc Augé, *Les Non-lieux*, *Op. Cit.*, p. 48.

en rapport à certaines fins (transport, transit, commerce, loisir), et le rapport que les individus entretiennent avec ces espaces »[203].

La configuration spatiale chez Waberi est articulée, depuis les titres des romans, autour de ces non-lieux aux polarités fuyantes et affranchis de tout ancrage. Ainsi, dans *Rift routes rails*, si « rift » renvoie au grand rift est-africain, endroit référentialisé[204], « routes » et « rails », eux, en tant que moyens du « voyager du corps »[205] et, par conséquent, métaphores de la mobilité, ne sont ni des lieux « à part entière » ni des lieux « entièrement à part ». Ils participent plutôt au réseautage des endroits. Ce que John Urry écrit à propos des chemins de fer (rails) décrit bien le fonctionnement de ces « espaces-liens » :

> La puissante mécanique des chemins de fer semble créer son propre espace, reliant beaucoup d'endroits différents en réseaux de plus en plus complexes et des systèmes étendus de circulation accélérée (...) Tel endroit sera désormais connu pour être sur le chemin de tel endroit à tel autre. Ainsi, les lieux n'existent plus individuellement dans l'espace, ne sont plus autonomes, mais sont des moments de la circulation qui les rend accessibles.[206]

Dans *Rift routes rails,* et comme suggéré par le titre du roman et des titres de chapitres tels « Partir » (p. 13), « Faire une pause » (p. 14), « Revenir » (p. 15), « Les arrivants » (p. 25), « Échappée » (p. 27), les personnages sont constamment en mouvement...sur les routes et les rails...

Transit s'ouvre, quant à lui, sur un espace de transit, l'aéroport Roissy Charles-de-Gaulle. Bachir vient de

---

[203] Marc Augé, *Les Non-lieux*, *Op. Cit.*, pp. 118-119.

[204] Le grand rift est-africain coupe en deux la Corne de l'Afrique : la plaque tectonique nubienne, à l'ouest, s'éloigne de la plaque somalienne, à l'est, avant de se diviser, au sud, de part et d'autre de l'Ouganda.

[205] L'expression est de John Urry dans *Sociologie des mobilités. Une nouvelle frontière pour la sociologie ?,* Paris, Armand Colin, 2005, p. 62.

[206] John Urry, *Op. Cit.*, p. 68.

prendre l'avion pour la toute première fois mais réalise tout de même qu'il se trouve encore dans un non-lieu : « Warya, je suis à Paris, c'est bien pour moi, hein ? *Bon, c'est pas encore Paris mais Roissy*[207]. C'est comme ça que s'appelle l'aéroport » (p. 13). Le récit se clôt – et cela est significatif – là où il a débuté, à l'aéroport. Mais cette fois-ci, c'est à Harbi d'en montrer le caractère « transitoire » :

> Aéroport de Roissy – Charles-de-Gaulle. Cinq heures du matin (...) Silence dans la salle d'embarquement qui a vu tant de départs et de retours, tant de séparations et de rencontres, tant de présences et d'absences (...) Nous sommes quelques-uns à nous recroqueviller dans le fond des banquettes pour nous soustraire à l'onde visqueuse des flots de voyageurs. (pp. 154-155)

Dans *Transit*, l'espace aéroportuaire et des espaces apparentés comme les ambassades et autres consulats remplissent une fonction structurale qui organise le récit et le situe dans un espace qui n'est rattaché à aucun *locus*, fonctionnant plutôt comme point de liaisons de plusieurs pôles déictiques[208]. Marc Augé considère, avec raison, « l'espace du voyageur [comme] (...) l'archétype du *non-lieu* »[209].

Si les routes, les rails, les aéroports et les ambassades présupposent l'indétermination spatiale parce qu'ils portent « les réalités du transit » opposables à celles de la « résidence ou de la demeure »[210], ils symbolisent également, et peut-être paradoxalement, l'espace total, absolu, le tout-lieu où se retrouvent chacun des espaces interconnectés.

---

[207] C'est nous qui soulignons.

[208] À propos de ce type d'espace, Rosi Braidotti écrit qu'elle « affectionne particulièrement les lieux de transit qui font partie du voyage : gare et salons d'aéroport, tramways, navettes et aires d'enregistrement. Zones de l'entre-deux où tout lien est suspendu et où le temps s'étire dans une sorte de présent continu » (*Nomadic subjects*, New York, Columbia University Press, 1994, pp. 18-19.)

[209] Marc Augé, *Op. Cit.*, p. 110.

[210] *Idem*, pp. 134-135.

II.1.2. Le tout-lieu : mobilité des personnages et extensibilité de l'espace

Calqué sur le modèle du non-lieu, mais de manière antonymique, le tout-lieu désigne, dans les romans analysés, non seulement la conception polytopique de l'espace mais aussi sa tendance à recouvrir, même virtuellement, l'*écoumène*, c'est-à-dire la totalité de l'espace habitable de la planète. Une tentative de reconstitution de l'espace diégétique dans *Rift routes rails* et *Transit* débouche alors sur une impossibilité; tant la cartographie est éclatée et extensible à souhait.

Si la composition de *Rift routes rails*, en treize (13) variations romanesques, semble constituer le principal facteur de l'éclatement de l'espace, son extension vers l'*écoumène* est plutôt liée à la mobilité de personnages, tous mus par une sorte d'obsession nomade résumée en une formule, « le monde est trop vaste et ne manque pas de territoires magnifiques à fouler du pied et de la tête. (…) Errer sans gouvernail, quitter son orbite ». (p. 14) Les récits du roman s'inscrivent donc naturellement dans des espaces aussi nombreux que variés. « Partir » (pp. 13-14) évoque vaguement l'Afrique. Quelques « relevés topographiques » permettent de *situer* « Faire une pause » (p. 14), « Revenir » (pp. 15-16), « Blancheur d'os » (pp. 25-27), « Qu'est-ce que je fais ici ? » (pp. 31-35) et « Les autres » (pp. 37-40) à Djibouti alors que « Le jour où même les poissons du Nil étaient ivres morts » (pp. 19-23) raconte la dictature au Soudan. « Du wax pour Dame tour Effel » (pp. 73-76) et « Paris on my mind » (pp. 81-82) renvoient explicitement à Paris. Quant à « Email-moi quelque chose » (pp. 43-47) et « La vie liquide des spectres » (pp. 55-60) (un e-mail envoyé à un exilé), ils s'ouvrent sur l'espace virtuel dont le propre est d'être illimité, sans frontières. L'espace diégétique se trouve alors étiré dans tous les sens.

Dans *Transit,* le cadre d'évolution des personnages est bien circonscrit, du moins, en apparence : rentré de France avec sa famille, Harbi est installé à Djibouti où éclate également la guerre racontée par Bachir. Les personnages évoluent, tout de même, et par deux fois, entre les continents européen et africain. Tout comme dans *Rift routes rails*, les contours de la cartographie de l'espace diégétique se dessinent et se redessinent au gré des déplacements des personnages. Il n'y a pas un espace principal (dans le sens où on parle de personnage principal) mais plusieurs espaces participant, solidairement, d'une polytopie qui prend tout son sens dans les romans migrants. Cette configuration spatiale est stratégiquement préparée, en amont, par la conception et l'enrôlement de personnages typiques de la mobilité spatiale.

II.2. La centralité du voyageur : globe-trotters, touristes et autres saute-frontières

La pensée sociale contemporaine a enregistré de nombreuses métaphores de la mobilité dont la plus célèbre est, peut-être, la figure du nomade. Mais pour Zygmunt Bauman dont l'analyse s'intéresse aux « temps postmodernes », le vagabond et le touriste offrent les métaphores les plus plausibles du voyage; les activités de ces « nomades postmodernes » ne comportant aucune mobilité régularisée[211]. D'autres figures comme celles de l'étranger, de l'aventurier et de l'exilé recouvrent le même champ sémantique. Dans les romans de Waberi portant sur le thème majeur du voyage, les personnages incarnent l'une ou l'autre de ces métaphores. Souvent anonymes ou portant des noms sans aucun effet sur leur trajectoire diégétique, les personnages de *Rift routes rails* et *Transit* représentent surtout un type, celui du voyageur dont le trait le plus pertinent est le potentiel de *motilité* qu'il dégage.

Traversant les treize courts récits de *Rift routes rails,* le rythme du voyage est tout indiqué par quatre mots-clés dès l'entame du roman: « partir » (p. 13), « faire une pause »

---

[211] Zygmunt Bauman, *Postmodern Ethics.* Cambridge, MA: Basil Blackwell, 1993.

(p. 14), « revenir » (p. 15) et « vivre » (p. 16). Les candidats au départ sont de toutes les conditions et leurs motifs divers. Une première catégorie est constituée d' « étonnants voyageurs », simplement évoqués, comme Gauguin, Verlaine, Rimbaud et autres qui, à un moment ou un autre de leur destinée, ont foulé ce « petit arpent d'Afrique, une région riche en sel, en soleil et en poètes » (p. 14). La deuxième est la foule anonyme des autochtones de la vallée du Rift cherchant à fuir une région où l' « avenir se conjugue au conditionnel » et faisant « la queue (…) devant le consulat de France ou l'ambassade des États-Unis, pour l'inatteignable visa » (p. 33). Un troisième groupe est représenté par la horde de touristes, piquée par le virus de la fugue et de la découverte et obsédée par l'envie de « fouler toutes les terres émergées » (p. 34). Viennent enfin les exilés et autres nostalgiques vivant, dans quelque grande ville européenne, l'amère expérience des illusions perdues du voyage et réalisant, d'une manière ou d'une autre, que « la vraie vie n'est pas ailleurs, on peut goûter un peu de fraîcheur dans le jardin de son choix ». (p. 16)

Chronique de guerre et surtout récit de l'exil, *Transit* met naturellement en scène le personnage de l'exilé. Harbi et Bachir Benladen, fuyant la guerre et le climat de peur généré, incarnent le type de l'exilé dont ils décrivent le profil et la condition :

> L'exil a fait les yeux doux à tout le monde ; des individus vieux ou jeunes, des familles et des régions entières se sont jetés sur les routes avec de l'espoir plein les poches et la peur pour aiguillon. Ils vont là où les vents les poussent (…) Nous sommes et restons en définitive des grains de sable échoués dans le désert d'un autre (pp. 147-148).

À la figure centrale de l'exilé, il convient d'ajouter deux autres : le migrant représenté par Alice, l'épouse de Harbi, ayant quitté sa France natale pour le pays de son époux, « cette terre d'échos et de poussière [où] on (…) respire un air fat d'ennui, de routine et de misère toute conquérante. » (p. 85-86) et le nomade convoqué par Awaleh, dans les récits nostalgiques de sa jeunesse (p. 113-116).

Aventuriers, touristes, exilés, migrants ou nomades, les personnages de *Rift routes rails* et *Transit* sont constamment « sur le départ », « en mouvement », *in motu*, confortant ainsi les fonctions structurales de ces titres, métaphores de la mobilité. Le potentiel de mobilité qui les caractérise informe leurs modes de perception et de parcours de l'espace.

II.3. Du physique et/ou du psychique : l'ambivalence spatiale des personnages

Dans *Les Passages obligés de l'écriture migrante*[212] et, plus récemment, dans le deuxième tome d'*Espaces en perdition*[213], Simon Harel formulait le concept d' « habitabilité psychique », expression de la malléabilité formelle de *l'oikos* associée au processus migratoire. Il postulait que

> la notion d'habitabilité ne veut pas dire qu'il faut cautionner sans réserve les figures d'un espace concret, d'un univers incarné, ces expressions banales qui font de nous les occupants d'un monde balisé (…) La perception de l'espace ne se résume pas à la lecture d'un univers cartographié. Dans le meilleur des cas, l'habitabilité psychique exprime une correspondance dont la forte teneur émotionnelle relie le lieu et le sujet qui s'y moule.[214]

L'espace « habitable », dans cette perspective, n'est donc pas réductible au cadre concret, matériel et balisé. Il recouvre le virtuel et le psychique en constituant cette

---

[212] Dans cet ouvrage, lire notamment le chapitre quatre : « La maison vide : parcours d'une figure topographique dans *La Fortune du passager* de Naïm Kattan », pp. 125-144.

[213] Simon Harel, *Espaces en perdition, Tome II, Humanités jetables*, Laval, Presses de l'Université de Laval, 2008.

[214] Simon Harel, *Espaces en perdition, Tome II, Humanités jetables*, *Op. Cit.*, pp. 41-42.

sorte d'*univers mental,* d'*espace intérieur* pendant à l'univers matériel, dont parle le philosophe[215]. Une telle appréhension de l'espace qui admet et conjoint le matériel et l'immatériel, l'actuel et le virtuel et mobilise l'action mémorielle – le souvenir du passé et de la chose absente tiennent de la mémoire – peut bien alimenter l'analyse du mode d'habiter des personnages waberiens, ces « absents-présents » écartelés entre plusieurs pôles spatiaux.

Les récits de *Rift routes rails* semblent s'inscrire dans des cadres plus ou moins référentiels : l'Afrique, Djibouti, le Soudan, Paris, etc[216]. Cependant, il ne faut pas s'y méprendre. La « localisation » n'est que feinte; le parcours spatial étant plus psychique que physique. Des chapitres comme « Paris on my mind » (pp. 81-86), « Email-moi quelque chose » (pp. 43-47) et « La vie liquide des spectres » (pp. 55-60) (un e-mail envoyé à un exilé) sont des exemples de ce que les espaces sont généralement « foulés de la tête » par des personnages se trouvant ailleurs, c'est-à-dire dans un espace autre que *l'ici* de l'énonciation du récit. Le premier titre est évocateur de ce que l'espace parisien et ce qui s'y passe sont reconstitués par la mémoire, sous la forme de « souvenirs-images » dont parle le philosophe Henri Bergson. Les deux derniers

---

[215] Selon une conception bergsonienne, « deux espaces, l'un concret, posé sur la matière, l'autre mental, organisant nos "souvenirs-images" sont bien deux faces d'un même processus, deux suites d'une même *spatialisation.* ». L'*espace mental* est « le symbole de l'organisation des images (...) Cette opération (...) consiste (...) à *imaginer un espace*, à susciter un espace ».*Cf.* François Heidsieck, *Henri Bergson et la notion d'espace*, Paris, PUF, 1961, p. 124.

[216] « Partir » (pp. 13-14) évoque vaguement l'Afrique. « Faire une pause » (p. 14), « Revenir » (pp. 15-16), « Blancheur d'os » (pp. 25-27), « Qu'est-ce que je fais ici ? » (31-35) et « Les autres » (37-40) renvoient, d'une manière ou d'une autre, à Djibouti. « Le jour où même les poissons du Nil étaient ivres morts » (pp. 19-23) raconte la dictature au Soudan lorsque « Du wax pour Dame tour Effel » (pp. 73-76) et « Paris on my mind » (pp. 81-82) font référence à Paris.

récits illustrent, pour leur part, le « voyage imaginé » et le « voyage virtuel » dont parle John Urry[217]. Rendus possibles par les média et autres nouvelles technologies, ces voyages virtuels génèrent une nouvelle forme de spatialité et de spatialisation :

> Dans le cyberespace, les gens n'habitent pas un lieu particulier (…) Les gens habitent les « paysages » du mouvement, où tout est fugace. Les gens sont « à leur place » dans les conduits du « voyager » (…) Pareille communication (…) dissout la distinction entre l' « appartenir à » et le « voyager »[218].

De la sorte, l'espace diégétique est non seulement aussi physique que virtuel mais il se trouve également étendu à l'infini. Même dans *Transit* où le cadre d'évolution des personnages semble bien circonscrit à Djibouti, il arrive que les personnages vivent d'autres espaces, parfois plus intensément que ceux actualisés par leur présence physique. Alice la Bretonne, échouée à Djibouti, se rappelle quelquefois son pays natal. Harbi, contraint à l'exil, pense aussi à Djibouti, son pays qui « existait si profondément en [lui] » (p. 154) et nombre de ses compatriotes qui font la queue devant les ambassades et consulats rêvent de cieux plus cléments : « Tout le monde il veut quitter pays de merde-là. Tout le monde, il crie : j'ai un frère à Paris, j'ai un tonton en Amérique, je veux un job en Australie, j'ai famille refugiée au Canada » (p. 138).

Les personnages des romans analysés rêvent d'espaces ; mieux, ils créent des espaces rêvés, assises de leur habitabilité psychique. Dans ces textes, l'espace n'est pas qu' « extériorité instrumentale », « il tient [aussi] lieu de pellicule grâce à laquelle le sujet module – et modèle son appartenance au monde »[219] et son parcours du monde. Tout comme les personnages, des objets « voyagent » et

---

[217] John Urry, *Op. Cit.*, p. 77 et 80.
[218] *Idem*, p. 84.
[219] *Les Passages obligés de l'écriture migrante*, *Op. Cit.*, p. 129.

leur « habiter » renseigne aussi sur les contours de la pensée-habitacle d'Adbourahman Waberi.

II. 4. La mobilité culturelle comme mode d'habiter des objets

À propos des objets culturels, Arjun Appadurai écrit que « ce sont les choses-en-mouvement qui illuminent leur contexte humain et social »[220]. Une telle définition pointe la capacité des objets à voyager d'un espace à un autre et à acquérir, au cours de ce parcours spatial, une certaine « biographie culturelle ». Dans *Rift routes rails* et *Transit*, des objets sont si liés à des lieux que leur consommation ou leur simple évocation induit, métaphoriquement, celle de cultures spécifiques localisables.

Quatre objets éponymes retiennent l'attention dans *Rift routes rails*: les boissons Pepsi et Coca dans « Pepsi contre Coca » (pp. 49-53), le Chewing-gum dans « Chewing-gum » (pp. 61-64), le Wax et la Tour Eiffel dans « Du Wax pour Dame Eiffel » (pp. 73-76). Tous ces objets sont au centre de conflits culturels aux relents parfois identitaires. Dans « Pepsi contre Coca », le conflit ouvert, dans le titre déjà, oppose deux commerçants : l'un, somalien de naissance et autochtone, promoteur de la marque Pepsi et l'autre, arabe d'ascendance et allogène, défenseur de la marque Coca. Mais derrière la concurrence commerciale se profile un affrontement d'« identités meurtrières »[221]:

> Tous les arguments sont bons pour mettre de l'huile sur le feu. Coca-Cola et Fanta seraient le symbole de la subversion étrangère et les alliés des allogènes qui sucent la sève du pays. Pepsi et Miranda resteraient des produits authentiques, autochtones et

---

[220] Arjun Appadurai, *The Social life of things,* Cambridge, Cambridge University Press, 1986, p. 5.

[221] Amin Maalouf, *Les Identités meurtrières*, Paris, Grasset et Fasquelles, 1998.

amicaux, introduits par un fils nomade. Le peuple reconnaîtra les siens au plus noir de la nuit. Pepsi sévit à l'épicerie de Paris[222]tenue par un vrai citoyen pur jus nomade, pas un de ces efféminés qui dandinent du croupion (p. 50).

« Chewing-gum » est le récit d'une croisade nationale contre le produit du même nom et les autres « produits d'exportation licencieux tels les rouges à lèvres, les bikinis, les spiritueux, les crèmes éclaircissantes et les antennes paraboliques » (p. 63), tous accusés de pervertir la société.

Le wax et la tour Eiffel sont, quant à eux, considérés, respectivement, comme les symboles de la culture africaine et de la culture parisienne. La conjonction spatiale des deux objets serait alors le signe d'une entente culturelle retrouvée :

> Je revois une tour Eiffel entièrement recouverte d'un tissu africain. Après ça, qui pourrait rétorquer qu'on n'est pas de chez nous, je vous le demande. Braves gens, retenez les symboles. Un pagne wax, c'est pas rien (...) : on est à l'aise chez vous tout comme vous êtes bien chez nous depuis des siècles et des kilomètres de poussière. (p. 73)

Dans *Transit*, les objets culturels qui voyagent et font voyager dans le temps et l'espace proviennent, principalement, de l'univers musical de Harbi et sa femme[223]. S'y côtoient des musiques et artistes d'horizons divers ayant le pouvoir de raviver les souvenirs du couple :

---

[222] L'incohérence de la posture identitaire réside dans l'enseigne de cette épicerie qui, tout en revendiquant son ancrage culturel, se réclame « de Paris », sans doute, pour mieux vendre.

[223] Le rayonnage de disques de Harbi « émarge au paradis du blues deepsouth très rocailleux, Sonny Boy Williamson, Muddy Waters, Bobby Bland se partagent ses faveurs (...). Otis Redding, Marvin Gaye, Smokey Robinson restent ses pilules de jouvence » quand celui d'Alice réunit « les reines hippies, les princes zozous, Janis Joplin et Jimi Hendrix, Marianne Faithfull, Brigitte Fontaine, Georges Moustaki, Barbara... » (p. 93).

> Des amis de longue date passant à la maison, un coup de téléphone d'une vieille copine de Rennes, un vrac souvenir de jeunesse (…), un refrain, une rengaine entendue à la radio le temps d'un court trajet et vous pouvez être certains que maman va dépoussiérer le tourne-disque et passer un à un la vingtaine de 33-tours et autant de 45-tours (…) La musique de leurs jeunes années a un effet bénéfique sur le moral des troupes, papa se fait guilleret, esquissant même quelques pas de danse…(pp. 93-94)

Dans les deux romans, les objets voyagent et leurs « biographies culturelles » se constituent et se reconstituent au cours de leur parcours spatio-temporel. Lors de cette sorte de « recyclage », ils acquièrent de nouvelles significations et recouvrent de nouveaux enjeux (culturels, identitaires et autres) ; illustrant ainsi le point de vue de John Urry suivant lequel,

> Un objet ne doit pas être perçu comme préformé, donné et figé dans une signification unique (…) [Il peut] être consommé et utilisé de façons différentes. Il n'existe donc pas à proprement parler d'objets finis (…) certains objets perdent à l'usage leur valeur d'échange au profit d'une charge émotionnelle. Souvent cette charge provient de la mobilité corporelle ou imaginée…[224]

Tout comme la labilité de l'espace romanesque, la centralité du voyageur et l'ambivalence spatiale des personnages, la mobilité spatiale et culturelle des objets, dernier pilier de l'*oikos* waberien, alimente l' « écriture nomade », chère au romancier, et pose le problème de l'identité, au cœur de cette esthétique : une identité hors de tout ancrage spatial, lorsque l'*oikos* devient hospitalier et ouvre ses portes *à* et *sur* d'autres horizons, est-elle possible?

III. De l'écriture nomade à l'identité nomade : vers la nomaditude ?

L'écriture romanesque de Waberi, traversée par le voyage, met en œuvre une poétique de l'espace et du

---

[224] John Urry, *Op. Cit.*, p. 76.

temps. Le thème de l'errance, du nomadisme plus précisément, est central dans cette poétique qui se joue des frontières spatio-temporelles et autorise à l'envisager sous l'angle de l'« écriture nomade ». Selon Anne-Marie Mol et John Law, le nomadisme suppose, justement, une topologie du *fluide* signifiant que « la différence entre un lieu et un autre n'est marquée ni par des frontières ni par des relations. Au lieu de cela, les frontières peuvent aller et venir, se faire poreuses ou disparaître tout à fait, tandis que les relations peuvent se transformer sans discontinuer »[225].

Dans cette perspective, la fluidité des espaces impliquant celle des identités, – un monde fluide est un monde de *mélanges*[226] –, l'écriture nomade, telle que présentée dans *Rift routes rails* et *Transit*, pourrait être cernée comme le laboratoire d'une identité nomade dont elle porterait les enjeux.

III.1. L'écriture nomade, une poétique de l'espace fluide

Dans les textes de Waberi, le rapport à l'espace dépasse la pratique ancienne d'un relevé topographique, pour établir, littéralement, l' « état des lieux ». Chez cet auteur, l'espace est d'abord mobilisé pour sa fonction, c'est-à-dire pour ce qui en fait le moteur de toutes les autres catégories romanesques et, partant, celui du récit. En appliquant à *Rift routes rails* et *Transit* un point de vue de Michel Raimond, « l'espace [y] prend d'autant plus d'importance que l'auteur dit l'espace plutôt qu'il ne raconte une

---

225 Anne-Marie Mol et John Law, « Religions, networks and fluids: anaemia and social topology », *Social Studies of Science*, 24, 1994, p. 643.

226 *Idem*, p. 660.

histoire, en tout cas, ne dit l'histoire que par le truchement de l'espace qu'il présente »[227] .

Mais le plus intéressant est que l'espace qui porte le récit est indéterminé, fuyant et fluide, à l'image du hors-lieu et du tout-lieu. Si l'écriture d'Abdourahman Waberi est aussi marquée par la géographie du pays natal, elle reste en effet, dans sa tendance à se faire l'écho du monde, un éloge du nomadisme compris, dans un sens large, comme errance spatiale.

Au niveau thématique, l'écriture nomade convoque, réalistement ou symboliquement, le fait nomade : *Rift routes rails* est un compilé de récits d'errance quand *Transit* fictionnalise la forme d'errance douloureuse qu'est l'exil avec, en toile de fond, les récits d'Awaleh évoquant son passé glorieux de nomade authentique. « Partir », récit inaugural de *Rift routes rails* (p. 13-14), résume bien la philosophie de la (con)-quête permanente de l'espace infini dont la mise en intrigue structure les romans waberiens : « Le monde est trop vaste et ne manque pas de territoires magnifiques à fouler du pied et de la tête (...) Les globe-trotters, qui traînent leurs guêtres sur toute l'étendue de la croûte terrestre, le savent bien » (p. 14).

La conception et la gestion de l'espace diégétique se trouvent alors inscrites dans le mouvement[228] : « Partir », « Revenir », « Les arrivants », « Échappée »... Autrement dit, il n'y a d'espace véritable que porté par les déplacements des personnages.

Lorsque l'intérêt se déplace du texte vers son auteur, la poétique nomade peut être cernée à partir de la posture spatiale de l'écrivain migrant dont la pensée-habitacle,

---

[227] Michel Raimond, « L'expression de l'espace dans le Nouveau Roman », *Positions et Oppositions sur le roman contemporain*, Paris, Klincksieck, 1981, p. 184.

[228] La spatialité « mouvementée » des titres (*Rift routes rails* et *Transit*) l'annonçait déjà.

affranchie des frontières étroites du local et du localisable, intègre une forme de spatialité malléable, l'*écoumène.* Le positionnement « spatial » de l'auteur dans le champ littéraire global décline aussi une certaine approche de l'écriture nomade. Pratiquer l'écriture nomade, pour Waberi et les autres migritudiens –le néologisme est encore expressif de cette spatialité structurante – revient à « dés-appartenir » à un espace littéraire spécifique, à se penser d'abord comme écrivain et ensuite comme auteur historiquement *situé* dans un continent, un pays donné[229].

La promotion de la mobilité, de l'espace de l'*entre* et du *Tout*, les postures et prises de positions d'auteurs ayant conscience de leur *spatialité* particulière, peuvent avoir des implications identitaires intéressantes quand on sait, avec John Urry, que « dans un espace fluide, il n'est pas possible de déterminer les identités de façon simple et commode, une fois pour toutes ; ni distinguer entre l'extérieur et l'intérieur »[230].

III.2. L'identité nomade : de l'éloge du nomadisme à la nomaditude ?

Partons d'un point de vue de Deleuze et Guattari suivant lequel le nomade serait symptomatique d'une société dé-territorialisée, faite de ligne de fuite et non de points et de nœuds. Pour ces auteurs, « le nomade n'a pas de points, de trajets ni de terre…Si le nomade peut être appelé le Déterritorialisé par excellence, c'est justement parce que la reterritorialisation ne se fait pas après … »[231]

Chez un tel Sujet, l'identité n'est plus dans la « racine » mais dans la « relation », (G. Deleuze), dans le rhizome

---

[229] Leur militantisme pour l'émergence et/ou la reconnaissance d'une « littérature-monde » pourrait s'inscrire dans cette perspective.
[230] John Urry, *Op. Cit.*, p. 44.
[231] Gilles Deleuze et Félix Guattari, *Capitalisme et schizophrénie 2. Mille plateaux,* Paris, Minuit, 1980, p. 473.

(E. Glissant) ou, plutôt, elle n'est plus dans la sédentarité mais dans la mobilité – physique, virtuelle, culturelle, affective, etc. : « il n'est de sang que mêlé et d'identité que nomade » proclame Abdo-Julien à la suite de sa mère (*Transit*, p. 40). Fils d'un Djiboutien et d'une Française, il se décrit lui-même comme « issu de l'amour sans frontières (...) trait d'union entre deux mondes » (p. 49). Pour leur part, les touristes, aventuriers et autres voyageurs de *Rift routes rails*, véritables nomades des temps modernes, mènent une errance spatiale qui n'est pas que traversée d'espaces multiples, mais consiste aussi « à assumer des appartenances plurielles qui composent une subjectivité mobile et changeante »[232] ouvrant le texte sur une « poétique du divers ».

Jouant de la traversée des frontières et, partant des cultures, cette identité nomade illustre l'antique thèse philosophique du « mobilisme universel » : « être, c'est devenir »[233]. La permanence du mouvement qui fait dire à Héraclite qu' « on ne se baigne pas deux fois dans le même fleuve » est au cœur de l'identité nomade dont les porteurs sont des *devenants* au *devenir* façonné par les déplacements, le mouvement...

La spatialité constitutive des écritures migrantes, du moins, celle illustrée par *Rift routes rails* et *Transit*, en mettant l'accent sur le dé-racinement, le déplacement, la traversée des frontières et des cultures, la relation entre des appartenances diverses et, pour reprendre la métaphore initiale, en remplaçant les murs de l'*oikos* par des claustras, articule l'esthétique waberienne aux notions d'« enracinerrance » et de « nomaditude » telles que théorisées respectivement par Jean-Claude Charles et Hédi Bouraoui.

---

[232] Marion Sauvaire, *Loc. Cit.*

[233] Pour plus de détails sur cette thèse d'Héraclite, lire *Fragments*, trad. M. Conche, Paris, PUF, 1986.

Délibérément oxymorique, le concept d'« enracinerrance » « tient compte à la fois de la racine et de l'errance ; il dit à la fois la mémoire des origines et les réalités nouvelles de la migration, il remarque un enracinement dans l'errance »[234]. À l'échelle des textes de Wabéri, l'enracinerrance est une sorte de poétique de l'errance qui, partant du foyer de l' « espace d'origine » et au-delà des va-et-vient des corps à travers l'*écoumène*, consiste en une énonciation des espaces réels et imaginaires traversés et des cultures rencontrées. Cette poétique peut être la traduction de ce que Waberi, comme la plupart des écrivains migrants, est continuellement pris dans une double relation spatiale : connexion aux espaces qu'il habite et qui l'habitent, son pays d'origine et sa terre d'accueil, mais aussi relation aux lieux visités ou traversés ; « ambivalence spatiale » influençant, sans doute, la situation identitaire de l'écrivain.

Mais le concept de *nomaditude* élaboré, dans une articulation de la dynamique du processus créateur, de la *poïétique* au fait et à la philosophie nomade, décrit plus clairement la posture identitaire adoptée par Waberi. Selon Hédi Bouraoui :

> La *nomaditude* se veut la mise en lumière d'une identité transitoire, ouverte et flexible s'adaptant à chaque étape du parcours. (…) [Le Sujet] part avec l'atout de son identité originelle pour la modifier selon les cultures rencontrées tout au long de ses parcours. Il ne s'agit pas de changer une identité pour une autre, mais plutôt de les accueillir et de les adopter. Ce processus fait sa richesse, surtout quand les différentes identités sont assumées dans la sérénité et non dans le déchirement, ni dans la désagrégation de la mémoire[235].

Renvoyant aux pérégrinations du caravanier du désert plantant sa tente au fur et à mesure des parcours accomplis ou aux formes de mobilités contemporaines, le nomadisme

---

[234] Jean-Claude Charles, Enracinerrance, *Bouture*, Vol. 1, n °4, 2000, p. 39.

[235] Hédi Bouraoui, *Transpoétique. Éloge du nomadisme*, Montréal, Mémoire d'encrier, 2005.

évoque toujours l'errance, l'instabilité, le déplacement continuel et peut être perçu comme la volonté du sujet à se mettre en relation avec son entour. La nomaditude, soutenue dans les textes par une « poétique des lieux parcourus »[236], ne peut que porter alors une identité du *transit*, « identité à la carte » qui déconstruit la binarité de l'ici *versus* l'ailleurs. À l'aune de la nomaditude, l'identité nomade fictionnalisée et vraisemblablement vécue par Waberi invite à déborder les marges de l'*oikos*, compris comme « domicile fixe » pour s'abandonner aux aléas identitaires du voyage et de l'errance...sans frontières.

L'écriture migrante expérimentée dans *Rift routes rails* et *Transit* est essentiellement soutenue par une spatialité qui en informe les récits, les stratégies et le discours. Soumis à une topographie plutôt labile, compris entre l'*ici* et *l'ailleurs*, l'actuel et le virtuel, parcouru aussi bien « physiquement » que « psychiquement » par des personnages eux-mêmes portés par le mouvement, l'espace waberien problématise le rapport de l'identité à la territorialité.

La métaphore spatiale de l'*oikos,* autour de laquelle l'analyse s'est bâtie montre que les lieux d'élaboration et du sentiment de l'identité sont plus que jamais irréductibles à tout ancrage territorial. Si l'écrivain migrant reste, d'une manière ou d'une autre, lié à son espace d'origine, son écriture se « déploie progressivement (...) à partir des hétérotopies, ces zones de contacts entre des espaces hétérogènes, pour élargir son lieu d'énonciation et se jouer des frontières territoriales »[237]. C'est aussi dans ces zones-là, mais beaucoup plus sur les trajets qui y mènent ou les relient que se constitue l'identité transitoire, ouverte, relationnelle et flexible caractéristique des Sujets migrants.

---

[236] Hédi Bouraoui, *Op. Cit.*, p. 13.
[237] Marion Sauvaire, *Loc. Cit.*

Bibliographie

APPADURAI, Arjun, *The Social life of things,* Cambridge, Cambridge University Press, 1986.

AUGÉ, Marc, *Les Non-lieux, introduction à une anthropologie de la surmodernité*, Paris, Seuil, 1992.

BOURAOUI, Hédi, *Transpoétique. Éloge du nomadisme,* Montréal, Mémoire d'encrier, 2005.

BOURNEUF Roland, « L'organisation de l'espace dans le roman », *Études Littéraires,* vol. 3, n° 1, 1970, pp. 77-94.

BRAIDOTTI, Rosi, *Nomadic subjects*, New York, Columbia University Press, 1994.

CHARLES, Jean-Claude, Charles, « Enracinerrance », *Bouture*, vol. 1, n °4, 2000.

CHEVRIER, Jacques, « Afrique(s)-sur-Seine : autour de la notion de "migritude" », Notre Librairie. Revue des littératures du Sud n°155-156, Identités littéraires, juillet-décembre 2004, pp. 96-100.

COULIBALY, Adama « Ethnoscape et écriture migrante : vers une réévaluation du paradigme identitaire dans *Pelourinho* de Tierno Monénembo ? », *French Studies in Southern Africa n° 39*, 2009, pp. 1-24.

DELEUZE, Gilles, GUATTARI, Félix, *Capitalisme et schizophrénie 2. Mille plateaux,* Paris, Minuit, 1980.

DIOP, Papa Samba, « La recherche francophone au-delà des approches thématiques : de nouvelles orientations méthodologiques », *Littératures au Sud*, Paris, AUF-Éditions des Archives Contemporaines, 2009, pp. 37-42

FOUCAULT, Michel, *Le Corps utopique, les hétérotopies,* Clamecy, Nouvelles Éditions Lignes, 2009.

GHERCHANOC, Florence, *L'oikos en fête. Célébrations familiales et sociabilité en Grèce ancienne*, Paris, Publications de la Sorbonne, 2012.

HAREL, Simon, *Les Passages obligés de l'écriture migrante*, Montréal, XYZ, 2005.

LAMBERT, Fernando, « Espace et narration. Théorie et pratique », *Études littéraires,* vol. 30, n° 2, 1998, pp. 111-121.

MAALOUF Amin, *Les Identités meurtrières*, Paris, Grasset et Fasquelles, 1998.

MABANCKOU, Alain, « Le chant de l'oiseau migrateur », *Pour une littérature-monde*, Paris, Gallimard, 2007, Michel Le Bris et Jean Rouaud dir, pp. 55-66.

MARCHESE, Elena, « L'écrivain migrant entre exil et avenir: la difficile construction de l'identité. Une étude rhétorique de *L'Écrivain migrant. Essais sur des cités et des hommes* de Naïm Kattan et *La Québécoite* de Régine Robin », http://aix1.uottawa.ca/~dforget/marchesee.htm (page consultée le 01 septembre 2012).

MOISAN, Clément, *Écritures migrantes et identités culturelles*, Québec, Éditions Nota bene, 2008.

MOL, Annemarie, LAW, John, « Religions, networks and fluids: anaemia and social topology », *Social Studies of Science*, 24, 1994, pp. 641-671.

NEPVEU, Pierre, *L'Écologie du réel. Mort et naissance de la littérature québécoise contemporaine*, Montréal, Boréal, 1988.

RAIMOND, Michel, « L'expression de l'espace dans le Nouveau Roman », *Positions et Oppositions sur le roman contemporain*, Paris, Klincksieck, 1981, pp. 181-191.

RESCH Yannick Gasquy, *Littérature au Québec*, Paris, Edicef/Aupelf, 1994.

RICARD, François, « Le décor romanesque », *Études françaises, vol. 8*, n° 4, 1972, pp. 343-362.

SAUVAIRE, Marion, « De l'exil à l'errance, la diversité des sujets migrants. Le cas des romanciers caribéens au Québec », *Amerika n° 5*, Allers/Retours. Migrations transatlantiques, interaméricaines et territoires littéraires en devenir, 2011. (Consulté le 01 septembre 2012. URL : http://amerika.revues.org/2511 ; DOI 10.4000/amerika.2511)

TYNIANOV, Iouri, « De l'évolution littéraire », *Les Formalistes russes. Théorie de la littérature*, trad. Todorov, Paris, Seuil, 1965.
URRY, John, *Sociologie des mobilités. Une nouvelle frontière pour la sociologie ?*, Paris, Armand Colin, 2005.
WABERI, Abdourahman, *Rift routes rails*, Paris, Gallimard, 2001.
WABERI, Abdourahman, *Transit*, Paris, Gallimard, 2003.

Au-delà des lisières : mobilité et problématique identitaire dans les romans de Nancy Huston

Anna LAPETINA
Université des Études de Basilicate
Potenza - Italie

Dans l'histoire d'une vie il est toujours question
de l'exil, réel ou imaginaire.
N. Huston, *Lettres parisiennes*

On naît conteur et voyageur,
aussi avide de mots que des images,
dans un même besoin, dans une même
définition de l'être.
I. Daunais, *Après l'écriture, le voyage*

Introduction

Née à Calgary, dans une région canadienne en majorité anglophone (Alberta)[238], Nancy Huston s'établit à Paris dans les années soixante-dix. En Europe elle inaugure donc sa carrière littéraire, en composant maints textes en français. La production romanesque de l'écrivain[239] naît d'un exil volontaire qui s'inscrit, dès le début, sous le signe du hasard : « Je n'avais pas du tout l'intention de m'expatrier, et encore moins de m'exiler. Je ne savais littéralement pas ce que je faisais. Ça aurait pu être l'Italie

---

[238] Pour une analyse de la question linguistique qui concerne le milieu culturel canadien, voir Pamela V. Sing, « Le *Far-Ouest* francophone et sa littérature : exiguïté et écriture », *Culture française d'Amérique*, 2000, pp. 135-160.

[239] La première rencontre de Huston avec l'écriture se manifeste toutefois dans les articles et les essais qui précèdent de quelques années les œuvres de fiction faisant l'objet d'analyse dans ce texte.

ou l'Espagne, mais il se trouvait que mon français était passable » (*Désirs et réalités*, p. 267)[240].

Le choix de vivre en France et d'en adopter l'idiome comme outil de l'expression littéraire lui permet pourtant de suivre sa vocation artistique. Au fur et à mesure que l'écriture dans la langue étrangère avance, la plongée dans des sonorités différentes constitue ainsi le prétexte permettant à l'écrivain d'exploiter son potentiel créatif[241].

Les raisons profondes de l'exclusion initiale de la langue maternelle du domaine scriptural[242] remontent au passé biographique de l'auteur, qui motive, de cette façon, son voyage définitif vers l'Europe :

> Je ne peux pas dire que ma tristesse à moi soit liée à l'exil – ou si elle l'est, c'est dans une inversion de la cause et de l'effet : je me suis exilée parce que j'étais triste, et j'étais triste parce que ma mère m'a « abandonnée » quand j'avais six ans [...] Mais cette fois-là, et sans le savoir [...] j'effectuais l'Abandon par excellence, un abandon si énorme qu'il allait me suffire pendant longtemps, peut-être le reste de ma vie: celui de mon pays et de ma langue maternelle. (*Lettre parisiennes*, p. 116)

L'éloignement douloureux de la mère subit, dans l'enfance, par Huston serait pourtant à l'origine du refus de l'anglais[243], langue dont les implications symboliques sont

---

[240] Et encore : « Un exil qui aurait dû être provisoire, un exil joyeusement choisi, sortes de vacances studieuses, a gonflé et s'est emparé de toute ma vie, de tout mon être » (*Désirs et réalités*, p. 201).

[241] « Ce n'est qu'à partir du moment où était aboli le faux naturel de la langue maternelle, que j'ai trouvé des choses à dire » (*Lettres parisiennes* , p. 14).

[242] Le roman *Cantique des plaines* inaugure une deuxième phase dans la production de Huston, puisqu'elle en commence la rédaction en anglais en 1989. Le retour à la langue maternelle déclenche en effet une pratique d'écriture qui dorénavant révèle l'originalité de son style : l'autotraduction.

[243] Huston réfléchit au rapport entre la création artistique et la problématique linguistique dans l'essai « *A Tongue called Mother* ». *Les Cahiers du GRIF*, 39 (1988), 1, pp. 9-18.

évidemment liées à la figure maternelle[244]. Les premiers vertiges identitaires qui en découlent constituent ainsi le thème récurrent de son écriture.

Comme elle l'explique dans les textes adressés à Leïla Sebbar et composant le corpus de *Lettres parisiennes. Histoires d'exil*[245], avant et après le divorce de ses parents, sa famille déménage plusieurs fois, en se déplaçant du Canada à l'Allemagne et aux États-Unis.

L'univers fictionnel de l'auteur se construit pourtant à partir d'un voyage, du Canada à la France, qui suit d'autres nombreux voyages caractérisant une vie quelque peu nomade (« je n'ai même pas le luxe de retourner dans la maison de mon enfance; j'en ai connu trop » *Lettres parisiennes,* p. 85).

Qui plus est, même dans la dimension onirique, les départs qui intéressent la vie de Huston semblent répliquer le voyage enfantin qui se termina par le trauma de l'abandon :

> Le Voyage [...] forme la trame centrale de mes rêves heureux et malheureux depuis l'enfance... [...] à l'âge de six ans, je dis au revoir à ma mère à Edmonton [et] j'arrive en Allemagne. Quatre mois plus tard, je refais le même trajet en sens inverse, j'arrive à Edmonton et ma mère a disparu. [...] le reste de ma vie, surtout la nuit, j'essaierai de refaire ce voyage de la bonne manière [...] de manière à ce qu'il aboutisse à la bonne résolution... (*Lettres parisiennes*, pp. 196-197).

---

[244] La richesse émotionnelle liée à la langue anglaise, côté sensible qui dans une première phase semble entraver la venue à l'écriture, se reflète aussi sur le choix d'abandonner l'étude du piano, instrument joué par sa mère, pour s'adonner au clavecin: « *L'anglais et le piano*: instruments maternels, émotifs, romantiques, manipulatifs, sentimentaux [...] *Le français et le clavecin*: instruments neutres, intellectuels, liés au contrôle, à la retenue, à la maîtrise délicate [...] Ce que je fuyais en fuyant l'anglais et le piano me semble clair » (*Nord perdu*, pp. 64-65).

[245] En particulier aux pages 85-86 et 119.

En particulier, c'est pendant le séjour en Allemagne[246] que Huston fait l'expérience de la mouvance identitaire, puisque l'écoute d'une langue étrangère lui donne l'illusion de se réinventer différente, et d'exorciser ainsi la douleur causée par l'éloignement de la mère (« Il suffisait de changer de langue et les mots n'avaient plus le même sens. Bientôt je n'étais plus moi-même non plus » *Désirs et réalités*, p. 265).

Sous la plume de Nancy Huston, la conscience du côté éphémère de l'édifice identitaire[247] influence, avant tout, la substance romanesque des œuvres. Un ensemble copieux de voyages concrets ou imaginaires offre aux personnages l'occasion pour réfléchir sur l'illusion du moi, les déplacements étant le moyen idéal pour franchir les lisières mentales où se joue le pari des contraintes des identités figées[248].

I. Pérégrinations imaginaires

Parmi les nombreux personnages qui peuplent les romans de Nancy Huston, il y en a certains qu'on pourrait définir tels des « voyageurs immobiles » (Major, p. 589) ; tout en restant enfermés dans un lieu clos, ils laissent leurs pensées libres d'arpenter d'autres espaces significatifs par rapport au nœud existentiel qui en occupe la réflexion pendant le récit.

---

[246] Pays d'origine de l'épouse de son père.

[247] Car « le moi, ça ne se trouve pas, ça se fabrique, et toujours de bric et de broc » (*Désirs et réalités*, p. 208).

[248] Jean-François Côté affirme à cet égard que « les récits de voyage, de traversée des frontières surtout, mettent nécessairement en cause la rencontre de l'altérité, et permettent peut-être aussi d'envisager la formulation d'une transformation de l'identité culturelle au sein des représentations romanesques » (« Littérature des frontières et frontières de la littérature: de quelques dépassements qui sont aussi des retours », *Recherches sociographiques*, 44 (2003), 3, p. 502).

C'est le cas de certains invités de Liliane Kulainn, dans *Les Variations Goldberg*, qui, obligés à rester assis pendant l'exécution du concert, arpentent les paysages québécois, irlandais ou américains.

Dans le premier roman écrit par Huston (1981), en effet, trouvent leur place les germes des sujets thématiques qui seront largement développés dans les textes à venir. Parmi les références à la problématique féministe et féminine, à la question du bilinguisme, à la réflexion sur le rôle de la musique, le thème de la mobilité apparaît dans sept des trente variations qui composent la partition littéraire de l'œuvre (V, VI[249], VIII, XI, XV, XXI, XXX).

Indissociable de la question linguistique, dans la cinquième variation, le sujet est annoncé par l'utilisation du joual qui marque le premier des monologues se confrontant avec des lieux autres que Paris, où se déroule le concert. La voix québécoise de Dominique déplace le point d'observation narratif en dehors de la chambre où elle se trouve, et offre au lecteur le goût sonore d'un paysage différent :

> J'préfère encore jaser avec mes parents, [...] et que ma mère laisse échapper une toune de son enfance pendant qu'elle met la table, même si c'est platte, comme l'alouette ou n'importe quoi, j'préfère cette alouette-là à tous les comtes Goldberg du monde [...]. Puis on se mettra à table et il y aura les plus petits qui vont me dire Paris? Paris? Avec les yeux grands comme ça et j'vas leur dire une bonne fois pour toutes, Paris ç'a pas de bon sens (p. 55).

Sous forme d'insertions en anglais, l'instrument linguistique soutient de même l'aller-retour entre la France et le Canada, l'Irlande et les États-Unis des personnages protagonistes des variations XI, XXI et XXX, dans lesquelles les mots étrangers se révèlent le moyen le plus concret pour donner la mesure de

---

[249] Ici la référence générique à une « île » (p. 57), et sa transposition métaphorique dans le domaine musical dans les pages suivantes (p. 59), se donnent comme un écho de l'imaginaire hustonien en ce qui concerne la conception de l'écriture; je reviendrai sur la question en analysant les textes *Cantique des plaines* et *Instruments des ténèbres*.

la distance à l'intérieur du tissu narratif. Par conséquent, les passages du français à l'anglais créent, au niveau du style, le mouvement rythmique nécessaire pour concrétiser l'écart entre les deux pays[250].

Dans *Désirs et réalités* (p. 231), si les « pérégrinations mentales » des *Variations Goldberg* occupent l'espace du monologue intérieur des personnages[251], dans *Dolce Agonia* (2001) la mouvance intime des convives, réunis à l'occasion du dîner offert par Sean Farrell pour le Thanksgiving, est décrite par un observateur d'exception, dont l'œil, à la fois fixe et ubiquiste, trace les lignes d'une cartographie des existences multiples.

Dans le « Prologue au ciel » (p. 12), un Dieu-narrateur résume succinctement les biographies communes des individus qui composent un groupe humain quelconque, en en soulignant les lieux géographiques et les dates de naissance dont l'ensemble disparate semble néanmoins coaguler autour d'une table. Des États-Unis à la Biélorussie, à l'Ukraine et au Canada, à travers les discours sur l'existence, la confrontation des idées et les digressions divines au sujet des épilogues mortels des personnages, l'arbitraire des appartenances identitaires se décèle dans toute sa nudité pour montrer enfin qu'on est tous des archipels flottants sur la mer de la vie.

Dans la réflexion théorique de Nancy Huston, l'imaginaire insulaire émerge d'ailleurs d'une manière explicite, référé à l'écriture :

> J'ai accepté d'habiter cette « terre » qu'est l'écriture, une terre qui est, par définition, pour chacun de ses nombreux habitants, une île déserte. Si je suis heureuse dans l'exil (dans toutes les acceptions

---

[250] Voir par exemple les pages 97-98, 172 et 240.

[251] Ou plutôt, rapportées à son rôle de voix narratrice, de la seule protagoniste Liliane : « Tout cela, c'est moi qui l'ai imaginé, en effet. Sauf qu'il n'y a pas de moi qui soit *que* moi. Chaque variation, c'est moi qui l'ai composée. Avec les notes de Bach. Avec les gens dans cette salle. Toute seule dans ma tête ». (p. 247)

du mot, métaphoriques et littérales), c'est parce qu'il donne une forme concrète à cette solitude qui est la condition de l'activité qui me tient le plus à cœur. (*Lettres parisiennes*, pp. 137-138)

Élues lieux privilégiés d'écriture et de relecture, les tables de travail de Paula dans *Cantique des plaines* (1993) et de Nadia dans *Instruments des ténèbres* (1996) correspondent bien à l'image métaphorique qu'on vient de citer. En effet, elles représentent des espaces circonscrits de solitude desquels on peut cependant sortir en voyageant dans des temps et des pays lointains.

L'imagination de Paula plane ainsi sur les prairies canadiennes qui constituaient le scénario de vie de son grand-père Paddon dont elle compte raconter l'histoire, tandis que Nadia « retourne » à la France du XVIIe siècle pour narrer les vicissitudes de Barbe.

Dans *Cantique des plaines*, l'ordre chronologique, nécessaire pour bien disposer sur la ligne temporelle les phases d'une existence, est absent. Ainsi, la fresque narrative apparaît fragmentaire et discontinue.

Une telle démarche est bien différente dans *Instruments des ténèbres*. Nadia y alterne, avec une régularité rythmique, l'écriture de son journal intime au récit *Sonate de la Résurrection*, situé dans la France ancienne.

Les modalités narratives déployées dans les deux romans relèvent du rapport de Huston aux sujets traités. D'une part, le retour aux paysages canadiens de son enfance répond à l'impulsion intime déclenchée par l'émotif de la langue maternelle finalement retrouvée[252], et produit donc une vision « de haut » qui embrasse en ampleur l'étendue des plates provinces canadiennes[253]. D'autre part, la coupure linguistique

[252] Sur l'argument : « Les prairies à Paris ». *Désirs et réalités*, pp. 225-237.

[253] « car, après tout, il ne s'agit pas de revivre ces choses avec le corps, mais de les vivre, pour la première fois, avec l'esprit » (*Désirs et réalités*, p. 231).

évidente dans *Instruments des ténèbres*[254] se présente comme la réalisation stylistique de la « névrose de Janus » (Esteban, p. 95) qui hante tout écrivain bilingue en en confirmant cependant la nécessité de maintenir la mesure de la distance[255].

Confrontées au Voyage par excellence, c'est-à-dire à l'histoire d'une vie qui ne leur appartient pas mais qui néanmoins produit des effets de retour dans leur propre existence, les narratrices élargissent donc l'espace délimité de la page blanche, qui devient ainsi une métaphore du Moi, et l'écriture, le dispositif qui en efface les lisières :

> Nous assignons à notre existence des limites assez strictes. Nous arpentons le même territoire jour après jour, le désignant comme « ma vie » et définissant le « je », tautologiquement, comme celui qui l'arpente. […] La littérature nous autorise à repousser ces limites [...] En lisant, nous laissons d'autres êtres pénétrer en nous, [...] – car nous les connaissons déjà. Le roman, c'est ce qui célèbre cette reconnaissance des autres en soi, et de soi dans les autres. (*Nord perdu*, pp. 106-107).

II. Périples identitaires

Pour compléter l'analyse du rapport entre mobilité et problématique identitaire dans les textes hustoniens, il s'avère nécessaire de citer aussi les romans qui présentent des personnages en transit réel d'un pays à l'autre. Au contact avec des milieux, et donc des langues, étrangers,

---

[254]Dans la première rédaction du roman, Huston écrit le *Carnet Scordatura* en anglais et la *Sonate de la Résurrection* en français, et dispose de manière symétrique les deux parties du texte dans le manuscrit pour en souligner la fracture linguistique (voir à ce sujet l'article de Kristine Klein-Lataud. « Les voix parallèles de Nancy Huston » *TTR: traduction, terminologie, rédaction*, 9 (1996), 1, pp. 211-231).

[255] « L'écrivain divisé […] connaît bien, non pas une culture […], mais deux. Du coup, il a le point de vue de sa première culture sur la deuxième, et inversement. […] il préserve l'écart. L'écart lui est précieux. C'est l'écart qui le fait souffrir. Comprendre. Écrire » (*Âmes et corps*, p. 61).

leur édifice identitaire se définit de manière différente ou montre ses failles.

Dans *L'Empreinte de l'ange* (1998), une jeune allemande, rescapée de la Guerre, arrive à Paris en 1957 et trouve un emploi de domestique chez un flûtiste de succès. Le « mur opaque » (*Nord perdu*, p. 77)[256], constitué par la langue étrangère, se définit, dès le début, comme un élément de division comportant l'interrogation du rapport entre mémoire collective et mémoire individuelle (et sa légitimation) face aux conflits.

La frontière entre le monde rutilant de Raphaël et les origines brumeuses de Saffie trouve une première réification dans l'image du pas de la porte marquant l'accès au milieu français représenté par le musicien : « Les voilà face à face, l'homme et la femme qui ne se connaissent pas. Ils se tiennent de part et d'autre du seuil de la porte, et ils se dévisagent ». (p. 16.)

Malgré un mariage presque entièrement décidé par l'homme – car Saffie se montre impénétrable à la limite de l'indifférence envers les événements de l'existence – les personnages n'arrivent pas à dépasser l'obstacle constitué par des identités nationales renforcées dans leur illusion par les responsabilités politiques issues du conflit. Par ailleurs, l'attitude peu compréhensive de l'artiste, obnubilé par son art, n'aide pas Raphaël à ouvrir une brèche dans le rideau de silence de Saffie, chargé d'un sentiment de culpabilité qui dérive de ses origines allemandes.

---

[256] « Les gens vous disent : Ah ! Quelle chance vous avez de pouvoir voyager ! […] D'accord, aller dans un pays étranger, c'est souvent intéressant. Mais c'est, *aussi*, déstabilisant. Angoissant. Déboussolant. Je ne sais pas comment on fait pour l'oublier. Chaque fois que je traverse une frontière, je me rappelle : Ah oui. C'est comme ça, encore. La détresse de l'étranger. […] Dès que je me trouve de l'autre côté de la frontière : la langue. Mur opaque. Êtres impénétrables » (*Nord perdu*, pp. 76-77).

Peu intégrée dans le monde du mari, la protagoniste trouve néanmoins son authenticité dans l'univers chaotique du luthier hongrois András qui en deviendra l'amant, et dont l'atelier accueille des individus de toute origine :

> L'atelier du luthier reçoit beaucoup de visiteurs en hiver car il y fait chaud : chaleur du poêle quand il y a du charbon; de façon plus fiable, chaleur du cœur et de la musique. Y traînent [...] parlant chacun sa langue ou son sabir : jazzmen américains, violonistes yiddish de chez Goldenberg, prostituées et travestis [...], réfugiés d'Europe centrale fraîchement débarqués à Paris [...] Le monde entier, dirait-on, connaît le chemin de l'atelier vents et bois. (pp. 212-213)

Parmi les nombreux étrangers catalysés par la personnalité d'András, qui partagent avec Saffie un destin commun, celui de l'exil parisien, la protagoniste retrouve la nécessité d'une parole authentique qui lui permet de raconter son passé pour défaire le nœud de souffrance la rendant « un fantôme » (p. 27). Ainsi donc, « dans le croisement [...] dans un lieu qui n'en est pas *un* » (*Lettres parisiennes*, p. 154), les contours du moi réconforté par la rassurante multiplicité du genre humain, dessinent une nouvelle définition de l'individu.

Dans *La Virevolte* (1994), la série des tournées qui pousse la ballerine Lin à voyager de New York au Mexique, de Paris à Saint-Moritz et à Rome, de Chicago à Madrid et à Tokyo pour retourner enfin à Manhattan, représente aussi le chemin parallèle et invisible qui cause une métamorphose intime du personnage. En équilibre instable entre maternité et créativité intellectuelle, Lin décide de s'affranchir de la familiarité qui circonscrit son rôle de mère. Elle se réfugie dans la danse et s'y adonne entièrement, en savourant les sensations de liberté qui élargissent les bornes de son esprit.

« Qu'est-ce que la danse, sinon l'essence étouffée d'un cri? ». Au dilemme féminin qui concerne la conciliation ardue de créativité et de procréation, la citation de Rilke en exergue semblerait, en outre, ajouter un sujet thématique ultérieur, sous forme de rappel indirect au nœud mince qui lie l'écriture à l'exil dans la biographie de l'auteur.

« Une langue d'exil [...] étouffe un cri, c'est une langue qui ne crie pas » (*Désirs et réalités*, p. 77). En effet, confrontés à l'affirmation de Kristeva, rapportée par Huston dans l'essai *A Tongue called Mother*, les vers de Rilke paraissent enrichir la condition vécue par Lin de la connotation d'un exil intime qui trouve son expression grâce au langage artistique. La « virevolte » du titre pourrait donc se référer aussi au renversement d'optique qui attribue à cette mère les mêmes souffrances de vie bien connues par l'auteur. Ce qui expliquerait l'approche stylistique d'un texte « fait de fragments, d'échardes, d'éclats de verre [...] Livre taillé, tailladé, dans la pierre, la chair [...] » (*Âmes et corps*, p. 34), et qui est cependant le produit de l'effort de compréhension entraînant le pardon de « celle qui est en principe l'emblème de la proximité et de la présence – mais qui, dans mon cas, était devenue lointaine, à jamais inaccessible » (*Nord perdu*, p. 105).

Dans *Lignes de faille* (2006), ce manque abyssal de la figure maternelle[257] est à l'origine des malaises existentiels de Randall, Sadie et Kristina[258], personnages dont les faibles contours du moi se redéfinissent durant les déplacements qui les concernent.

Dans le premier volet du texte, une piste significative de lecture permet d'aborder la question de la mouvance identitaire au niveau du rapport avec la langue étrangère. Débarqué en Allemagne avec sa famille, après un voyage organisé pour soutenir sa grand-mère Sadie dans la quête

[257] Dans le roman, Huston donne la voix à quatre enfants de six ans parce que sa mère l'abandonna quand elle avait exactement le même âge (voir l'entrevue accordée à Elena Torre, www.elenatorre.it).

[258] Solomon représente l'exception heureuse dans cette famille puisqu'il est aimé tendrement par sa mère qui, en effet, n'appartient pas à la descendance de Kristina.

des vraies origines de Kristina, le petit Solomon paraît confondu par les sonorités étrangères qui l'entourent. Il n'aime pas la sensation désagréable de diminution que son égocentrisme enfantin est contraint de subir :

> Quand on arrive à Munich, l'air se remplit de mots incompréhensibles. Je trouve ça offensant et étouffant […] Je suis omnipotent et omniscient mais pour le moment dans cet énorme aéroport moderne, je dois continuer de me comporter comme un petit garçon normal et avoir l'air désorienté (p. 109).

Ce qui constitue un obstacle au déploiement des énergies de Solomon est, au contraire, un atout indispensable pour son père Randall. Lors du déplacement de sa famille en Israël, toujours motivé par l'exigence de Sadie de mener des recherches sur le passé de sa mère Kristina, l'enfant profite de l'apprentissage de la langue hébraïque pour élargir et renforcer les limites d'une identité frêle et limitée dans son expression par la personnalité débordante de sa mère.

Les sensations de déchirement et d'instabilité, jadis éprouvées par Randall, trouvent donc un répit dans l'exercice de la langue étrangère, puisque « le monde n'est pas exactement le même quand chaque objet a deux noms différents » (*Lignes de faille*, p. 198).

En effet, « les langues ne sont pas seulement des langues; ce sont aussi des *world views*, c'est-à-dire des façons de voir et de comprendre le monde » (*Nord perdu*, p. 51).

Personnage propulsif de l'action de recherche de la vérité au sujet des fontaines de vie dans l'histoire de Kristina, Sadie voyage continûment pour reconstruire les origines de sa famille et définir donc son identité à l'intérieur des bornes rassurantes d'une appartenance. Accoutumée à endosser un masque dès son enfance, elle décide enfin de se convertir à la religion hébraïque et de s'établir en Israël. Ce faisant, elle s'accroche à une construction inauthentique du moi qui la condamne au « faire-semblant »[259].

Le réseau des vertiges identitaires serre les fils autour de l'existence de Kristina, fillette ukrainienne victime du programme naziste Lebensborn (« fontaines de vie »), kidnappée pour être adoptée par une famille allemande qui l'aime tendrement[260].

La première découverte de ses vraies origines qui suit la rencontre avec Janek, garçon polonais obligé, lui aussi, à faire partie de la même famille pour remplacer l'aîné mort pendant les combats, prélude à la confirmation de son adoption lors de l'arrivée de Mlle Mulyk, employée de l'UNRRA chargée de restituer les enfants volés à leur famille de naissance.

Les origines de Kristina sont la cause d'un voyage qui marque l'assomption d'un nom différent et donc d'une nouvelle identité. Pour des raisons politiques (« L'Ukraine est aux mains des rouges », p. 480), elle est envoyée au Canada pour être accueillie par une famille ukrainienne de Toronto, tandis que Janek peut retourner chez son oncle à Poznań.

Liés par un destin commun ou bien par le vol de la langue du pays et d'une enfance qui aurait pu être différente, les deux personnages choisissent de changer de nom pour garder un lien invisible qui puisse les réunir, nonobstant l'énorme distance qui les sépare. Janek décide de s'appeler Luth même pour évoquer le métier de son père disparu, et Kristina, devenue Erra, assume

[259] « Choisir à l'âge adulte, de son propre chef, de façon individuelle pour ne pas dire capricieuse, de quitter son pays et de conduire le reste de son existence dans une culture et une langue jusque-là étrangères, c'est accepter de s'installer à tout jamais dans l'imitation, le faire-semblant, le théâtre » (*Nord perdu*, p. 30).

[260] Voir la note de l'auteur, pp. 485-486, et les entretiens accordés à Gerry Freehily le 22 février 2008 (www. Independent.co.uk) et à Maïa Gabily (www.zone-litteraire.com, n°1116, 27 mars-20 avril 2008).

le nom qui raconte sa condition de nomade de l'identité perdue à jamais.

Conclusion

Bien que l'approche du thème de la mobilité, dans les romans de Huston, se présente d'une manière plutôt composite, certaines caractéristiques des personnages constituent une tendance thématique récurrente en partie débitrice de plusieurs éléments autobiographiques.

Ils s'offrent, d'une part, au regard du lecteur comme des « personnages-archipels » dont la voix isolée dans le tissu narratif raconte une solitude quasiment radicale qui les confine dans la terre lointaine de l'exil, soit-il réel ou symbolique. D'autre part, ils sont souvent l'emblème de la déchirure existentielle liée à l'expérience du déplacement (Nancy, pp. 14-15), ou de « cette pénible sensation de division » *(Nord perdu*, p. 23) bien connue par l'auteur, qui représente cependant le fondement de l'ouverture à l'altérité, en prélude à une hybridation heureuse.

L'image d'un « saut vers le dehors [...] vers l'inconnu » (Caccia, pp. 11-12) qui résume tout exil subi ou volontaire, est un acte accompli solitairement, mais c'est justement à l'intérieur d'une nouvelle enceinte géographique que l'exilé, confronté aux langues et aux visages étrangers, peut devenir « signe de la différence » (Caccia, p. 13).

En ce qui concerne le domaine scriptural, l'auteur exilé se nourrit de la déchirure provoquée par l'éloignement du pays et par l'abandon de la langue[261], parce que « le besoin perpétuel de s'adapter [...] peut être extrêmement propice à l'écriture » (*Nord perdu*, p. 43).

Auteur attentif aux différentes nuances musicales des voix des personnages, dans ses romans, Huston réussit à

[261] « L'exil géographique veut dire que l'enfance est loin: qu'entre l'avant et le maintenant, il y a rupture [...] L'exil, c'est ça. Mutilation. Censure. Culpabilité » (*Nord perdu*, pp. 20, 22).

recréer la multiplicité bariolée de l'espèce humaine. Du reste, « les exilés, eux, sont riches. Riches de leurs identités accumulées et contradictoires » (*Nord perdu*, p. 18). Les textes hustoniens deviennent ainsi des partitions polyphoniques où chaque identité culturelle trouve sa place dans l'harmonie de l'ensemble.

Divisée entre anglais et français, sans cependant en subir l'écart (« nous avons besoin d'un pays *et* de l'autre; de la différence entre les deux; le mélange ne nous intéresse pas, il nous effraie » *Lettres parisiennes*, p. 208), l'auteur trouve enfin dans l'autotraduction l'instrument qui lui permet, quoiqu'elle ne l'admette pas[262], de se déplacer aisément d'un pôle à l'autre de cette distance consubstantielle de son écriture. Ce qui implique certainement une forme de contrôle au niveau du processus créatif dans le passage d'une langue à l'autre, et qui produit parfois des constructions narratives surchargées de détails.

L'entrelacement entre mobilité physique et mouvance identitaire qui découle de la condition d'exilée, place donc l'écriture de Nancy Huston sous l'égide de la « littérature des frontières » (Côté, p. 518), ou bien d'une littérature où le franchissement des lisières géographiques coïncide avec le dépassement des frontières intimes.

« À la limite, tout récit est un récit de voyage : voyage de découverte de soi, voyage rêvé, voyage métaphorique, voyage mythique, voyage du processus d'apprentissage » (Major, p. 584). Du pays de l'écriture, Huston se meut dans un espace narratif aux bornes nuancées, où les

---

[262] « L'autotraduction, c'est tout ce que je connais en matière de torture politique. [...] j'en suis là. Aussi linguistiquement scindée que mon pays, avec deux moitiés de personnalité qui se regardent en chiens de faïence, ou se disputent comme chien et chat [...] Condamnée désormais au bilinguisme, [...] à produire deux versions de chacun de mes livres » (*Désirs et réalités*, p. 268).

influences réciproques entre langue maternelle et langue acquise, l'exercice de l'autotraduction et l'attrait envers les sonorités linguistiques étrangères, précieuses pour la connotation des voix tout à fait particulières des personnages, caractérisent un style éminemment musical qui réunit l'épars et le fragmentaire.

Bibliographie

CACCIA, Fulvio, « Le saut », *Mœbius: écritures/littérature*, 101 (2004), pp. 11-20.

CÔTÉ, Jean-François, « Littérature des frontières et frontières de la littérature: de quelques dépassements qui sont aussi des retours », *Recherches sociographiques*, 44 (2003), 3, pp. 499-523.

DAUNAIS, Isabelle, « Après, l'écriture, le voyage », *Liberté*, 35 (1993), 4-5 (208-209), pp. 159-165.

ESTEBAN, Claude, *Le Partage des mots*. Paris, Gallimard, 1990.

HUSTON, Nancy, *Âmes et corps*, Arles, Montréal, Actes Sud/Leméac, 2004.

HUSTON, Nancy, « A Tongue called Mother », *Les Cahiers du GRIF*, 39 (1988), 1, pp. 9-18.

HUSTON, Nancy, *Cantique des plaines*, Arles, Actes Sud, 1999 (1993).

HUSTON, Nancy, *Désirs et réalités. Textes choisis 1978-1994,* Montréal, Leméac, 2008 (1995).

HUSTON ; Nancy, *Dolce agonia*, Arles/Montréal, Actes Sud/Leméac, 2002 (2001).

HUSTON, Nancy, *Instruments des ténèbres,* Arles, Actes Sud, 2000 (1996).

HUSTON, Nancy, *La Virevolte,* Arles/Montréal, Actes Sud/Leméac, 1999 (1994).

HUSTON, Nancy, *L'Empreinte de l'ange,* Arles/Montréal: Actes Sud/Leméac, 2001 (1998).

HUSTON, Nancy, *Les Variations Goldberg*, Arles, Actes Sud, 2006 (1981).
HUSTON, Nancy, *Lettres parisiennes. Histoires d'exil*, Paris, J'ai lu, 2006 (1986).
HUSTON, Nancy, *Lignes de faille,* Arles/Montréal, Actes Sud/Leméac, 2006.
HUSTON, Nancy, *Nord perdu (suivi de Douze France),* Arles: Actes Sud, 2006 (1999).
KLEIN-LATAUD, Christine, « Les voix parallèles de Nancy Huston », *TTR: traduction, terminologie, rédaction*, 9 (1996), 1, pp. 211-231.
MAJOR, Robert, « L'invitation au voyage », *Voix et images*, XXIII (printemps 1998), 3 (69), pp. 583-590.
NANCY, Jean-Luc, *Partir-Le départ.* Montrouge, Paris, Bayard, 2011.
SING, Pamela, « Le *Far-Ouest* francophone et sa littérature: exiguïté et écriture », *Culture française d'Amérique*, 2000, pp. 135-160.

Écriture migrante et quête identitaire dans les œuvres de Gisèle Pineau

Yannick LEMKI
Centre d'études féminines et d'études de genre Université Paris VIII, France

> Plus de trois quarts des gens vivant dans le monde aujourd'hui ont eu leur vie forgée par l'expérience du colonialisme. [...] La littérature leur offre l'une des voies les plus importantes par lesquelles ces nouvelles perceptions sont exprimées et c'est dans leur écrits que les réalités quotidiennes vécues par les peuples colonisés ont été transcrites avec le plus de force [...] toutes ces littératures émergent dans leur forme présente de l'expérience de la colonisation[263].

Le champ des littératures francophones représente, en effet, le lieu où l'on (re) trouve (d) écrit le plus fortement et le plus fréquemment les effets de la colonisation. Le roman qui semble être plus à même de retranscrire ces effets, retient particulièrement notre attention. Car, selon Mikhaïl Bakhtine, le roman se caractérise par la mise en dialogue de différents langages. C'est encore, ajoute-t-il, un espace polyphonique dans lequel viennent se confronter divers composants linguistiques, stylistiques et culturels[264]. Aussi, la forme romanesque, creuset d'une multiplicité d'éléments, semble être la forme littéraire la plus adaptée pour raconter les choses de la vie. D'une certaine manière, le romancier serait celui qui dépeint la vie à travers ses écrits. S'agissant plus spécifiquement du romancier francophone, on peut remarquer qu'en plus de cette pratique, celui-ci sait qu'il s'exprime afin de défendre des libertés qui ont été entravées, notamment

---

[263]Bill Ashcroft et al., *The Empire Writes Back: Theory and Practice in Post-colonial Literatures*, Routledge, new accents, 1989, pp. 1-2.
[264]Mikhaïl Bakhtine, *Esthétique et théorie du roman*, Gallimard, coll. « Tel », 1975, 1978 (trad.fr.) p. 88.

lorsqu'il se pose en héritier d'un passé lourd qu'a connu, le plus souvent, toute une communauté. Ce passé, ayant marqué le corps et les esprits donnera naissance à un écrivain au statut mixte, à l'image de son écriture qui se révèlera aussi caractéristique qu'ambiguë et qui, par nombre de ses aspects, s'inscrira dans le courant de ce qu'il est convenu d'appeler l'écriture migrante.

L'acte de naissance de cette écriture peut se situer au Canada durant les années 1980. Promu par les écrivains haïtiens qui, prenant la pleine mesure des effets de l'exil et notamment de la manière dont celui-ci avait modifié leur rapport à l'écriture[265], l'ont d'abord mis en avant, le terme est apparu en toutes lettres sous la plume du linguiste Robert Berrouët-Oriol dans son article « L'effet d'exil »[266]. Rendu populaire par Pierre Nepveu qui, dans son essai *L'Écologie du réel*[267], lui consacrait un chapitre entier, il n'a pas fallu longtemps pour que le terme s'expatrie. Par ses principaux motifs que sont l'exil, le déracinement ou encore l'expérience de l'altérité, l'écriture migrante a rapidement gagné d'autres pays dont la France. Considérée comme l'un des plus grands pays dont le taux d'immigration et de déterritorialisation n'a cessé de croître depuis la colonisation, la France a vu, à son tour, émerger des écrivains tourmentés par cet entre-deux : « Être d'ici et de là-bas, n'être plus de là-bas sans être d'ici, douter de son identité et voir ce doute renforcé dans le regard et le jugement de l'Autre »[268], les mêmes

[265] Voir Jean Jonassaint, *Le Pouvoir des mots, les maux du pouvoir : des romanciers haïtiens en exil*, Paris-Montréal, Arcantère/PUM, 1986.

[266] Voir Robert Berrouët-Oriol, « L'effet d'exil », *Vice versa*, n°17, Montréal, déc. 1986/janv.1987.

[267] Pierre Nepveu, *L'Écologie du réel*, Montréal, Boréal, coll. Papiers collés, 1988.

[268] *1985-2005 : vingt années d'écriture migrante au Québec. Les voies d'une herméneutique*, textes rassemblés et présentés par Marc Arino et

problématiques se retrouvent au-delà des continents. Aussi, n'est-il pas étonnant de constater chez les romanciers francophones, confrontés aux mêmes difficultés d'émigration après la colonisation qu'« à la fois souffrance et richesse, cette dualité, cette partition identitaire entre deux pôles inconciliables [ait eu] pour exact corollaire les troubles séductions d'une écriture « tremblée », hasardeuse, inédite [et qui continue son chemin] : « l'écriture migrante »[269].

Comment, en effet, le romancier francophone peut-il se situer au sein d'une société et d'une histoire si ce n'est par la prise d'une parole singulière, ancrée, parfois malgré lui, dans ce brouillage identitaire et géographique dont il est issu ?

Le cas de Gisèle Pineau est d'un grand intérêt au regard de cette problématique. Née à Paris de parents guadeloupéens, ayant vécu tour à tour en France, en Afrique, en Martinique et en Guadeloupe, elle présente, une œuvre riche de sa trajectoire spécifique et dotée d'un imaginaire hérité des différentes cultures. Sa plume épouse, par conséquent, les contours de la société contemporaine en proie à des contradictions diverses, aux clivages raciaux et culturels. Dès lors, divers lieux s'expriment à travers une féconde intersection de « l'ici » et de « l'ailleurs », et l'auteure se transforme en passeuse invétérée de cultures quand l'univers social qu'elle dépeint réinvente un discours au confluent du réel et de l'imaginaire.

La démarche consiste alors à montrer le circuit d'une écrivaine qui, tentant de transformer son expérience singulière en fiction romanesque, mêle aussi bien l'« ici » et l'« ailleurs », que le réel et l'imaginaire. On aboutit à une écriture singulière qui est au carrefour des cultures française et antillaise. La présente contribution, ne portant sur aucun roman en particulier, se présente plutôt comme

---

Marie-Lyne Piccione, Eidôlon, Lapril n°80, Presses universitaires de Bordeaux, déc.2007, p. 3.

[269] *Ibidem*.

la mise en parallèle ou encore la symbiose de plusieurs textes de Gisèle Pineau[270], constituant néanmoins un corpus très homogène sur le double thème qui est traité.

Le premier axe de réflexion est un examen des traces laissées par la colonisation et sa propagande sur le pays et ses habitants, avec un regard porté sur les conditions de vie en Guadeloupe et en France métropolitaine. Un tourment qui permet de déceler, dans un deuxième temps, les procédés mis en œuvre par la romancière pour reconstituer ses origines.

1. Entre « ici » et « là-bas » : les mots/maux d'une exilée

Les romans de Gisèle Pineau sont tous porteurs de thèmes forts et récurrents qu'on peut appréhender sous deux angles distincts. On a, d'un côté, l'espace guadeloupéen et, de l'autre, celui de la métropole. Au fil de ses romans, la romancière laisse apparaître l'histoire de sa vie, mais révèle aussi celle de toute une communauté, marquée par l'esclavage et la colonisation. Dans sa démarche, en effet, elle fait de la Guadeloupe une ancienne terre de plantations, un lieu « maudit » et de ses habitants, des êtres qui, par-delà les frontières, restent marqués de bien des façons.

1.1 La vie en Guadeloupe

Deux grands thèmes sont caractéristiques des écrits de Gisèle Pineau. Il y a d'abord cette sorte de malédiction qui, indéniablement, est liée au pays et, en liaison directe avec ce phénomène, apparaît ensuite un personnage porteur d'une infirmité quelconque.

Les deux premiers romans de Gisèle Pineau, *La Grande Drive des esprits*[271] et *L'espérance-macadam*[272] ont, tous

---

[270] *La Grande Drive des esprits, L'Espérance-macadam, L'Exil selon Julia, Fleur de Barbarie, Mes quatre femmes, Chair Piment, Cent vies et des poussières*. Les références aux ouvrages seront indiquées au gré de l'analyse.

deux, comme topographie référentielle la Guadeloupe. Le premier retrace le parcours de vie d'un certain Léonce et sa famille. Au début du texte, tout se déroule plus ou moins paisiblement, comme l'indique, d'ailleurs, le sous-titre de la première partie du livre : « Le temps d'aller ». Léonce, pourtant porteur d'une natale infirmité, réussit à fonder une famille et est père de quatre enfants. Mais comme toujours dans les écrits de la romancière, arrive « le temps de virer » qui fonde la seconde partie de l'ouvrage et puisqu'elle le précise si bien : « Vous conviendrez que le moment est choisi pour mettre le Mal au cœur des choses ». On apprend que la famille du personnage principal a été touchée par une antique malédiction perpétrée à l'encontre de Sosthène, le père du héros, et qui a affecté la descendance sur cinq générations. Il n'est point besoin de préciser que les choses finissent mal. Entre ceux qui meurent brulés dans un incendie, ou enfermés à l'asile ou encore ceux qui n'ont d'autre but que « fumer le zèb », Gisèle Pineau brosse un portrait bien sombre de la Guadeloupe et de ses habitants.

L'Espérance-macadam est aussi chargé des pires réalités sociales. On entre en effet au cœur de « Savane », un quartier maudit de Guadeloupe, où les habitantes connaissent les pires coups de la vie. Les deux personnages principaux, Eliette et Rosette qui semblent, de prime abord, épargnées par la déveine ambiante laissent pourtant planer une ombre surnommée « La Bête ». Pour Eliette, cette Bête prend la forme d'une blessure ancrée

---

[271] Gisèle Pineau, *La Grande Drive des esprits*, Paris, Le Serpent à Plumes, coll. « Motifs », 1993, 1999. Désormais les références à cet ouvrage seront indiquées par le sigle LGDE, suivi de la page, et placées entre parenthèses dans le corps du texte.

[272] Gisèle Pineau, *L'Espérance-macadam*, Stock, coll. « Le Livre de Poche », 1995, 1996. Désormais les références à cet ouvrage seront indiquées par le sigle EM, suivi de la page, et placées entre parenthèses dans le corps du texte.

profondément en elle et qu'elle doit au passage du cyclone Hugo qui a dévasté la Guadeloupe, la ravageant du même coup : elle, si désireuse d'enfant ne pourra jamais en porter. Pour Rosette, le désordre s'insinue plus sournoisement et vient de son époux dont on apprendra plus tard les relations incestueuses avec leur fille. L'œuvre met, une fois de plus, en lumière des secrets de famille, une lignée maudite avec des travers se transmettant de père en fils, et une Guadeloupe ravagée, dévastée où le malheur règne encore en maître.

Dans *L'Exil selon Julia*[273], en plus de cette même malédiction perdurant sur la Guadeloupe, Gisèle Pineau met en scène une nouvelle carte, celle de la France métropolitaine, porteuse d'espoir possible et de renouveau. L'auteure relate sous la forme d'un récit, pris en charge par la petite fille Gisèle, son homonyme, la vie de sa grand-mère Julia, appelée affectueusement Man Ya, qui a quitté, contre son gré, son île natale la Guadeloupe pour la métropole, ainsi que sa vie à elle, enfant élevée en Ile-de-France au milieu des années 1960. La Guadeloupe est présentée, ici, comme un lieu à fuir si l'on souhaite avoir une meilleure destinée. La narratrice précise d'ailleurs d'emblée que son père a épousé sa mère en 1950 en lui promettant Paris ainsi que tout ce que cela comporte en terme de bien-être. L'auteure indexe là ce sentiment qui habite les grandes personnes pour qui, à l'époque, il est très important de fuir la Guadeloupe :

> Enfants ! Rien, il n'y a rien de bon pour vous au pays, disaient les grandes personnes. Antan, ce fut une terre d'esclavage qui ne porte plus rien de bon. Ne demandez pas après ce temps passé ! Profitez de la France ! Profitez de la chance de grandir ici-là ! [...] C'est

---

[273] Gisèle Pineau, *L'Exil selon Julia*, Stock, coll. « Le Livre de Poche », 1996. Désormais les références à cet ouvrage seront indiquées par le sigle EJ, suivi de la page, et placées entre parenthèses dans le corps du texte.

pas facile d'échapper à Misère, Malédiction et Sorcellerie, ces 3 engeances du Mal qui gouvernent là-bas. (EJ, 29)

Ce malaise ressenti par les parents de la narratrice vis-à-vis de leur pays et cette impression que seule la désertion serait salvatrice reprennent la même idée que décrit Frantz Fanon dans *Peau noire, masques blancs*, notamment lorsqu'il écrit :

Il y a un phénomène psychologique qui consiste à croire en une ouverture du monde dans la mesure où les frontières se brisent. Le Noir, prisonnier dans son île, perdu dans une atmosphère sans le moindre débouché, ressent comme une trouée d'air cet appel de l'Europe[274].

Selon Fanon, ce malaise vis-à-vis du pays relèverait du psychologique, montrant alors la profondeur des blessures des habitants. Gisèle Pineau illustre fort bien les pensées de ce dernier qui représentent souvent des traits communs à la littérature francophone, en montrant le trauma lié à l'esclavage, dont a été victime la Guadeloupe, ses habitants et, par extension, toute la communauté antillaise. Les personnages de Gisèle Pineau sont marqués par leur origine et leur histoire et on observe que d'une génération à l'autre, cela se manifestera d'une façon différente. Alors que ses parents ont choisi de fuir et d'oublier, la petite narratrice, quant à elle, est plutôt dans une perspective de recherche et de compréhension de ses origines. A l'instar du passé qui tend à être occulté, le créole, la langue du pays, toujours évocatrice de souvenirs esclavagistes pour les parents, doit être totalement proscrite. Ces propos de Daisy, la mère de la narratrice, sont évocateurs de cette situation :

Parler français témoigne de bonne éducation et manières dégrossies. Un homme qui te parle en français est un monsieur civilisé...Un bougre qui te crie en créole est un vieux nègre de la race malélevée [...] Ah ! Mais un monsieur qui cause dans un bon français de France est un chef-d'œuvre immaculé, un prophète en

[274]Frantz Fanon, *Peau noire, masques blancs*, Paris, Seuil, coll. « Points », 1952, p. 16.

> cravate sanctifiée, un espoir de grand marier. Fuis le sieur sans horizon qui s'adresse à toi en créole. Dans son parler de Nègre à malédiction. (EJ, 210)

L'abandon du pays d'origine, assimilé à une ancienne terre de plantations, s'explique par le travail aliénant et le mépris de la langue réputée être celle des esclaves. De même, dans le pays d'accueil, les immigrés se trouvent dans une situation de disjonction due à leur langue. C'est le cas de cette fameuse grand-mère qui, à son arrivée en France contre sa volonté, était sans cesse critiquée à cause de son accent créole et de ses agissements. Ainsi l'écrivaine montre à travers l'attitude des parents de la narratrice, une des conséquences que l'esclavage a pu causer sur la population, à savoir le reniement total de son pays, de sa langue, de sa culture, à cause des événements passés. Ceci peut aussi servir à expliquer les raisons pour lesquelles l'exil était jugé nécessaire voire vital pour cette génération.

1.2 La vie en France

La France est le lieu de la souffrance causée par le déracinement culturel et géographique, portée par d'autres personnages de Gisèle Pineau. Dans *L'Exil selon Julia*, s'il s'avérait important pour les parents de fuir la Guadeloupe, associée à la malédiction, pour la petite narratrice, c'est la France qui représente un lieu de souffrance. Elle fait remarquer, en effet, la douleur provoquée par certains noms auxquels elle était systématiquement associée : « Négro / Négresse à plateau / Blanche-neige / Bamboula / Charbon / et compagnie.../ Ces noms-là nous pistent en tous lieux. Échos éternels, diables bondissant dans des flaques, ils nous éclaboussent d'une eau sale. [...] Brusques éboulements de nos âmes... » (EJ, 11). Elle indique également à l'époque être la « seule négrillonne parmi tous les petits Blancs » ainsi que tous les soucis que cela a pu lui causer. Le pays, tant rêvé par les parents, est alors source de profonde douleur pour la fillette. La question est aussi abordée dans *Fleur de Barbarie*[275] où le récit est également pris en charge par une petite fille. Cette dernière, née en Guadeloupe, est abandonnée par sa mère. Elle arrive à l'âge de quatre ans en France, plus précisément, dans une campagne de la Sarthe, au sein d'une famille adoptive. Là-bas, ils n'avaient jamais vu de Noir et la grand-mère de la famille l'appelait au début : « Bamboula ou la Noiraude » ; de même à l'école, un petit garçon l'affublait sans cesse de surnoms tels que : « l'Africaine, guenon » ou encore « marron d'Inde ».

Les personnages sont donc Noires, originaires d'un pays colonisé et en portent les stigmates également au-delà des frontières. Elles sont, pour reprendre les mots de Frantz Fanon, « sur-déterminé[es] de l'extérieur, pas « esclave[s] de « l'idée » que les autres ont d'elles mais de leur apparaître »[276]. Ainsi, hors de leur pays d'origine, et donc victimes de leur apparaître et de l'Histoire, les personnages vont alors se sentir seules et mises à l'écart. Comme le résume encore bien Gisèle Pineau dans *Mes quatre femmes*[277], un récit relatant sa vie : « Bon gré mal gré, elles ont hérité de cette histoire meurtrie [...] l'esclavage [...] elles sont [les] descendantes [...] de cette histoire-là, sale et poisseuse et poussiéreuse ». (MQF, 68-69)

Bien des personnages de l'écrivaine montrent une image bien sombre de la Guadeloupe, la France représentant dès lors l'espace salvateur. Mais on a pu noter

---

[275]Gisèle Pineau, *Fleur de Barbarie*, Paris, Mercure de France, coll. « Folio », 2005. Désormais les références à cet ouvrage seront indiquées par le sigle FB, suivi de la page, et placées entre parenthèses dans le corps du texte.

[276] Frantz Fanon, *Peau noire, masques blancs*, *Op. Cit.*, p. 93.

[277] Gisèle Pineau, *Mes quatre femmes*, Paris, Philippe Rey, 2007. Désormais les références à cet ouvrage seront indiquées par le sigle MQF, suivi de la page, et placées entre parenthèses dans le corps du texte.

qu'une autre partie des protagonistes considère cette « terre d'accueil » qu'est la France métropolitaine comme le lieu de toutes leurs souffrances, liées notamment à la couleur de leur peau.

Aussi, d'autres conséquences de cet exil sont également à relever. Ballottés entre « ici » et « là-bas », les personnages manifestent une sorte de désorientation et de solitude. Ainsi, dans *Fleur de Barbarie*, où la petite narratrice, née en Guadeloupe, mais abandonnée par sa mère en France oscille dès sa plus tendre enfance, entre foyer d'adoption et famille d'accueil, avant de finalement retourner dans son pays natal à l'âge de neuf ans et se compare à « une sorte d'arbuste déraciné qui a trop longtemps voyagé » (FB, 37). Dans *Chair Piment*[278], depuis son départ forcé de la Guadeloupe, son pays natal, durant son adolescence, après la mort de ses parents et notamment de sa sœur brûlée vive lors d'un incendie, Mina, la narratrice, se décrit comme quelqu'un qui « subit la vie », et se retrouve complètement « seule comme une île en dérive » (CP, 138).

Se sentant donc isolés ou « maudits », dans leur pays d'origine ou hors de celui-ci, les personnages vont être le reflet de ce que Frantz Fanon appelle des « abandonniques ». Il dit d'ailleurs en parlant du Noir : « lui, c'est l'Autre - la non valorisation affective amène toujours l'abandonnique à un sentiment extrêmement pénible et obsédant d'exclusion, de n'avoir nulle part sa place, d'être de trop partout »[279]. Gisèle Pineau expose le malaise ressenti par sa communauté, par elle-même mais aussi par un bon nombre de Noirs dans la même situation. Une Histoire et une origine spécifiques qui pèsent

---

[278]Gisèle Pineau, *Chair Piment*, Paris, Mercure de France, coll. « Folio », 2002. Désormais les références à cet ouvrage seront indiquées par le sigle CP, suivi de la page, et placées entre parenthèses dans le corps du texte.

[279] Frantz Fanon, *Peau noire, masques blancs*, *Op. Cit.*, p. 61.

sur les habitants, et dont les effets sont retraduits par l'écrivaine à travers une solitude ou une désorientation de ses personnages, naviguant fréquemment entre deux eaux. Ainsi, Gisèle Pineau manifeste bien des traits de l'écrivain migrant qui, à en croire Carmen Fernandez Sanchez, serait « celui qui se situe dans l'entre-deux : entre plus d'un pays, ou plus d'une langue, ou plus d'une culture, toujours placé « entre » ou déplacé d'un lieu et d'un autre, ne pouvant être défini par une insertion univoque ni dans l'un ni dans l'autre »[280].

Ce phénomène de l'entre-deux, du croisement produit sous la plume de la romancière, non seulement des personnages tourmentés, mais il permet aussi la mise au jour du phénomène de

> dédoublement [auquel est confronté] l'écrivain migrant qui se trouve partagé entre deux identités, celle qui est liée à son pays d'origine dont il est séparé [...] et celle que lui impose le pays d'accueil auquel il voudrait s'intégrer, mais dont il se sent séparé par sa culture, sa langue et ses traditions[281].

Cette expérience va alors susciter la création de personnages particulièrement hors du commun, à la hauteur du malaise ressenti.

1.3 La création de personnages singuliers

Dans l'œuvre de Gisèle Pineau, la non appartenance et la non-identité peuvent aussi passer par la création de personnages différents qui, par leurs actes, semblent empreint de folie.

---

[280] C. Fernandez Sanchez, « Le théâtre de Fatima Gallaire : Témoignage contre le désir d'oubli », dans Lucie Lequin, Maïr verthuy (dir.), *Multi-culture, multi-écriture. La voix migrante au féminin en France et au Canada*, Paris, L'Harmattan, 1996, p. 157.

[281] J. Novakovic, « Les figures du dédoublement dans la littérature migrante au Québec : Négovan Rajic et Ljubica Milicevic » dans *1985-2005 : vingt années d'écriture migrante au Québec. Les voies d'une herméneutique, Op. Cit.*, p. 151.

Dans *Chair Piment*, Mina, la narratrice principale, est adolescente lorsqu'elle quitte la Guadeloupe pour la France, après la mort de sa sœur Rosalia, brûlée vive lors d'un incendie. A partir de ce moment, elle ne cessera d'être hantée par le fantôme de celle-ci et de ressentir des besoins sexuels compulsifs. Telle une personne qui a été envoûtée, elle se décrit en ces termes : « Une femme possédée à demi folle, démangée par le désir d'un corps d'homme [...] d'un sexe d'homme planté dans son ventre comme un couteau ». Elle se traite d'ailleurs de « putain », de « pauvre fille qui mendie les caresses du premier venu » (CP, 149-150). Elle précise que parfois cela donnait aussi un genre de « combat de corps auquel [elle] se livrait sans peur. Elle s'ouvrait. Se cabrait. Se laissait tourner et retourner, pénétrer...En redemandait. Voulait les sentir, durs, en elle. [...] Fallait qu'elle soit prise. Possédée. Traversée » (CP, 17). Dans cette œuvre, de l'adolescence jusqu'à une trentaine d'année, la narratrice a vécu ainsi, se considérant comme « constamment en chasse » avec ce besoin de « sexe » pour « consoler [dit-elle] la peine qu'elle port[ait] en elle comme un enfant » (CP, 97).

Cent vies et des poussières[282] présente aussi un personnage principal atypique. Si, sans grand étonnement, le lecteur se retrouve dans l'univers d'une petite bourgade maudite de Guadeloupe « La Ravine Claire », avec des protagonistes frappés par une sorte de malédiction, des maisons hantées et des « invisibles », une histoire de vengeance ainsi que des secrets qui conduisent une fois encore aux pires malheurs, on ne peut s'empêcher de relever et de mettre en avant le trait atypique de l'héroïne, Gina Bovoir, dont le seul plaisir semble être de porter et de mettre au monde des bébés. Comme une véritable obsession, tout tournait autour de cet acte : « Elle

[282] Gisèle Pineau, *Cent vies et des poussières*, Paris, Mercure de France, 2012. Désormais les références à cet ouvrage seront indiquées par le sigle CVP, suivi de la page, et placées entre parenthèses dans le corps du texte.

s'intéressait principalement aux hommes à cause de leur semence, parce qu'ils avaient le pouvoir de lui donner un bébé. Voilà ce qu'elle désirait plus que tout » (CVP, 64). Et force est de constater que plus le temps passait et plus elle avait du mal à « réfréner cette irrépressible envie de bébé qui la saisissait certaines années, comme une sorte de maladie à fièvres et frissons » (CVP, 64). Tel un sort jeté, « elle était incapable de résister à la tentation [...] on aurait cru qu'une force maléfique, s'emparait de l'esprit et du corps de Gina, anéantissait sa volonté... » (CVP, 65-67). Et là aussi ce personnage est considéré comme une « femme-folle » du fait de ce « passe-temps » hors du commun.

A l'image même du peuple antillais, constitué d'une population plurielle, les personnages de Gisèle Pineau sont des êtres complexes, ambivalents, marqués et souvent présentés comme anormaux, à cause notamment de leur sombre passé. Néanmoins, malgré un pays d'origine présenté comme néfaste et des habitants porteurs d'une spécificité qui en fait des êtres distincts traduisant en même temps cette dualité qui touche l'écrivaine, nous verrons qu'elle refuse de ne voir que le malheur dans ces contradictions et trouve une alternative à cette fatalité en montrant que malgré les traces négatives héritées de ce passé, il existe une possibilité de se reconstruire.

2. Se reconstruire dans l'exil : quand le passé sert de levier à l'espérance

Les personnages de Gisèle Pineau opèrent tous un retour en arrière, remontent aux origines afin de connaître leur histoire. L'un après l'autre, ils la relatent, laissant, dès lors, percevoir le douloureux parcours d'une (im) migrante qui tente de s'affranchir des éléments négatifs du passé et panser des plaies encore vivaces.

2.1 Un nécessaire retour au passé

Si dans la plupart des œuvres de l'écrivaine, il y a cette mise en avant de la difficulté d'être descendants d'esclaves et des troubles négatifs que cela a engendrés comme la fuite et le désir d'oublier de certains personnages, ce qui est à relever c'est la démarche inverse que pratiquent certaines narratrices. Pour tenter de se forger une identité et un avenir, elles vont, en dépit de la douleur que cela peut susciter, éprouver ce besoin d'aller à la recherche de leurs origines, car certaines d'entre elles ont souvent été, à cause de l'exil, dépossédées d'une partie de leur histoire.

Dans *Chair Piment*, la narratrice Mina, exilée en France après la mort de ses parents et de sa sœur, devra faire un nécessaire retour en Guadeloupe, après vingt-et-un ans d'absence pour enfin réussir à exorciser ses démons, se défaire du fantôme de sa sœur qui la hante et « réparer ses blessures ».

La narratrice de *L'Exil selon Julia* indique également qu'il peut être important de faire resurgir le passé même si celui-ci est imprégné de choses douloureuses car cela peut aussi permettre de se (re) construire :

> Il est bon de revenir sur ces traces anciennes même si pilées cent fois. [...] Je passais les jours de ma vie à collecter des restes, vieux os, manger rassis, écrits blessés, photos jaunies. [...] Je voulais mettre mes pas dans des traces anciennes, récolter des cendres, des poussières [...] J'ai longtemps gardé le sentiment d'avoir perdu quelque chose [...] J'ai nourri en moi cette perte, pesante, comme un deuil, manque sans définition. (EJ, 20-21)

Dans cette œuvre, précisément, sa grand-mère comble en partie ce manque, jouant le rôle de gardienne de la mémoire. De même, dans *Fleur de Barbarie*, le retour en Guadeloupe de la narratrice lui permettra de renouer avec ses racines, de réapprendre les odeurs, les danses et le style de vie bien spécifique aux îles antillaises. Enfin,

Gisèle Pineau, dans son récit *Mes quatre femmes*, avec ces femmes qui « restaient là, ensouchées à la terre, toutes bruissantes de souvenirs enfouis » (MQF, 9-10), montre son désir de faire émerger leurs souvenirs afin de, peut-être, mieux appréhender son histoire, connaître ses racines pour continuer d'avancer. Dans leur introduction à *Multi-culture, multi-écriture*, Lucie Lequin et Maïr Verthuy l'évoquaient déjà : « Dans ce corps à corps avec l'identité, la mémoire joue un rôle de premier plan [...] Il s'agit moins de raconter le passé [...] que d'y puiser des explications, comprendre, remonter à la source du soi, des mots, en capter le sens, se rassurer, guérir »[283].

Et Gisèle Pineau précisait lors d'un entretien avec la journaliste Christine Avignon, à propos de *Mes quatre femmes* : « Je l'ai écrit pour me libérer du passé. Pour avancer, il faut savoir d'où l'on vient »[284]. Il était dès lors normal que l'auteure pense à ces femmes car ce sont elles qui précisément « voient le temps d'hier avec clarté, [...] ont, en mémoire, les jours de grands cyclones, les cris, les pleurs et les prières [...] se rappellent tous les sanglots versés par la pluie. Chaque sanglot. Et puis les rires aussi » (MQF, 10). Ainsi, la romancière leur laisse la parole et « si on les pousse un peu, elles se souviennent et enjambent les temps avec la souplesse d'un tandem de ballerines... » (MQF, 32). Ainsi, tour à tour, l'auteure fait parler ces femmes, dévoilant une partie de son passé, montrant du même coup que le temps où il était nécessaire de devoir tout oublier et fuir son passé afin d'avancer est bien loin. Tous ces éléments parsemés au fil des œuvres, bien que quelque peu modifiés, viennent de la vie de

---

[283]*Multi-culture, multi-écriture. La voix migrante au féminin en France et au Canada*, *Op. Cit.*, pp. 8-9.

[284]Entretien de Gisèle Pineau avec Christine Avignon, « L'écriture est un combat », 14 mai 2007.
http://www.africultures.com/php/index.php?nav=article&no=5946

l'auteure, dont on peut d'ailleurs noter l'omniprésence dans ses écrits. On remarque, en effet, le fréquent retour de l'enfance dans une cité française, la transmission de la culture antillaise par la grand-mère ou encore, l'envie de raconter des histoires, chose qui est notamment très bien décrite dans son article « Écrire en tant que Noire »[285]. De son histoire personnelle, Gisèle Pineau fait des romans et montre, ce faisant, que la connaissance d'une histoire collective peut être nécessaire à la construction d'une histoire et d'une identité individuelle. Aussi n'est-t-il pas étonnant de toujours retrouver un personnage chargé de rechercher et transmettre l'Histoire, comblant ainsi un manque et pansant certaines blessures.

2.2 Une écriture thérapeutique

La déstabilisation et le manque que crée l'exil se traduisent, dans les récits analysés, par une recherche de compensation dans l'écriture, révélée par un personnage dont la mission est de relater une histoire qui lui a été confiée, soit oralement, soit par le biais de l'écriture, et cela même en dépit des interdits. Ainsi dans *La Grande Drive des Esprits*, le « je » narrateur dit rapporter les faits tels qu'ils lui ont été confiés : « Ce que je vais présentement vous narrer doit, à jamais, rester enfoui dans un pli de mémoire. Écoutez, mais ne rapportez point ! Domptez vos langues ! » (LGDE, 161). Ou encore : « Peut-être croyez-vous qu'il s'agit là d'affabulation et que cette scène hâtivement brossée ne reflète point la vérité vraie. C'est ainsi qu'on me l'a narrée. Soyez certains que pas une virgule, pas une parole, pas même une marinade n'a été retranchée ou apportée ». (LGDE, 112)

La petite narratrice de *L'Exil selon Julia* est instruite par sa grand-mère qui « illustr[ant] à elle seule toutes ces

---

[285]Gisèle Pineau, « Écrire en tant que Noire », *Penser la Créolité*, sous la direction de Maryse Condé et Madeleine Cottenet-Hage, Paris, Karthala, 1995, pp. 289-295.

pensées d'esclavage » est la seule qui ose lui en parler, tout en lui permettant de renouer avec sa terre d'origine. Dès lors, la petite-fille n'aura de cesse de rapporter les paroles de sa grand-mère. De plus, l'aïeule se présente aussi comme celle qui guérit en réparant en partie les maux de la fillette. Cette dernière confie d'ailleurs plus tard, comment sa grand-mère a été pour elle un véritable guide : « Man Ya […] nous avait désigné les 3 sentinelles : passé, présent, futur, qui tiennent les fils du temps, les avait mêlés pour tisser, jour après jour, un pont de corde solide entre Là-Bas et le Pays. Pendant toutes ces années de neige et de froidure, elle avait tenu allumée la torche qui montrait le chemin. Sa main ne nous avait jamais lâchés ». (EJ, 218)

La grand-mère aura donc marqué le chemin de la petite fille en la faisant rêver et en la comblant du manque du pays d'origine.

Dans *Cent vies et des poussières*, parmi tous les enfants de l'héroïne se trouvait Sharon, la seule qui « n'était pas comme ses autres enfants », qu'elle avait le sentiment « d'avoir ratés » (CVP, 173) et qui serait la seule présente pour raconter l'histoire. La raison est qu'elle voulait être « une raconteuse d'histoires », une « historienne ». (CVP, 245)

En outre, Gisèle Pineau qui plante systématiquement un univers de souffrance, duquel un personnage principal, souvent hors du commun, doit s'extraire, va tendre vers une sorte d'apologue à valeur cathartique propre à se libérer du passé. Cette libération, passant par la résurgence, puis le dépassement des souvenirs enfouis, aura alors comme objectif de combler un certain manque tout en servant de baume réparateur. Ainsi, dans *L'Espérance-Macadam*, la narratrice conclut :

> Eliette, ma fille, tu connais toute l'histoire. Laisse aller ce cyclone et comprends que la vie n'est pas une rumination éternelle. Il y aura d'autres cyclones, quantités […] et il faudra bien rester par en bas et puis se relever, rebâtir, panser les plaies, regarder pour

demain l'espérance et replanter toujours, l'estomac accoré par la faim. (EM, 217)

De même, dans *Fleur de Barbarie,* le récit, également pris en charge par une jeune fille, précise que celle-ci possédait un cahier dans lequel elle écrivait des histoires. Elle « voulait tout écrire pour […] ranimer [s]a mémoire. Redonner vie au temps d'avant. Ecrire pour conjurer la mort » (FB, 176). Cette protagoniste devient le reflet de la communauté antillaise toute entière, notamment lorsqu'elle fait remarquer que « pour une faute qu'elle n'avait pas commise, elle fut condamnée à la peine la plus lourde » (FB, 64). Mais c'est aussi dans l'écriture que cette dernière semble trouver son apaisement, disant qu'elle s'y sent « reine », peut se créer une « nouvelle vie », avant d'avouer également que « les mots la console ». La narratrice abandonne, d'ailleurs, ses études de médecine pour devenir écrivain.

Aussi, bien plus que de simples souvenirs posés sur papier, l'acte d'écriture deviendra, dans ce roman, le « baume et la bande de gaze dans laquelle [l'auteure] enfermai[t] [s]es plaies. Écrire [lui] permettait de circonscrire la douleur, d'empêcher le mal d'empirer » (FB, 297). Il est coutume d'entendre que « les paroles s'envolent alors que les écrits demeurent ». En liaison directe avec ce dicton, les personnages de Gisèle Pineau semblent se soigner par l'acte d'écriture. Celui-ci, donnant une existence durable aux propos, va favoriser le désencombrement de l'esprit, tout en signifiant que ces événements se trouvent réellement en dehors de soi. Ainsi, tel un acte d'expulsion libérateur, l'écriture servira de délivrance, permettant dès lors de renouer avec l'espérance.

2.3 Révéler l'Histoire, écrire son histoire : Lorsque la résurgence de l'Histoire redonne espoir

Comment avoir une prise sur son histoire gommée et raturée ? Telle est sans nul doute l'une des questions majeures que s'est posée la romancière. Car à force d'être rayée de l'Histoire, l'écrivaine recompose la sienne au moyen de souvenirs mais aussi d'archives familiales, de paroles colportées de femme en femme. Et finalement, c'est à travers des odyssées modernes que la romancière entend ne pas laisser s'effacer une partie de son histoire. Par le biais de ses héroïnes, elle montre son attachement à la terre natale, en mettant au jour son parcours antillais ainsi que sa tendance féministe sur fond d'histoire et de mémoire. Sa vie, mais aussi celle des anciennes, grand-mère, mère, tante, est aujourd'hui mise sur papier et devient témoignage grâce à cette écrivaine dont l'objectif est de faire connaître l'Histoire de tous ces hommes ou femmes, qui même sans avoir concrètement connu l'esclavage, continuent néanmoins aujourd'hui encore à en subir les conséquences. Car comme le disait Aimé Césaire : « Le colonisé parle toujours au moins deux langues, il connaît toujours au moins deux cultures ; mais cela, nul ne le considère comme une richesse, car une des deux langues, une des deux cultures ne compte pas, est marginalisée, ignorée, méprisée. Cette richesse cependant doit-être réappropriée »[286].

L'objectif de la romancière est de faire connaître et ressortir la complexité de cette double culture. Ce faisant, elle accepte de faire partie de ces « gens complexes, à la fois ceci et cela »[287]. Un aspect transculturel que la romancière accepte et met en avant aujourd'hui, mais qui avant cela lui a causé bien des souffrances et dont ses écrits portent témoignage. Comme le confirme Pierre Nepveu :

> Le métissage, la transculture ne sauraient être simplement donnés, dans la pure allégresse d'une traversée de signes. En donnant à lire cette traversée comme une épreuve, en posant le réel en termes de brouillage, de partage à effectuer, de reconfiguration à construire,

---

[286] Aimé Césaire, *Nègre je suis, nègre je resterai*, Paris, Albin Michel, coll. « Itinéraires du savoir », 2005, p. 92.
[287] Aimé Césaire, *Nègre je suis, nègre je resterai*, *Op. Cit.*, p. 42.

> le texte migrant ou immigrant participe d'une véritable *écologie* de l'ici qui est l'une des forces de l'imaginaire contemporain.[288]

Dans les romans de Pineau, en effet, univers réaliste et univers rêvé coexistent harmonieusement, et on a l'impression que c'est de cette fusion seule que les jeunes personnages pourront prendre la mesure de leur identité tout en se libérant de ce poids du passé. En même temps, le roman permettant de toucher un lectorat plus large susceptible de se reconnaître, *a contrario* de l'autobiographie par exemple où il est seul question d'un récit de vie spécifique ; à travers le roman, la libération du personnage de fiction semble aussi avoir pour but de mener à celle du lecteur, à commencer par l'auteur lui-même, premier lecteur de son œuvre.

La transformation de la matière biographique en récit romanesque permet de libérer le personnage de fiction qui peut alors s'exprimer à son gré. La liberté du personnage permet à la romancière de s'affranchir, à son tour, des éléments néfastes du passé et de se réconcilier avec ses racines. « L'écriture migrante dev[enant dès lors] un des lieux privilégiés où s'élabore non seulement une errance qui a toujours été le fait de la littérature de l'exil, mais [aussi] [...] le terrain où se jouent, où se nouent et se dénouent l'expérience du désordre et les efforts pour le surmonter »[289]. Ainsi, en plus d'une « écriture-thérapie », son écriture est aussi une « écriture-action » qui vise à agir directement sur le lectorat antillais. La romancière s'affirme. Une prise de conscience s'est opérée. Il n'y a plus de dépendance, ni de passivité. Pour Gisèle Pineau, l'action se situe précisément dans un combat contre le racisme et l'intolérance, une attitude qui s'explique par le fait qu'elle a grandi loin de la Guadeloupe et a été confrontée très tôt à ces préjugés. Mais cet engagement, de

---

[288] Pierre Nepveu, *L'Écologie du réel*, *Op. Cit.*, p. 209.
[289] Pierre Nepveu, *Op. Cit.*, pp. 207-208.

la part de la romancière, demande néanmoins un fort investissement personnel et une certaine stabilité. Pour cette raison, peut-être, il sera intéressant de faire remarquer que face à sa situation, somme toute complexe, et pour certainement aussi retrouver un équilibre, la romancière aura choisi la voie du futur.

Elle s'en explique lors d'un entretien donné à Chantal Anglade, justifiant la nécessité qu'elle a ressentie de retourner en Guadeloupe :

> Je ne voulais pas que mes enfants vivent la même expérience que moi, c'est-à-dire celle de l'exil, celle du déchirement, celle de l'identité [...] Quand je suis arrivée aux Antilles, j'ai tenté de rattraper le temps perdu, planter mes racines dans la terre créole. On m'avait vite fait comprendre que j'étais différente, déracinée pour l'éternité[290].

Néanmoins, l'auteure ne manque pas de préciser qu'en plus de ses aïeules, également l'écriture lui aura permis de renouer avec sa terre d'origine, tout en étant le baume servant à refermer ses plaies :

> Je pense que l'on n'oublie rien. On le croit souvent lorsque les larmes ont séché. Mais l'esprit et le corps sont marqués à jamais. [C'est pourquoi] dans mes romans vous trouverez toujours un exilé [mais] l'écriture m'a permis de survivre [tout autant que] de me libérer. Je crois qu'avec chacun de mes romans, j'ai réglé un tourment. Écrire m'a consolée et consolidée[291].

Ce n'est que par la transformation d'une expérience singulière en fiction romanesque que la romancière semble avoir trouvé une voie de secours face à ce passé douloureux, tout en faisant passer un bon nombre de messages. Ce parcours permet aussi de démentir les propos de Simon Harel qui prévoyait un avenir bien

---

[290]Chantal Anglade, « Les femmes des Antilles chuchotent beaucoup dans les cuisines » - Entretien avec Gisèle Pineau, http : // remue.net/cont/Pineau_01entretien.html, sept. 2003.

[291] *Ibidem.*

sombre aux écritures migrantes[292]. Dans son ouvrage, *Les passages obligés de l'écriture migrante*[293], il craint, en effet, que les écritures migrantes ne finissent par prôner une « valorisation idyllique de l'exil » et que « le temps infigurable du trauma migratoire [ne soit] alors refoulé au profit des formes euphoriques du parcours sans contrainte »[294]. Il critique pour ainsi dire ce qu'il perçoit comme étant les faiblesses des discours consacrés à l'écriture migrante, qui mettent de côté l'importance du lieu habité, la singularité de l'écriture ainsi que le trauma lié à tout exil.

Dans les romans de Gisèle Pineau, le lieu habité comme le lieu abandonné prennent autant de place ainsi que le trauma dû à l'entre-deux. Ce double ancrage apporte la preuve de ce que cette écriture qui continue à migrer au-delà des continents n'en perd pas pour autant, comme le craignait Harel, les spécificités qui lui ont valu sa renommée, bien au contraire.

L'écriture de la romancière peut alors se dire migrante ne serait-ce que par les problématiques liées à la quête identitaire qu'elle soulève avec les souffrances du déracinement qui ont rendu possible l'avènement d'un style novateur qui va au-delà des différences et favorise un dialogue interculturel. Une écriture qui traverse les frontières et qui tend à avoir une fonction aussi bien curative qu'active, phénomène qui constitue l'une des plus grandes forces des écrivains noirs de la période postcoloniale en général et de Gisèle Pineau en particulier.

---

[292] Ces propos qui s'appliquaient aux écritures migrantes québécoises sont également opératoires dans les écritures migrantes d'ailleurs.

[293]Simon Harel, *Les passages obligés de l'écriture migrante*, Montréal, XYZ, 2005.

[294] Simon Harel, *Op. Cit.*, p. 45.

Bibliographie

ANGLADE, Chantal, « Les femmes des Antilles chuchotent beaucoup dans les cuisines » - Entretien avec Gisèle Pineau. http : // remue.net/cont/Pineau_01entretien.html, sept. 2003.

ARINO, Marc, PICCIONE, Marie-Lyne, (textes rassemblés et présentés par), *1985-2005 : vingt années d'écriture migrante au Québec. Les voies d'une herméneutique*, Eidôlon, Lapril n°80, Presses universitaires de Bordeaux, déc.2007.

ASHCROFT, Bill, GRIFFITHS, Gareth, TIFFIN, Helen, *The Empire Writes Back : Theory and Practice in Post-colonial Literatures*, Routledge, New accents, 1989.

AVIGNON, Christine, PINEAU, Gisèle, (Entretien), « L'écriture est un combat », 14 mai 2007. http://www.africultures.com/php/index.php?nav=article&no=5946.

BAKHTINE, Mikhaïl, *Esthétique et théorie du roman*, Paris, Gallimard, coll. « Tel » (1975), 1978 (trad. fr.).

BERROUET-ORIOL Robert, « L'effet d'exil », *Vice versa*, n°17, Montréal, déc. 1986/janv.1987. pp. 12-21.

CÉSAIRE Aimé, *Nègre je suis, nègre je resterai*, Paris, Albin Michel, coll. « Itinéraires du savoir », 2005.

PINEAU, Gisèle, « Écrire en tant que Noire », *Penser la Créolité*, Condé Maryse, Cottenet-Hage Madeleine (dir.), Paris, Karthala, 1995, pp. 289-295.

FANON, Frantz, *Peau noire, masques blancs*, Paris, Seuil, coll. « Points », 1952.

HAREL, Simon, *Les passages obligés de l'écriture migrante*, Montréal : XYZ, coll. « Théorie et littérature », 2005.

JONASSAINT, Jean, *Le Pouvoir des mots, les maux du pouvoir. Des romanciers haïtiens en exil*, Paris-Montréal, Arcantère/PUM, 1986.

LEQUIN, Lucie et VERTHUY, Maïr (dir.), *Multi-culture, multi-écriture. La voix migrante au féminin en France et au Canada*, Paris, L'Harmattan, 1996.

NEPVEU, Pierre, *L'Écologie du réel*, Montréal, Boréal, coll. Papiers collés, 1988.

PARAVY, Florence, *L'espace dans le roman africain contemporain* (1970-1990), Paris, L'Harmattan, 1999.

PINEAU, Gisèle, *Cent vies et des poussières*, Paris, Mercure de France, 2012.

PINEAU, Gisèle, *Chair Piment*, Paris, Mercure de France, coll. « Folio », 2002.

PINEAU, Gisèle, *Fleur de Barbarie*, Paris, Mercure de France, coll. « Folio », 2005.

PINEAU, Gisèle, *La Grande Drive des esprits*, Paris, Le Serpent à Plumes, coll. « Motifs », 1999.

PINEAU, Gisèle, *L'Espérance-Macadam*, Stock, coll. « Le Livre de Poche », 1995, 1996.

PINEAU, Gisèle, *L'Exil selon Julia*, Stock, coll. « Le Livre de Poche », 1996.

PINEAU, Gisèle, *Mes quatre femmes*, Paris, Philippe Rey, 2007.

D'un débat… autour de l'écriture migrante dans *Le Ventre de l'Atlantique* de Fatou Diome et *Le Paradis français* de Maurice Bandaman

Yao Louis KONAN
Université Alassane Ouattara de Bouaké-Côte d'Ivoire

Introduction

Point focal autour duquel se forment plusieurs notions périphériques[295], l'écriture migrante a émergé dans le débat littéraire francophone pour désigner un lieu d'inscription de la périphéricité ou du changement d'optique discursive, par rapport à la littérature nationale. En prenant comme lieu d'ancrage la mobilité spatiale, elle met en relief un régime de la représentation qui affirme la centralité de la mobilité au-delà de l'émigration. Cette orientation incompressible à partir de la circulation, du flux migratoire, dissout, sans doute, le roman dans une nouvelle configuration dont la phénoménologie varie de l'hybridité à l'altérité, à la l'indétermination spatiale, à la fluidité identitaire... Aussi, le vocable de la *migrance* en littérature avoue-t-il sa pertinence et sa flexibilité dans l'opérationnalité de « l'entre-deux » qui, suivant le mode pendulaire, peut être évalué à l'aune de la tension entre le pays d'origine et le pays d'accueil. En filigrane, se profilent un motif de création et un paradigme critique fondés sur le « double… soi ».

Dans une importante contribution sur la question des *Écritures migrantes et identités culturelles*, Clément Moisan évoque le caractère double du sujet migrant tissé

---

[295]La question a été largement abordée dans la note 1 de l'introduction générale du collectif où l'on a fait une spécification typologique des différentes formes de l'écriture migrante.

dans l'interculturel, le jeu du balancier entre la culture originelle et celle du pays hôte, le deuil symbolique du pays natal et l'hostilité du nouveau lieu de résidence. Il aboutit à la conclusion que les lignes analytiques des écritures migrantes reposent sur

> la dualité, la double appartenance, l'étrangeté, la pluralité et bien sûr l'hybridité textuelle. Ils caractérisent ces déplacements, physiques ou imaginaires, qui engendrent le sentiment de vivre dans un espace duel, avec le souvenir d'une partie perdue et le poids d'un pays d'adoption où l'exilé se sent toujours étranger.[296]

Le problème que soulève une telle lecture est de savoir si l'on peut/doit évacuer du débat autour de cette notion, les auteurs qui écrivent l'ailleurs à partir de chez eux. Faut-il l'envisager comme une littérature des auteurs dont l'œuvre est essentiellement axée sur leur propre expérience de l'immigration ? Les premiers écrivains africains qui ont écrit à partir de l'Occident et chez qui la question du pays natal est traitée dans une perspective essentialiste y sont-ils éligibles ? Ou encore s'agit-il d'un simple phénomène d'écriture ? Au fond, quels sont les critères d'éligibilité d'une œuvre dans le giron de l'écriture migrante ? Question liée à la posture sociale de l'auteur ou question de représentation ?

La réponse à ces interrogations, en contribuant à apaiser les querelles épistémologique, critériologique, voire taxinomique autour de l'écriture migrante, trouve sa pertinence et sa difficulté dans une meilleure saisie de son mode opératoire et de ses traits caractéristiques. Entre critère lié à l'origine sociale de l'auteur et celui de la scripturalité, la contribution lit *Le Ventre de l'Atlantique*

---

[296] Clément Moisan, *Écriture migrante et identité culturelle*, Québec, Éditions Nota bene, 2008, p. 63.

de Fatou Diome[297] et *Le Paradis français* de Maurice Bandaman[298] comme des romans autour de la mobilité qui connaissent des fortunes différentes. Bien que les deux romans soient greffés, comme des rejets végétaux, sur la topique de l'immigration, le premier offre *a priori* le profil d'un texte migrant, alors que le second semble difficilement tenir un tel paradigme. Originaire du Sénégal et vivant en France, pays dont elle a la nationalité, Fatou Diome écrit la "galère" des immigrés noirs sur les bords de la Seine, à travers un personnage qui a tout pour être la figure fictionnelle de l'auteure sociale, écartelée qu'elle est entre deux pôles (lieux d'origine et d'accueil) et devenue symboliquement un jeu de cultures. En revanche, Maurice Bandaman est un écrivain ivoirien qui vit dans son pays. S'il peut être reconnu comme n'ayant jamais vécu la dure épreuve de l'immigration, son roman reste cependant campé dans l'enfer et le péril parisiens des aventuriers africains qui, face à l'échec de la quête d'un mieux être et à la nostalgie du pays natal, s'engagent, à l'instar de Mira, sur le chemin du retour, motif ayant marqué les premiers textes africains.

La démarche se noue, en amont, autour d'une perspective de lecture qui, doutant de l'opérationnalité du niveau extratextuel et de la simple thématique de l'immigration, insiste sur la pertinence de la dimension représentative de l'écriture migrante. Sur cette base, l'on tentera, en aval, d'évaluer, dans une approche comparative, le corpus à partir des pôles déictiques de l'ici et de l'ailleurs ainsi que de l'identité mouvante.

---

[297] Fatou Diome, *Le Ventre de l'Atlantique*, Paris, Éditions Anne Carrière, 2003. Dans le cadre de cette étude, le titre de ce roman sera désormais *Le Ventre…*

[298] Maurice Bandaman, *Le Paradis français*, Abidjan, CEDA/ NEI, 2008. Dans le cadre de cette étude, le titre de ce roman sera désormais *Le Paradis…*

La représentation, moteur et enjeu de l'écriture migrante

La notion de « l'écriture migrante » a une lourde dette envers l'émigration, le voyage, l'ailleurs… Son apparition autour des années 80, dans le lexique québécois, sonne comme une consécration de la rupture dans la cartographie culturelle de ce pays. Dans un excellent article sur « Les écritures migrantes au Québec »[299], Jérôme Ceccon, rappelle qu'une troisième voie/voix, celle des immigrés, s'affirme davantage dans le champ littéraire et crée une faille dans le tableau des « deux solitudes » dont parle MacLennan dans *Two Solitudes*. Selon lui, la conséquence immédiate est la reconfiguration de la géographie culturelle ou littéraire à partir de « trois Solitudes ». En plus des canadiennes anglaise et française, des « gens de la marge »[300] ont désormais visa de liberté pour faire valoir leur altérité en langue française à travers la littérature (orale et écrite). Une situation qui pousse la critique à adapter son vocabulaire à cette nouvelle donne. On passe des concepts d'immigré, d'immigrant, de néo-Québécois à celui, moins chargé négativement, de migrant dont la paternité est attribuée à Robert Berrouet-Oriol.

Dans un tel cheminement, Jérôme Ceccon semble placer l'auteur, entité sociale, au centre de la question de l'écriture migrante. Sans doute, il devient le premier facteur discriminant des œuvres de la migration et de ses différentes déclinaisons (littératures de l'immigration, de l'exil, de la diaspora…) par rapport aux autres textes de la littérature du pays d'accueil. En d'autres termes, le ressort de cette catégorie littéraire serait, avant tout, le déplacement réel de l'auteur, et son œuvre pourrait être

[299] Jérôme Ceccon, « Les écritures migrantes au Québec », www.africultures.com/php/?nav=article&no=3508. Publié le 9 septembre 2004.
[300] *Ibidem*.

globalement acceptée comme une enclave dans la littérature de l'ailleurs. Maude Labelle constate qu'« au sens strict, l'écriture migrante serait pratiquée par un écrivain immigrant »[301].

En déplaçant la ligne vers les romans de l'immigration africaine en France, la critique rattache souvent les auteurs au lieu d'arrivée, notamment à Paris et à d'autres villes[302]. La notion de « parisianisme », forgée par Bennetta Jules-Rosette[303] pour désigner les auteurs africains des années 80, et celle de l'*Afrique sur Seine*, employée par Odile Cazenave[304] en référence à la génération d'écrivains africains montante, convoquent la France comme le point focal autour duquel gravitent ces auteurs d'origine africaine, et la démarche critique qui est proposée semble insister sur la situation historique de ces derniers et de leur production littéraire. Dans une contribution consacrée à la définition et à la description des contours esthétiques de la littérature africaine francophone de l'immigration, Frédéric Mambenga-Ylagou signale que « l'introspection ou la mise en texte des expériences sociales des

---

[301] Maude Labelle, « Les lieux de l'écriture migrante : territoire et langue dans Les lettres chinoises de Ying Chen », *Globe* : *revue internationale d'études québécoises*, vol. 10, n°1, 2007, p. 38.

[302] Abordant la question sous le prisme de la « Migritude »,qui est une sorte de parodie formelle de la « Négritude », Jacques Chevrier relevait ce fait : « Ce néologisme renvoie à la fois à la thématique de l'immigration, qui se trouve au cœur des récits africains contemporains, mais aussi au statut d'expatriés de la plupart de leur producteurs qui ont délaissé Dakar et Douala au profit de Paris, Caen ou Patin. Loin d'être source d'ambigüités, ce statut semble désinhiber les écrivains par rapport aux questions d'appartenance… », « Afrique(s)-sur-Seine : autour de la notion de "migritude" », revue *Notre Librairie*, n°155-156, juillet-décembre 2004.

[303] Bennetta Jules-Rosette, citée par Odile Cazenave, *Afrique sur Seine. Une nouvelle génération de romanciers africains à Paris*, Paris, L'Harmattan, 2003, p. 11.

[304] *Ibidem*.

populations d'origine en France est l'une des empiricités de la littérature africaine francophone »[305].

Le concept même de « l'écriture migrante » ouvre une double orientation : vers l'auteur migrant et vers l'écriture. En réalité, Robert Berrouet-Oriol instaure un véritable jeu sur le mot en exploitant, à l'arrière-plan, un rapport métonymique de l'écriture avec la somme des expériences de l'auteur social en territoire étranger ou en situation de mobilité ; l'extension littéraire prenant force de prédicat. Partant d'un tel constat, le niveau extratextuel devient, pour cette catégorie de théoriciens, presqu'incontournable dans l'approche critique des textes littéraires. Il s'en suit qu'un fossé de plus en plus grand se creuse entre les auteurs issus de l'immigration et ceux vivant dans leurs pays. En conséquence, l'on serait fondé à faire une discrimination entre Fatou Diome et Maurice Bandaman : la première vivant en France peut être qualifiée d'écrivaine migrante, et le second, résidant dans son pays natal, d'auteur local.

La difficulté d'une lecture qui priorise le critère de l'origine des auteurs réside cependant dans le fait qu'elle vire vers « la catégorisation spécieuse »[306] des écrivains migrants et ceux résidents, déconseillée déjà par Papa Samba Diop. Le problème de fond est qu'aujourd'hui, avec le « flux médiatique » dont parle Arjun Appadurai, avec l'explosion des nouvelles technologies débouchant sur un espace-temps liquide, au sens de la modernité liquide de Zygmunt Bauman, le « chez soi » et le « chez l'autre » semblent se confondre. On parle même d'un « village planétaire » ou de mondialisation. À la vérité, l'on peut être géographiquement un résident et être

[305] Frédéric Mambenga-Ylagou, « Problématiques définitionnelles et esthétique de la littérature africaine francophone de l'immigration », CAUCE, *Revista internacional de filologia y su didactica*, n°26, 2006, p. 274.

[306] Nous empruntons cette analyse à Adama Coulibaly dans ce collectif.

entièrement marqué par des pratiques étrangères à l'époque de la mobilité technologique. Lorsque Anthony Pelps intègre les « voix interpellant l'ailleurs » dans la perspective des voix migrantes, il s'adresse, sans doute, aux écrivains qui, sans connaître effectivement l'exil ou l'immigration, produisent des œuvres épousant les contours de cette réalité. De même, l'on peut écrire à partir d'un pays d'accueil sans porter son intérêt sur les questions de l'émigration.

Le problème se pose davantage avec les premiers écrivains africains. L'histoire littéraire a montré qu'ils ont, dans leur grande majorité, publié à partir des bords de la Seine, avec comme thématique centrale l'immigration. Pourtant, la critique les a toujours rattachés aux nations africaines d'où ils sont partis. Elle lit alors leurs œuvres à travers le prisme des romans de voyage et d'apprentissage. La raison avancée est plus liée aux motivations et aux enjeux de l'écriture. « Il y avait [dans leur cas] "une nostalgie des profondeurs" consécutive à l'éloignement de leurs racines culturelles et à la mémoire douloureuse de la situation coloniale », dit Frédéric Mambenga-Ylagou[307].

Ce qui est en jeu, chez eux, et qui les met hors jeu, c'est la question du pays natal présenté sous l'angle essentialiste. Contrairement à la vague émergente d'écrivains d'Afrique noire, plus marquée par l'hybridité, cette génération de la négritude s'était engagée dans la voie de l'affirmation de son origine, de son identité noire... de l'authenticité africaine. C'est pourquoi, parlant d'écriture migrante, Nathalie Prud'Homme conseille de mettre de côté « les récits qui se rapportent de façon presque exclusive à la société d'origine traduisant un travail de deuil, qui peut être certes intéressant, mais qui n'inclut pas ou peu l'expérience vécue dans le pays

[307] Frédéric Mambenga-Ylagou, *Loc. Cit*, p. 276.

d'accueil »[308]. En renversant la perspective de Prud'Homme, on pourrait également invalider toute écriture qui, ignorant les traumas de l'Ici, serait uniquement axée sur l'Ailleurs à l'effet de le déconstruire.

Le Paradis... de Maurice Bandaman[309]semble faire le lit d'une telle démarche. En effet, l'auteur jette le regard et l'ancre sur la vie des immigrés à Rome et à Paris, à partir de la Côte d'Ivoire. Paru en 2008, ce roman exhibe les modules de l'errance selon les procédures scripturaires et discursives d'une mémoire dépossédée et en souffrance. Mira, partie vivre son amour contracté sur Internet, est précipitée, dès sa descente d'avion dans l'univers hostile et impitoyable du proxénétisme de luxe à Rome. Ne pouvant digérer cette situation de torture et de sous-humanisation, elle réussit à se défaire « des griffes » de ses proxénètes et à traverser les Alpes pour pénétrer sur le territoire français, Paris et le milieu puant de la débauche et des petites combines des filles originaires de la Côte d'Ivoire, du Sénégal et autres... Prise une fois encore dans le piège de la prostitution, elle fait le choix du retour volontaire au pays natal. Sans doute marquée par son expérience d'immigrée, elle recueille les filles de ses amies d'infortunes, « écrasées » par l'aventure romaine, et crée une ONG où elle mène de front une mission d'aide aux filles. Mira confie son histoire à un film dont la caméra est présente tout le long du roman autour duquel Maurice Bandaman noue le thème de l'immigration bien que celui-ci offre le profil d'un écrivain du local, d'un écrivain résident. C'est donc une écriture très technique

---

[308] Nathalie Prud'Homme, *La problématique identité collective et les littératures (im)migrantes au Québec*, Québec, Éditions Nota bene, 2002, pp. 27-28.

[309] Adama Coulibaly montre justement dans ce collectif que Maurice Bandaman n'est pas éligible en tant que romancier migrant. L'une des raisons avancées est la perspective essentialiste du pays natal à laquelle son écriture souscrit.

qui, paradoxalement, réinterprète, sinon l'un des produits de la société industrielle et postindustrielle, du moins les médias (le cinéma en l'occurrence), comme un lieu symbolique de retour aux sources.

Entre la focalisation sur l'origine et sur le lieu d'arrivée, la question qui refait surface est celle de la particularité du mot « migrant » par rapport à « immigration ». Si le premier implique un processus, un mouvement, une mobilité, et subséquemment l'indétermination, les mélanges multiples, la transitivité…, le second se conjugue avec « la fixité du point de départ ou d'arrivée »[310]. Et c'est précisément le refus de Mira de se défaire de son origine, de décrocher de l'ontologie de sa culture pour entrer dans une dynamique transculturelle, qui oriente la lecture vers le déclassement de *Le Paradis*… comme un roman migrant.

En conséquence, l'origine de l'auteur social et, plus encore, la thématique de l'immigration, considérées jusque-là comme les fondements de lisibilité de l'écriture migrante, deviennent insuffisantes ou inconsistantes. Il faut ébaucher une nouvelle grille de lecture pour cerner les formes complexes de l'écriture qui se forge dans une société liquide. Le ton a été donné par Maude Labelle qui constate que

> S'il était clair, au début, que l'écriture migrante désignait la littérature pratiquée par un groupe d'écrivains venus d'ailleurs, on hésite maintenant à nommer l'expérience de l'immigration comme premier critère de la migration littéraire[311].

La pertinence de tels propos vient du fait que la problématique liée à l'auteur social – qui ferait dériver la lecture vers un niveau trop sociologique et poser, à un second degré d'approche, l'immigration comme le seul horizon d'attende de l'écriture migrante – doit rester discrète ou, à défaut, souple dans son opérationnalité, pour faciliter l'analyse

---

[310] Pierre Nepveu, cité par Maude Labelle, *Loc. Cit*, p. 40.
[311] Maude Labelle, *Loc. Cit*, p. 40.

des nouveaux aménagements scripturaires de la migration. C'est à un tel prix que l'on pourra lire et interpréter les nombreux particularismes nés de la liquéfaction de la société contemporaine. Quels sont les nouveaux points d'ancrage de l'écriture migrante ?

Notre hypothèse est qu'il y a une ouverture de cette catégorie littéraire à une critériologie reposant sur la pratique d'écriture, sinon sur une poétique et une rhétorique (la représentation) dont les axes centraux sont le flux migratoire, l'entre-deux, le marché transculturel… Comme le suggère Clément Moisan, une meilleure saisie de celle-ci prendrait forme :

> […] en effet dans et par leur écriture [lieu où] se repère ce caractère propre d'exprimer la situation particulière de l'exil, de l'émigration/immigration, du déracinement et de l'enracinement, de la mémoire déchirée ou éclatée et de l'identité en question[312].

À l'analyse, Clément Moisan forge sa lecture des canons esthétiques de l'écriture migrante à partir de la fabula (terminologie utilisée par les formalistes russes pour désigner la fiction), des procédés scripturaires et de la réception de l'œuvre, la faisant glisser visiblement vers une démarche littéraire. Il adhère au postulat que les forces motrices de cette démarche résident dans le double… soi, c'est-à-dire dans le mouvement pendulaire du personnage entre les pôles déictique de l'Ici et de l'Ailleurs, le passé et le présent, la culture d'origine et celle du pays d'accueil débouchant sur l'hybridité identitaire… Sur cette base, l'on pourra évaluer, suivant des cas pratiques, les textes de Fatou Diome et de Maurice Bandaman, en vue de décliner leur identité littéraire. L'analyse se fonde sur le postulat que le premier réunit les suffrages du roman migrant alors que le second est loin de tenir un tel paradigme.

---

[312] Clément Moisan, *Op. Cit.,* p. 61.

L'Ici et l'Ailleurs : paradigmes de l'écriture migrante

Les lexèmes « exil », « émigration » « migration » … « mobilité » suggèrent l'idée du double, de l'entre-deux… de la bipolarité déictique de l'Ici et de l'Ailleurs. Clément Moisan écrit à ce sujet : « L'exil prend ces deux formes et états qui entrainent un déracinement et un enracinement, une polarisation sur l'Ici et l'Ailleurs, la recherche d'une identité dans l'altérité, en somme une double appartenance »[313]. Schématiquement, le Sujet migrant est saisi dans son rapport (conjonctif ou disjonctif, selon le cas) avec le pays d'origine et le pays d'accueil. Le premier, celui du point de départ… du passé, se noue autour de la mémoire. Le second, quant à lui, livre les conditions de vie et les difficultés d'intégration dans la société d'adoption (?). On peut donc déduire que le Sujet migrant est piégé entre l'Ici-passé et l'Ailleurs-maintenant. Ce qui débouche sur un personnage qui n'est plus fixé à un espace, mais ouvert, toujours en mouvement.

Ce motif prospère dans la taxinomie de *Le Ventre*... de Fatou Diome et *Le Paradis*... de Maurice Bandaman. Il permet de faire ressortir le parcours narratif différentiel entre les deux romans. Dans *Le Ventre*..., en effet, Salie est continuellement livrée au jeu du balancier entre Niodior et Paris. Personnage anthropomorphisé, elle adopte la figure victimaire de l'acte migratoire où l'Ici, le pays d'origine, ré-apparaît, sous le prisme de la mémoire, pour présenter les conditions de vie globalement traumatisantes. Plus précisément, le narrateur raconte les événements qui ont non seulement marqué son enfance et son adolescence dans son village natal, notamment sa vie familiale, scolaire et sociale, mais aussi son séjour à Dakar. Enfant conçu illégitimement, Salie est privée de l'affection maternelle (elle a été élevée par sa grand-mère) et exposée aux pesanteurs sociales :

313 Clément Moisan, *Op. Cit.*, p. 73.

> Trahie par ma grand-mère, la tradition, qui aurait voulu m'étouffer et déclarer un enfant mort-né à la communauté, maria ma mère à un cousin qui la convoitait de longue date. [...] Mon beau-père comptait sur mes fréquentes maladies pour se débarrasser de l'incarnation du péché. (pp. 74-75)

Étouffé et fragilisé par un espace socioculturel et économique hostile, le personnage se lance dans la quête de liberté. D'où sa migration vers Dakar et la France. Prenant la forme d'une force actancielle implicite (le mariage à un Français représentant la force explicite) qui entraîne l'acte migratoire, le contexte social originel devient le destinateur des actions de Salie. Il peut être aussi envisagé comme le destinataire privilégié, car tout ce qu'elle entreprend, notamment ses études à Strasbourg, vise à déconstruire le paradigme du trauma *référentialisant* son lieu d'origine. Ainsi qu'il apparaît dans l'écriture migrante, la contrainte des espaces niodiorien et dakarois se transforme progressivement en « contrainte de liberté »[314].

Puisque le roman migrant prend tout son sens dans le jeu d'interférence des deux bords, dans « la tension inter-spatiale », dans la double appartenance, Fatou Diome convoque aussi l'Ailleurs, la France en l'occurrence, suivant une perspective comparatiste à l'Ici. Chez elle, deux topos marquent le rapport du Sujet migrant au pays d'accueil. Celui des candidats à l'émigration et des anciens pensionnaires de l'exil présente l'Occident comme un monde de rêve, une destination privilégiée. Par exemple, la France est vue par Madickè et ses amis vivant à Nodior comme un Eldorado (*Le Ventre...*, chapitre 5). Cette image taillée sur mesure de leur rêve aiguise d'ailleurs leur soif d'émigration et les amène à prendre des risques inconsidérés :

> Partir ; loin ; survoler la terre noire pour atterrir sur cette terre blanche de mille feux. Partir sans se retourner. [...] Partir donc, là

---

314 Maude Labelle, *Loc. Cit*, p. 42.

où les fœtus ont déjà des comptes bancaires à leur nom, et les bébés des plans de carrière. (*Le Ventre...,* p. 165)

La perception de l'image édénique de l'Occident, contrastant lourdement, selon ses auteurs, avec celle d'une Afrique des malheurs, est battue en brèche par Salie. Elle indique que l'immigration, une fois accomplie, est difficile à supporter. De fait, *Le Ventre...* marque une acception négative de l'espace parisien. Du début à la fin du roman, le personnage central est dans une situation de disjonction totale par rapport à son nouvel environnement. Lieu de claustration, de solitude, d'inconfort, de dur labeur (pp. 37-37), de privation de repos (p. 14)..., de racisme larvé (chapitre 6), Paris offre une topographie et une toposémie de l'impasse.

J'avais débarqué à Paris dans les bagages de mon mari, tout comme j'aurais pu atterrir avec lui dans la toundra sibérienne. Mais une fois chez lui, ma peau ombragea l'idylle - les siens ne voulant que Blanche-Neige - les noces furent éphémères et la galère tenace.

Ainsi, le personnage s'inscrit dans une tension nouvelle. L'africanité ontologique ou atavique étant dissolue et le paradigme du paradis Européen déconstruit, il se retrouve dans l'entre-deux. « Je suis cette chéloïde, rappelle Salie, qui pousse là où les hommes, en traçant leurs frontières, ont blessé la terre de Dieu ». (p. 254) Dans cette indétermination spatiale, le sujet migrant devient symboliquement un apatride, une sorte de métaphore du mouvement. Janet Paterson montre que la trame du récit se forgent dans un « *no mans's land* si fréquent dans les textes migrants »[315].

Outre la réappropriation du binarisme géographique, du jeu entre l'Ici et l'Ailleurs, le récit intègre à son fonctionnement les formes de la mobilité transnationale ou

---

[315] Janet M. Paterson, « Identité et altérité : littératures migrantes ou transnationales ? », *Interface,* Brasil/Canada, Rio Grande, N° 9, 2008, p. 94.

transcontinentale, au sens de circulation entre l'Afrique et l'Occident. Hormis les déplacements physiques entre le Sénégal et la France, Salie est entraînée dans un autre type de mobilité, celui du voyage virtuel ou de l'instantanéité. Utilisant les nouveaux moyens technologiques, notamment le téléphone, pour s'enquérir des nouvelles de Madickè et des siens, elle effectue symboliquement le voyage entre les deux continents en un clin d'œil, mettant ainsi définitivement fin aux frontières chronotopiques. « Il devient possible, comme le rappelle John Urry, de deviner l'autre, presque de vivre auprès de l'autre, sans se déplacer physiquement, et sans déplacer d'objets matériels »[316].

Avec la vitesse qui s'instaure à la faveur de la floraison technologique, le temps est vaincu, et les frontières naturelles ou juridiques, cessant d'être un « rideau de fer », deviennent un lieu de circulation, de liberté, du possible. Il y a donc une fludification spatiale qui débouche sur la transformation du sujet social en un globe-trotter, mais aussi en un sujet doué du don d'ubiquité. Pour John Urry, il s'agit simplement d' « une sorte d'espace où l'on se retrouve couramment en deux endroits ou d'avantage, apparemment au même moment »[317].

Le roman migrant a ainsi une prédilection pour la thématique du trauma de départ, la quête d'autres espaces plus viables et la réinterprétation du lien avec le pays d'origine. L'œuvre de Maurice Bandaman semble se détacher de ce schéma discursif canonique. Hormis le préambule et la péroraison que l'auteur a successivement intitulés « Entrée », « Sortie » pour situer les fondements genrologique (film) voire axiologique du texte, le récit s'ouvre sur l'espace aéroportuaire de Rome et se referme sur celui de Paris. La question qui revient en plein dans le dispositif narratif de Maurice Bandaman est celle de la déconstruction de la rhétorique d'un Occident de cocagne.

---

[316] John Urry, *Sociologie des mobilités*, Paris, Armand Colin, 2005, p. 80.
[317] *Idem.*, p. 81.

De fait, tout le récit est bâti sur la lucidité caustique du personnage qui, revendiquant un discours tragi-comique, permet de montrer l'envers du décor, aussi bien romain que parisien, et d'indiquer les difficultés auxquelles les immigrés sont confrontés. L'exemple paradigmatique est ce milieu de prostitution de Rome où Mira et ses amies venues d'Afrique et d'autres horizons sont exposées et vendues comme des objets vils par les professionnels du sexe. Cette scène de copulation entre Naty et des chiens de garde en est une illustration :

> Il se passe que je suis une chienne, ma fille, une vraie chienne ! Hier, ce ne sont pas avec des hommes que j'ai fait l'amour mais avec deux bergers allemands. Quand, après avoir été libérée, je leur ai fait remarquer que leurs chiens m'avaient mordue, ils m'ont simplement dit que ces bêtes étaient vaccinées et en meilleure santé que moi. (pp. 38-39)

L'espace parisien ne laisse pas de répit à Mira qui espérait, dans sa fuite, nouer ou renouer avec une vie plus humanisante. Paris, comme Rome, est un microcosme diégétique de l'Ailleurs terrifiant qui multiplie et cumule les actes de chosification ou de *zoomorphisation* de l'étranger. Mira et ses amies originaires de Côte d'Ivoire, du Mali, du Congo et autres sont soumises à la claustration (« Paris, Rome, pour moi, ce sont de grands cachots » p. 164), aux petites combines, à la prostitution, aux petits boulots… et surtout au jeu de cache-cache des sans papiers (pp. 137-142). Elles confirment bien les propos de Papa Samba Diop :

> Les personnages de ces romans sont exilés dans des confins de bonnes insalubres, métiers harassants aux salaires dérisoires, loisirs inexistants. Autant de lieux ou de conditions

concentrationnaires d'où ils rêvent d'une existence normale, dont ils se sentent irrémédiablement exclus. [318]

Ainsi, la démarche que propose l'auteur quitte la peinture paradisiaque de l'Occident pour s'investir dans une sorte de réalisme tragique qui livre les sinuosités de l'enfer romain et parisien. Au-delà, elle a un fondement essentialiste. Le suicide de Naty, la mort de Oumou et celle de Mbarka, pendant la traversée des Alpes, le « départ volontaire » de Mira (*Le Paradis...,* p. 164) que l'image du charter, renvoyant les Africains en situation irrégulière (pp. 164-168), transforme en rapatriement forcé, sont chargés de sens.

Bien plus qu'une simple volonté de dégonfler les ambitions et les espérances des candidats à l'émigration, le procédé est significatif du projet avorté de la mobilité, au sens de processus, une sorte de rupture définitive avec l'espace européen. De fait, la mort ou le retour entérinent la fin de la marche, le meurtre symbolique de l'Ailleurs, le refus d'une situation de déchirement, voire de double appartenance. La rupture du lien avec l'Occident implique cependant une consolidation de celui avec l'Afrique, une fixation sur l'Ici. L'on peut se demander les enjeux de ce dispositif d'écriture.

Le récit s'abonne à la démarche des écrivains de la négritude, celle d'une écriture nostalgique, d'un retour aux valeurs ancestrales. Il entre, dans une vision plus large, dans le schéma narratif de la recherche prométhéenne de la connaissance pour relancer le développement du pays natal. C'est que, Mira, dès son retour en Côte d'Ivoire, crée, à partir de la somme d'expériences acquises, une fondation de lutte contre l'immigration et finance des bourses et des micro-projets au bénéfice de la jeunesse...

---

[318] Papa Samba Diop, « Le roman francophone subsaharien des années 2000. Les cadets de la post-indépendance », *Culture Sud, Notre Librairie*, N°166, Juillet-sept 2007, p. 12.

En partant du postulat que ce motif marque une fixation sur l'origine, sur les racines, sinon sur l'africanité et dessine une rupture avec le paradigme de la migration, avec en toile de fond un renouement avec l'antique stabilité africaine, l'on comprend que le cheminement de Maurice Bandaman bute sur le profil de l'écriture migrante. L'écart réside dans le fait que l'auteur semble donner sa caution à la construction de l'État-Nation et oublier le renoncement des frontières. Pour sûr, le personnage du roman migrant n'a ni d'attache nationale ou nationaliste, ni une conscience ferme et introvertie. Comme le constate Maude Labelle, « le migrant est le seul à habiter l'entre-deux, qui se traduit souvent par une série d'adaptations et de trahisons, et ce, envers les deux cultures »[319].

D'un point de vue énonciatif, le roman africain passe d'un narrateur hétérodiégétique et d'un *narrateur-je* collectif à un *Je* individuel labile et incisif. La particularité de ce *Je* individuel revient au fait qu'il est coincé entre l'Ici et l'Ailleurs, le passé et le présent, voire l'avenir. Il s'agit finalement d'un narrateur autodiégétique fragmenté, éclaté que la pluralité des *Je* détourne vers un jeu trouble sur sa posture géographique et identitaire. Dans *Le Ventre...*, Salie est tantôt sollicitée, comme le refoulé freudien, par un *Je-passé*, celui qui se remémore les événements du pays d'origine, tantôt assujettie à un *Je-présent* racontant sa vie à Paris. Toutefois, le succès du roman de Fatou Diome n'est pas seulement dû à l'opérationnalité de ce double *Je*(u), mais il est aussi le fait d'une autre voix. C'est bien cette dernière qui différentie l'écriture migrante des autres œuvres de voyage, de l'immigration. La question de la construction d'un espace discursif labile, d'un espace en perpétuel mouvement autorise à considérer une troisième « conscience fictionnelle »[320], projetée vers l'avenir, une sorte de *Je-*

[319] Maude Labelle, *Loc. Cit.*, p. 45.
[320] Frédéric Mambenga-Ylagou, *Loc. Cit.*, p. 282.

énonciatif caractérisé par l'incertitude ou, à tout le moins, engagé dans un processus… « Je cherche mon territoire sur une page blanche » (p. 255), affirme Salie pour marquer son adhésion à un tel principe.

Le Paradis… marque une déconstruction discursive de cette trilogie énonciative. Dans la quête des personnages, à commencer par celle de Mira, la détermination sociologique et identitaire serait accrochée à une essence figée, incorruptible, une essence qui *remarche* sur le fil du passé, de l'authenticité africaine. Dans ces conditions, le *Je-futuriste* s'éteint au profit d'un *Je-passé* assez ronflant. Le choix même de l'écran cinématographique (se confondant au temps de la narration = présent) pour dérouler le récit, montre, de façon tacite, que l'énonciateur disant *Je* (intégrant le temps de la fiction = passé) est bien lié à la conscience de l'histoire, d'un vécu. Cette histoire où Mira doit ressasser, recoller et reconstituer le film de son aventure et de celle de ses amies tombées sur le « champ » de l'exil, charge le rapport avec le territoire d'un nouveau sens. Ce n'est plus l'Ici du pays d'origine qui est lié à la mémoire comme on le voit dans le roman migrant. Paradoxalement, c'est l'Ailleurs, l'espace occidental, qui devient la matrice du discours mnésique.

Ainsi, le questionnement des pôles déictiques de l'Ici et de l'Ailleurs montre bien que les deux auteurs ne suivent pas le même cheminement discursif. Le roman de Fatou Diome forge sa pertinence dans les formes canoniques de l'écriture migrante. Elle coule son récit dans le moule esthétique de l'entre-deux, de la mobilité transcontinentale et virtuelle, de la fragmentation du *Je-énonciatif*… En revanche, le roman de Maurice Bandaman s'affirme dans la rupture ou la réinterprétation de ces indices spatiaux, et l'attachement, dans une perspective essentialisée, du personnage à son pays natal, indique tout le poids des premiers textes africains. Le motif a un fondement poétique, certes, mais il permet d'ébaucher les lignes de lisibilité de l'identité qu'on observe dans ces romans. En un mot, il s'agit d'analyser si la forme liquide des nouveaux aménagements identitaires représente ou non le point de flexion des deux textes.

D'une identité… mouvante en jeu ?

L'un des paradigmes majeurs de l'écriture migrante est bien l'identité mouvante. Forgeant sa pertinence dans la mobilité, dans la transhumance, dans le flux et le reflux, cette catégorie littéraire exhibe des personnages dont la circulation ou le mouvement les expose à une transformation psychologique, physionomique, sociale, économique… On aboutit à un type de Sujet traversé par une crise identitaire, et sa définition dépend moins des critères d'une ethnicité ontologique qu'à une perspective modulatoire, ouverte. Une telle approche fait du migrant un potentiel citoyen du monde, un Être impur. La lecture que Deleuze et Guattari proposent du terme « nomade »[321] autorise une telle réinterprétation de la question d'identité. En effet, ils récusent toute forme de fixation, de « racine » et promeuvent le tentacule, la « relation », le « rhizome ». Métaphoriquement, il s'agit d'un apatride, celui qui n'a non seulement plus de lien solide avec la « maison familiale », mais marque son incapacité à s'ancrer dans un nouveau territoire. Au fond, on peut bien attacher au nomade une sorte d'image de l'oiseau migrateur, condamné à se déplacer au gré du temps.

L'effet massif de dessaisissement, de perte, de deuil résultant de l'abandon du territoire natal ainsi que l'impossibilité d'intégrer paisiblement l'espace d'accueil représentent des facteurs qui prédisposent, selon eux, le

[321] Gilles Deleuze et Félix Guattari, *Capitalisme et schizophrénie 2. Mille plateaux,* Paris, Minuit, 1980, p. 473.

Sujet à une identité qui se renégocie, se reconfigure. En ramenant dans le débat la définition que Jacques Sojcher donne du mot exil qui, « par une fausse étymologie devient ex-il, hors du il, hors de soi »[322], l'on se rend compte que le Sujet procède à une sorte de « mort à soi », de rupture d'une partie de lui-même, de son passé pour se prêter à la culture du pays hôte, du moins à sa langue, à ses us et coutumes, bref à une nouvelle identité en terre d'accueil. Toutefois, il ne s'agit pas de se laisser inféoder à la culture d'accueil, et le migrant opère un dépassement de ses acquis et élabore une identité flexible, une identité propre (au sens d'individuel) qui transcende les frontières. Á l'instar d'une abeille qui butine dans tous les sens, il se soumet (consciemment ou inconsciemment) au brassage ou au commerce des cultures. Si Fernando Ortiz[323] propose la transculturation comme le point focal de ce transfert culturel, que Arjun Appadurai[324] estime que l'ethnoscape est un lieu du nouveau projet ethnique, Adama Coulibaly, reprenant les propos de Pascal Gin, introduit la notion de « fondu enchaîné »[325], pour interpréter les nouveaux aménagements identitaires.

Le Ventre... de Fatou Diome donne bien le motif d'une telle recomposition identitaire avec Salie que la condition d'enfant illégitime pousse à un exil fatal. Symbole même du nomadisme, Salie est devenue la forme plus grammaticale de l'hybridité culturelle comme l'indique le groupe nominal « sénégalais[e] de l'extérieur », une association aux sémantismes parlants. L'identité n'est donc plus liée à la

---

[322] Jacques Sojcher, « Quelques mouvements de l'exil », *Marges et exils*, Bruxelles, Éditions Labor, 1987, p. 83.

[323]Fernando Ortiz, *Op. Cit.*

[324] Arjun Appadurai, *Après le colonialisme. Les conséquences culturelles de la globalisation*, Paris, Payot, 1996, 2001.

[325]Adama Coulibaly, « Ethnoscape et écriture migrante : vers une réévaluation du paradigme identitaire dans *Pelourinho* de Tierno Monénembo ? », *French Studies in Southern Africa*, N°39, 2009, p. 7.

certitude, à l'absolu. Elle entre dans une dynamique de rapiéçage, de raccommodage des cultures, ouvertes qu'elles sont, au soupçon, au doute épistémologique. Les propos du narrateur sont, à ce sujet, révélateurs :

> Chez moi ? Chez l'Autre ? Être hybride, l'Afrique et l'Europe se demandent, perplexes, quel bout de moi leur appartient. Exilée en permanence, je passe mes nuits à souder les rails qui mènent à l'identité. (p. 254.)

Ainsi, la problématique de l'identité nouvelle soumet le Sujet à la nécessité d'une nouvelle naissance qui brouille ou supplante les frontières, les races, les cultures clivées… En somme, avec l'écriture migrante, l'on s'échappe des forteresses de l'essentialisme culturel pour se situer métaphoriquement sur « une page blanche ». (pp. 254-255)

De cette projection du narrateur, découle une conception de l'identité insaisissable, instable, en constante formation, en devenir. Elle se présente comme un processus infini, inachevable, une sorte d'identité poreuse qui marque paradoxalement la révision culturelle avec les deux continents (Afrique/Europe). L'entre-deux n'est plus une parfaite addition des valeurs déictiques de l'Ici et de l'Ailleurs, même si tout se joue sur son terrain. Michel Morin et Claude Bertrand pense que « toute culture [de l'étranger] se définit par sa capacité d'auto-altération, de dépaysement, de migration »[326]. Salie correspond alors, en tous points de vue, à l'étranger (son identité) tel que défini par ces critiques.

Si le territoire, le sang et la culture constituent les topiques de l'institution identitaire centripète, ce lien est rompu ou réinterprété sur fond d'un espace *in motu*, d'un espace fuyant, labile, non localisé. C'est donc à raison que dans *Le Ventre…* l'existence du narrateur se déroule hors du giron maternel et

---

[326] Michel Morin, Claude Bertrand, cité par Pierre Nepveu, « Qu'est-ce que la transculture ? », *Paragraphes*, n°2, Département d'études françaises, Université de Montréal, 4e trimestre, 1989, p. 19.

paternel pour évoquer son détachement de sa culture de départ et son ouverture au monde. Chez elle, les cloisons externes et internes au personnage sautent et ouvrent la voie à une quête de soi dans le mouvement. Au fond, on peut attacher à ce personnage une topique de l'ethnoscopie ethnique (une recomposition ethnique sur fond du transit, du fluide) qui rime avec la déconstruction patriarcale et matriarcale et s'accorde avec l'image de l'apatride, suivant la métaphore « Ventre de l'Atlantique ». Ne peut-on pas, dès lors, lire la démarche comme le deuil de l'identité pure – celle qui se forme à partir des critères de race et de lieu d'origine et qui s'embarrasse de souvenir, de suffisance, de supériorité ?

La réponse forge son optimisme dans le fait que la mobilité représente l'outil analytique pour interpréter « l'être-là » de Salie et, plus globalement, l'écriture de l'écrivaine. *A contrario*, dans *Le Paradis...*, le rapport sans cesse renouvelé de Mira et de ses compagnons de fortune avec le terroir et le pays natal déplace la lecture vers une acceptation de l'identité-racine, d'une sorte d'identité inflexible et pure. De fait, l'ethnoscape d'Appadurai n'opère plus chez Maurice Bandaman. Pour ce théoricien, la mobilité spatiale charge l'ethnique, dans le contexte contemporain, d'un sens plus ouvert. Cette réorientation identitaire est repoussée ici par les limites du fixisme. La mort de Oumou ou celle de Mbonzi Makelele ainsi que le retour de Mira à sa terre natale marquent la rupture de la migration.

Outre la répudiation de la circulation, il y a un retour aux objets culturels traditionnels. L'exemple le plus achevé est celui de Mbarka, le jeune Tchadien, exilé à Rome, qui s'engage dans le dur exercice de la traversée des Alpes en restant fixé à sa valise, au risque de sa vie :

> Mon père est dans cette valise, ma mère y est, mes deux petites sœurs et mon jeune frère y sont également. Alors, vous comprenez ? Je pars avec cette valise et tout son contenu ou je reste ici avec elle. [...] Un bruit, comme un bois sec qui se casse et

Mbarka tombe à la renverse, la valise chute lourdement sur sa poitrine, puis lâche : - Maaa-man, maaa-man, Afriii… ka ! Puis, plus rien. (pp. 68-69)

Le motif a un fondement essentialiste de l'identité. Au fond, la mort de Mbarka prend la forme d'une démarche sacrificielle, d'un amour christique qui pousse le personnage à minimiser sa propre vie pour assurer la pérennité de l'authenticité africaine. Cet amour est, d'ailleurs, exprimé métaphoriquement par le vocable « poitrine » ou encore l'interjection « Maaa-man, maaa-man ». En clair, le fait que l'attachement du personnage à ses racines, à sa famille, à la mère-patrie, symbolisées par la valise, entraîne sa disparition montre que l'auteur renoue avec l'identité autarcique, cette « identité meurtrière »[327] qui reste réfractaire aux échanges, aux négociations. Adama Coulibaly souligne que « l'image du père est la topique de l'institution identitaire essentialisée, celle qui se transmet de père en fils, de mère en fille »[328]. Dans ce cas, le nœud de lecture autour de la nostalgie et de la quête identitaire, dérivant de la logique ancestrale ou héréditaire des premiers textes, se replace au cœur du débat. La relation intense du narrateur avec le milieu africain (Maliennes, Congolaises et autres) et l'adoption des filles de ses amies mortes à Rome, dans le cadre d'une fondation d'aide aux plus fragiles de la société africaine, situent Mira dans la perspective d'une africanité retrouvée, d'une africanité qui encourage la solidarité et « l'élan du cœur ».

Maurice Bandaman restitue alors une identité qui s'inspire des valeurs anciennes. Calquée sur les limites de la nation, celle-ci prospère sur un imaginaire qui, répudiant la culture hybride, métissée, voire hétérogène, se resserre autour de la rigidité culturelle. L'on aboutit à une identité « pure »,

---

[327] Amin Maalouf, *Les identités meurtrières*, Paris, Grasset et Fasquelles, 1998.

[328] Adama Coulibaly, « D'un Sujet… postmoderne dans le roman africain postcolonial ? Aspect d'un débat », *Loc. Cit.*, p. 219.

une identité qui entre en conflit avec « l'incrédulité à l'égard de métarécits » de Jean-François Lyotard[329]. Une telle démarche rame forcément contre les grandes tendances scripturaires du moment, vu que ces dernières s'affinent dans la mobilité, le transit, le simulacre…

En substance, avec le roman migrant, notamment avec *Le Ventre…*, on quitte la conception traditionnelle de l'identité où le critère de race et de lieu est normatif pour entrer dans une dynamique plus importante de relations transculturelles, pour donner droit au commerce, au mouvement, au transfert, à la flexibilité… à *l'ethnoscopie* identitaire. Une telle démarche incline à lire ou à relire le Sujet sous le modèle analytique du double… soi, fondement de l'hybridité ou du *rhizomatique*. Là, se légitime peut-être l'un des balbutiements ou des balancements de l'écriture migrante proche du postmodernisme : les auteurs lisent un nouveau Sujet en formation, un Sujet élastique, diffracté, semblable à une boîte chinoise où « le grand objet-masse recèle des petits objets-groupes qui se diffractent à l'infini »[330]. Il existe donc une légitimité de fait de la délégitimation inscrite dans le refus d'une identité collective, indélébile, étanche et immuable… Une telle lecture bute sur l'inscription de *Le Paradis…* dans le giron de l'écriture migrante, en ce sens que les configurations discursives et narratives, qui le traversent, ont un fondement stable et essentialiste.

---

[329]Jean-François Lyotard, *La Condition postmoderne*, Paris, Les Éditions de Minuit, coll. « Critiques », 1979.

[330] Michel Maffesoli, *Le Temps des tribus*, Paris, La table ronde, 1988/ 2000, p. 136.

Conclusion

Les nouvelles configurations sociales liées à la migration des hommes et de leur imaginaire rouvrent le débat sur les lignes analytiques de l'écriture migrante. Une lecture théorique de la question permet de comprendre que les critères de l'origine sociale de l'auteur et de la thématique de l'immigration ne favorisent pas une meilleure saisie des orientations variées et complexes de la littérature francophone. La démarche s'est alors déplacée vers la perspective scripturaire ou représentative pour lire les textes migrants. La bipolarité déictique de l'Ici et de l'Ailleurs, l'entre-deux, le double soi, la transculture, l'identité mouvante… représentent les mots clés de cette catégorie littéraire. De telles modèles analytiques, plus opératoires, ouvrent un fossé entre Le *Ventre…* de Fatou Diome et *Le Paradis…* de Maurice Bandaman.

Le premier peut être décrit comme un texte de l'écriture migrante. Ici, le Sujet est en mouvement, non pas dans le sens de « l'antique sécularité familiale », « de la recherche prométhéenne du savoir pour venir développer le pays natal »[331], mais il s'inscrit bien dans la perspective d'une dynamique migratoire plus importante entre l'Afrique et l'Occident. Cette nouvelle tension incline à invalider la traditionnelle identité-racine où le critère de race et de lieu d'origine est essentialisé, pour donner droit au commerce, au transfert, à la flexibilité… à l'ethnoscopie identitaire. En revanche, le second roman, en trouvant ses biens dans le fixisme, l'ethnique et les valeurs anciennes, est bien loin de tenir le paradigme de l'écriture migrante. C'est une écriture qui replonge dans le cheminement des premiers auteurs africains.

[331]Adama Coulibaly, *Loc. Cit.,* p. 221.

Bibliographie

AAS-ROUXPARIS, Nicole, « Passages d'Émile Ollivier : dérive et diversité », *Québec studies*, n°15, 1992/93, pp. 31-39.

APPADURAI, Arjun, *Après le colonialisme. Les conséquences culturelles de la globalisation*, Paris, Payot, 1996, 2001.

BANDAMAN, Maurice, *Le Paradis français*, Abidjan, CEDA/ NEI, 2008.

BERROUET-ORIOL, Robert, « l'effet d'exil », *Vice Versa*, n°17 (décembre-janvier), 1986-1987, pp. 20-21.

BERROUET-ORIOL, Robert, FOURNIER, Robert, « L'émergence des écritures migrantes et métisses au Québec », *Québec Studies*, n°14 (printemps-été), pp. 7-22.

CAZENAVE, Odile, *Afrique sur Seine. Une nouvelle génération de romanciers africains à Paris*, Paris, L'Harmattan, 2003.

CECCON, Jérôme, « Les écritures migrantes au Québec », www.africultures.com/php/?nav=article&no=3508. Publié le 9 septembre 2004.

COULIBALY, Adama, « D'un Sujet... postmoderne dans le roman africain postcolonial ? Aspects d'un débat », *Le Postmodernisme dans le roman africain. Formes, enjeux et perspectives*, Paris, L'Harmattan, 2011, pp. 205-250.

COULIBALY, Adama, « Ethnoscape et écriture migrante : vers une réévaluation du paradigme identitaire dans *Pelourinho* de Tierno Monénembo ? », *French Studies in Southern Africa*, N°39, 2009, pp. 1-24.

DELEUZE, Gilles, GUATTARI, Félix, *Capitalisme et schizophrénie 2. Mille plateaux,* Paris, Minuit, 1980.

DIOME, Fatou, *Le Ventre de l'Atlantique*, Paris, Éditions Anne Carrière, 2003.

DIOP, Papa Samba, « Le roman francophone subsaharien des années 2000. Les cadets de la post-indépendance », *Culture Sud, Notre Librairie*, N°166, Juillet-sept 2007, pp. 10-16.

HARELE, Simon, *Les Passages obligés de l'écriture migrante*, Montréal, XYZ, 2005.
KOKIS, Sergio, *Le Pavillon des miroirs*, Montréal, XYZ, coll. « Romanichels », 1994.
KOUROUMA, Ahmadou, *Quand on refuse on dit non*, Paris, Points, 2005.
KRISTEVA, Julia, *Étrangers à nous-mêmes*, Paris, Fayard, 1988.
LABELLE, Maude, « Les lieux de l'écriture migrante : territoire et langue dans *Les lettres chinoises* de Ying Chen », *Globe* : revue internationale d'études québécoises, vol. 10, n°1, 2007, pp. 37-51.
LYOTARD, Jean-François, *La Condition postmoderne*, Paris, Les Éditions de Minuit, coll. « Critiques », 1979.
MAALOUF, Amin, *Les identités meurtrières*, Paris, Grasset et Fasquelles, 1998.
MAMBENGA-YLAGOU, Frédéric, « Problématiques définitionnelles et esthétique de la littérature africaine francophone de l'immigration », CAUCE, *Revista internacional de filologia y su didactica*, n°26, 2006, pp. 273-293.
MAFFESOLI, Michel, *Le Temps des tribus*, Paris, La table ronde, 1988/ 2000.
MOISAN, Clément, *Écriture migrante et identité culturelle*, Québec, Nota bene, 2008.
NEPVEU, Pierre, *L'Écologie du réel,* Montréal, Boréal, 1988.
ORTIZ, Fernando, *Contrapunteo cubano del tabaco y azucar*, Barcelone, Éditions Ariel, 1973.
OUELLET, Pierre, « Les identités migrantes : la passion de l'autre », in : Turgeon, Laurier (Dir.), *Regards croisés sur le métissage*, Québec, Les Presses de l'Université Laval, 2002, pp. 39-57.
PATERSON, Janet, « Identité et altérité : littératures migrantes ou transnationales ? », *Interface,* Brasil/ Canadà, Rio Grande, 2008, pp. 87-101.

PHELPS, Anthony, « Variations sur deux mots Écriture migrante, Migration/ exil », Anne De Vaucher Gravili (dir.), *D'autres rêves. Les Écritures migrantes*, Venezia, Supernova, 2000, pp. 83-96.

PRUD'HOMME, Nathalie, *La Problématique identité collective et les littératures (im)migrantes au Québec*, Québec, Éditions Nota bene, 2002.

SOJCHER, Jacques, « Quelques mouvements de l'exil », *Marges et exils*, Bruxelles, Éditions Labor, 1987, pp.81-84.

TODOROV, Tzvetan, *Nous et les autres*, Paris, Éditions du Seuil, coll. « La couleur des idées », 1989.

URRY, John, *Sociologie des mobilités*, Paris, Armand Colin, 2005.

Lettres parisiennes : de l'exil à la migrance

Siham BOUAMER
Washington University in Saint Louis, MO

Dans *Lettres parisiennes : Histoires d'exil*, Leïla Sebbar partage la relation épistolaire qu'elle a entretenue avec Nancy Huston de mai 1983 à janvier 1985. Dans ses lettres, elle décrit les implications de son exil. Pourtant, à travers sa réflexion, la définition de l'exil s'éloigne. Les caractéristiques de sa situation, qui se dessinent au fil des lettres, éveillent en effet un doute quant au bon usage du terme « exil ». Cette étude examine *Lettres parisiennes* afin d'évaluer, chez l'écrivaine, la nature de la situation qu'elle identifie comme caractérisée par l'exil. Au fil de ses lettres, elle montre qu'une autre définition de l'exil serait plus appropriée. Cet ouvrage épistolaire ne serait plus le témoignage de ses histoires « d'exil » comme le titre le suggère, mais celui de sa « migrance ».

Partons d'une définition de l'exil pour mieux comprendre les implications de sa situation. L'exil est un éloignement forcé ou volontaire de son pays d'origine. Il est l'empêchement d'être là où l'on désire, là où l'on pourrait, ou voudrait être : c'est-à-dire loin d'un lieu, d'un moment, d'une langue ou encore d'une culture. Ces perspectives très générales n'offrent pas d'idées concrètes sur l'expérience personnelle que vit une personne exilée. Les épreuves vécues par les exilés peuvent, en effet, différer d'un sujet à un autre. Mourid Barghouti[332] souligne dans *J'ai vu Ramallah* qu'« il n'y a pas un exil, ce sont toujours des exils »[333]. Cet écrivain a

[332]Mourid Barghouti est un écrivain palestinien qui a été forcé de rester en Égypte après la Guerre des Six Jours. Son livre, *J'ai vu Ramallah,* a été écrit à la suite de son retour à Ramallah après 30 ans d'exil.
[333] Mourid Barghouti, *J'ai vu Ramallah*, Paris, l'Aube, 2004, p. 11.

bien cerné la complexité de l'exil qui est multiple et varié. S'il est difficile d'en donner une définition précise, on note, cependant, la présence de certaines caractéristiques communes chez plusieurs écrivains qui se sont penchés sur la question, notamment Edward Saïd et Hamid Naficy. La situation de Leïla Sebbar sera analysée à l'aune des éléments de l'exil mis en avant par ces deux auteurs.

Dans *Reflections on exile*, Edward Saïd s'appuie sur le fait que l'exil est involontaire : « exile is not, after all, a matter of choice: you are born into it, or it happens to you»[334]. Leïla Sebbar n'a pas choisi d'être en exil. Elle décrit dans *Lettres parisiennes* sa situation :

> Fille d'un père en exil dans la culture de l'Autre, du Colonisateur, loin de sa famille, en rupture de religion et de coutumes, fille d'une mère en exil géographique et culturel [...] j'ai *hérité,* je crois, de ce double exil parental une *disposition*[335] à l'exil. (p. 51)

Elle est née dans l'exil car son père et sa mère étaient en exil. Elle en a hérité comme d'une maladie génétique pour laquelle elle a une disposition. L'exilé doit assumer cet héritage, ce qui, par conséquent, le condamne à souffrir. Edward Saïd insiste d'ailleurs sur la « terrible expérience »[336] qu'est l'exil. Il est, selon Saïd, impossible d'en guérir car chaque fois que cette maladie semble s'éloigner, le sentiment de perte prend le dessus : « The achievements of the exile are permanently undermined by the loss of something left behind forever »[337]. Ce manque provoque la mélancolie, une tristesse dont on ne peut se détacher. Bien souvent, Sebbar mentionne cette même morosité de l'exil. Elle raconte, dans l'une de ses lettres,

---

334 Edward Saïd *Reflections on Exile and other essays*, Cambridge, Harvard University Press, 2000, p. 184.

335 Nous soulignons.

336 Ma traduction d'Edward Saïd, *Reflections on Exile and Other Essays*, Cambridge, Harvard University Press, 2000, p. 173.

337 *Idem*, p. 173.

sa rencontre avec une jeune berlinoise au café *Au Père tranquille*. Cette jeune femme vit un « exil [qui] est un exil heureux ». En effet, elle arrive à s'adapter à tous les pays où elle s'est retrouvée. Sebbar l'envie car son propre exil ne respire pas le bonheur. Elle déclare qu'il lui « donne un air triste ». (p. 112)

Dans *An Accented Cinema : Exilic and Diasporic Filmaking,* Hamid Naficy s'intéresse aux réalisateurs en exil. Il décrit la façon dont leurs films retracent leurs expériences d'exilés. Il souligne que la tristesse de l'exilé est due à une certaine ambiguïté présente dans la relation que l'exilé entretient avec ses ports d'attache[338]. L'ambivalence ressentie sous-entend souvent que l'expérience est douloureuse puisqu'elle est liée à un déchirement inévitable. Sebbar ressent bien cette tension. Elle déclare d'ailleurs : « J'étais ce que j'étais, c'est vrai, triste et un peu malheureuse, mais à cause de rien ni de personne, à cause de moi telle que je suis, déplacée, dans l'imposture, en somme, comme tu le dis si bien, toujours tendue » (p. 107). Sebbar utilise là un terme révélateur de la nature de son exil : l' « imposture », puisqu'elle se sent dans une situation qui ne lui correspond pas. D'où, sa volonté de sortir de ce leurre. Elle réussit même à s'en protéger: « J´ai l'impression que lorsque je ne me pensais pas dans l´exil, j´étais protégée » (p. 121). Elle a donc la capacité de dépasser cet exil par un processus de négation. Elle vit alors une situation privilégiée qui ne corrobore en rien la terrible expérience qu'analyse Edward Saïd. Sebbar souligne en effet que son exil à elle est un « exil doré » (p. 133). On comprend alors qu'elle ne se trouve pas dans la même situation que celle des exilés évoquée jusque-là. Pourtant, tout au long de la correspondance, Sebbar utilise le terme « exilée » pour se définir. Elle annonce, d'ailleurs, dès sa première lettre : « Voici pour moi, et sans que je l'aie cherché ni

---

[338]Hamid Naficy, *An Accented Cinema. Exilic and Diasporic Filmaking*, Princeton, UP, 2001, p. 12.

provoqué, comme de soi-même, le signe tangible, concret, matériellement voluptueux de l'exil» (p. 7). Elle désire affirmer son exil, certes, mais elle l'associe à une relation voluptueuse. L'on retient qu'elle a la capacité d'entretenir une relation positive et chaleureuse avec l'exil.

On peut s'interroger sur les facteurs qui permettent à Sebbar d'occuper une place privilégiée dans l'exil. Pour cela, rappelons-nous d'abord que la tristesse, déclenchée par l'exil, est engendrée par un sentiment de vide. Sebbar a bien quitté l'Algérie, cependant cette perte peut être relativisée dans le cas de l'écrivaine. Elle est des deux pays car son père est algérien et sa mère est française. De plus, elle décrit le petit village de sa mère en Dordogne comme ayant toujours été sa maison : « Je savais petite que la France, le pays de ma mère, était aussi le mien » (p. 38). Elle a bien conscience qu'elle n'est « pas immigrée [car elle vit] dans un pays qui est le pays de [sa] mère» (p. 133). Enfin, lorsqu'elle vivait en Algérie, le pays était encore « français »[339]. Par conséquent, elle n'a pas été complètement immergée dans la culture algérienne. Elle ne parlait pas l'arabe et ne pratiquait pas la religion musulmane puisque même son père en avait abandonné la pratique. Elle allait à l'école française où elle y parlait le français et apprenait les mêmes valeurs républicaines inculquées en métropole. Bien qu'elle ait quitté un pays, géographiquement, la culture qu'elle a trouvée en France ne lui était pas étrangère. En outre, aucun véritable ancrage dans la culture algérienne ne la rapprochait du pays d'où elle était partie. De ce fait, elle vit un exil paisible en France puisqu'il lui est possible de s'identifier à la culture de ce pays.

Dans son exil sur le territoire français, Leïla Sebbar connait des moments de joie. Pourtant, l'écrivaine a bien vécu la « terrible expérience » propre à l'exil défini par Edward Saïd.

---

[339] Elle y a vécu de 1941 à 1959.

Cette épreuve, elle l'a subie en Algérie. Le paradoxe est que Sebbar n'a quitté aucun territoire pour rejoindre l'Algérie[340]. Pour le montrer, il est nécessaire de compléter la définition de l'exil avancée jusqu'ici. Dans un premier temps, il importe de considérer la situation de l'exilé relativement à une première définition présentant l'exil comme « déplacement géographique ». Effectivement, dans la plupart des cas, on quitte un pays, une région, un continent, ou même une ville. Toutefois, il est possible de se sentir en exil sans quitter un territoire. Hamid Naficy distingue l'exil extérieur (géographique) et l'exil intérieur qui est engendré par des « restrictions, dépravations et la censure »[341]. En Algérie, Leïla Sebbar vivait un exil « intérieur ». Pour mieux comprendre cela, il faut reconsidérer l'exil comme un héritage[342]. Dans *Lettres parisiennes,* elle ne déclare pas avoir été en exil en Algérie. Pourtant, elle a vécu la même expérience que son père : « Mon père, emprisonné par la France dans son pays natal, a connu, je crois, le pire exil. L'exil dans l'école et la langue française, avec une femme française et des enfants nés dans l'Algérie coloniale ». (p. 82) Son père était en exil pendant la guerre d'indépendance en Algérie. Il s'était allié à la France car il était enseignant dans une école française et marié à une femme française. La communauté algérienne l'a rejeté suite à cette alliance. Sebbar, en héritant de l'exil paternel, a été elle-même, en marge d'une Algérie où elle ne trouvait pas sa place.

Il importe à présent d'aborder la question de l'écriture. Si dans son exil, la position tenue par Sebbar est justifiée, comparée à celle des exilés définis par Edward Saïd et Hamid

---

[340] Leïla Sebbar est née le 9 novembre 1941 à Aflou (Algérie) et y a vécu jusqu'à l'âge de 17 ans.

[341] Ma traduction de Hamid Naficy, *An Accented Cinema: Exilic and Diasporic Filmmaking*, Princeton UP, 2001, p. 11.

[342] Cf. à « j'ai hérité, je crois, de ce double exil parental une disposition à l'exil » (p. 51).

Naficy, cela signifie-t-il qu'elle acquiert de l'importance dans l'écriture ? Sa littérature de l'exil met-elle en avant ce privilège ? En premier lieu, on doit se demander ce que cela implique de parler de littérature de l'exil. Est-ce un type d'écriture traitant des conditions de cet état ? Est-ce une écriture relevant de groupes d'écrivains ayant connu l'exil ?

Pour Saïd, il s'agirait d'une « littérature par et à propos des exilés et qui symbolise l'ère des réfugiés »[343]. La recrudescence de ces êtres déplacés est ressentie dans des formes d'expression artistique. Hamid Naficy, pour sa part, met en lumière l'expression de l'exil dans le cinéma. Il explique la particularité de réalisateurs en exil. Les caractéristiques avancées par Naficy concernant les réalisateurs peuvent être appliquées à la littérature. Ainsi, le cinéma et la littérature de l'exil sont distingués par la symbolisation d'un désir de retour au pays d'origine. La réminiscence de la terre quittée doit être ressentie dans l'expression cinématographique et littéraire. La nostalgie éprouvée par les réalisateurs ou les écrivains les pousse à insister sur les éléments qui distinguent la culture du pays d'origine de celle du pays d'accueil. Les éléments récurrents rappelant la terre quittée envahissent ainsi l'œuvre[344].

Retrouve-t-on les spécificités qui caractérisent les formes d'expression artistique (cinématographique et, par déduction, littéraire) évoquées par Naficy dans *Lettres parisiennes* ? Ressent-on, dans ce roman épistolaire, l'expression d'une nostalgie pour la terre quittée ? À travers les idées qu'elle transmet sur l'exil, il n'y a jamais de manifestation d'un désir de retour en Algérie. Leïla Sebbar veut éviter toute mélancolie : elle explique qu' « en n'allant pas dans [s]on pays natal [elle] a […] évité un

---

343 Ma traduction d'Edward Saïd, *Reflections on Exile and Other Essays*, Cambridge, Harvard University Press, 2000, p. 174.
344Hamid, Naficy, *An Accented Cinema: Exilic and Diasporic Filmmaking*, Princeton UP, 2001, p. 12.

retour de nostalgie » (p. 85). Elle a même peur de ne jamais parvenir « à faire le deuil du pays natal » (p. 124-125). Contrairement aux réalisateurs en exil qu'Hamid Naficy mentionne, Leïla Sebbar n'introduit pas d'évocation nostalgique de l'Algérie dans ses œuvres. Dans *Lettres parisiennes*, elle veut, au contraire, affirmer le fait qu'elle se soit détachée de cette terre quittée sans culpabilité. Elle déclare :

> Mais désormais, je sais qu'il faut que je puisse dire, déclarer, affirmer sans ambiguïté, sans culpabilité, en me réservant le temps de développer les subtilités de cette positon particulière qui est la mienne : je suis française, de mère française et de père algérien. (p. 6)

Elle ne se sent pas coupable d'avoir quitté l'Algérie. Elle n'hésite pas à déclarer qu'elle est Française. Bien que les exilés auxquels Naficy fait référence vivent dans un pays autre que celui où ils sont nés, ils se définissent toujours comme des réalisateurs lithuaniens, iraniens, russes, palestiniens. Sebbar, pour sa part, ne se présente pas comme une écrivaine algérienne. Elle se dit « écrivaine d'expression française ». Elle se considère Française à part entière. Elle n'évoque pas ses origines algériennes. Ce dernier argument conforte le fait qu'elle n'éprouve aucune nostalgie, ne conserve aucune trace du pays d'origine, élément fondamental dans la création artistique de l'exil.

Pour toutes ces raisons, *Lettres parisiennes* ne peut être défini comme un texte de la littérature de l'exil même si, à première vue, il semble y correspondre. Le sous-titre de l'ouvrage, « Histoires d'exil », auto-catégorise, en effet, cette relation épistolaire en tant qu'œuvre de l'exil. Cependant, le sous-titre qui est proposé dans certaines éditions[345], où l'on ne parle pas d' « Histoires d'exil »

---

[345]L'édition de référence utilise « Histoires d'exil » alors que des éditions moins récentes (Barrault, 1999 ou J'ai lu, 1999) mentionnent « Autopsie de l'exil ».

mais de l' « Autopsie de l'exil », pousse à considérer l'exil dont il est question sous un autre angle. L'autopsie est littéralement le fait d'ouvrir un corps mort, celui de l'exil. Au sein de son écriture, Sebbar réussit à faire passer l'exil pour mort. Elle tente de le disséquer afin de découvrir de quoi il se compose. Il importe de cerner la structure de l'exil dans sa complexité, sa variété, ses subtilités et ses implications. Et pour Sebbar, la littérature doit être le lieu, par excellence, d'un tel exercice. L'écriture est, pour elle, en effet, « le seul lieu d'où [elle] puisse dire les contradictions, la division [car l'exil] est tellement complexe ». (p. 134) Elle a le pouvoir de ne plus être dans cette condition d'exil car elle a décidé de ne plus l'être. Elle ne veut plus y être rattachée dans le cadre d'une terrible expérience. Les mots lui permettent de l'assassiner et de prendre le contrôle de sa situation. Elle n'accepte pas cet état et veut réussir à en sortir.

Le cloisonnement dans lequel elle est contrainte n'est en rien défini dans un cadre géographique : il est délimité par la domination masculine. Les femmes ont une position particulière en exil. Sans même être opprimées entre deux pays, deux cultures, deux traditions, les femmes subissent déjà des pressions liées au genre. Marilyn Frye, dans son manifeste féministe « Oppression » compare la condition féminine à une cage d'oiseau où les mouvements sont restreints :

> Cages. Consider a birdcage. If you look very closely at just one wire in the cage, you cannot see the other wires [...]. It is perfectly obvious that the bird is surrounded by a network of systematically related barriers, no one of which would be the least hindrance to its flight, but which, by their relations to each other, are as confining as the solid walls of a dungeon[346].

Une femme en exil est entourée par tous ces barreaux dont le premier est d'ordre culturel. L'exilée est souvent

[346] Marilyn Frye, *The Politics of Reality*, Trumansburg, N.Y., Crossing Press, c1983, p. 4.

prise dans l'étau de deux cultures. Mais Sebbar a réussi à se débarrasser de cette contrainte : en appartenant à deux pays et en en ayant pleinement conscience, elle ne se retrouve pas emprisonnée dans cette ambigüité. Il est toujours possible pour elle de contourner cette difficulté en se forgeant une identité dans son exil. Elle ne veut plus avoir ce barreau dans cette cage puisqu'il n'est pas justifié dans son cas. Cependant, autour de cette barre, s'en dressent d'autres, rattachées au fait d'être femme. Une femme est contrainte par de nombreux autres facteurs : par exemple, être mère ou encore être épouse engendre de nombreuses pressions. Sebbar a bien conscience de ces barrières qui l'entourent. C'est d'ailleurs pour cette raison qu'elle désire s'échapper de toute attache domestique pour écrire : « J'aurais beau fermer la porte, m'enfermer, me coller à ma table, à ma chaise, leurs cris, leurs voix m'ancrent et m'enfoncent dans le quotidien domestique ». (p. 17) Dans son écriture, elle ne veut pas être une mère-écrivaine ou encore une épouse-écrivaine. Elle n'entend pas relier, à l'aide d'un trait d'union, son travail d'écrivain et d'autres rôles.

Le trait d'union qui s'installe entre le fait d'être écrivaine et mère, par exemple, peut être perçu comme une force. Il permet de connecter les deux parties. Hamid Naficy souligne que « the adoption of the hyphen is seen as a marker to resistance to the homogenization and hegemonization power of the American melting pot ideology»[347]. Il est vrai que ce trait d'union semble mettre en parallèle deux cultures. La question est de savoir si de telles terminologies sont possibles en France. Mais bien que l´utilisation du trait d'union semble résoudre un conflit entre les deux pôles, Naficy n'oublie pas de faire remarquer que « the hyphen has a number of negative

[347] Hamid Naficy, *An Accented Cinema: Exilic and Diasporic Filmmaking*, Princeton UP, 2001, p. 15.

connotations »[348]. Aux États-Unis, le terme en anglais permet d'accorder à ce procédé une connotation plus positive : « hyphen » vient du grec *hyphun* qui signifie « mettre ensemble ». Son sens insiste sur l'unité que cela crée. Cependant, en français un trait d'union ne semble pas avoir la même valeur. Le « trait » est toujours là pour séparer, mettre en opposition deux éléments. Ils ne sont pas ensemble mais sont reliés artificiellement. Quel est l´élément qui prédomine ? Quel est l´élément qui vient se rattacher à l'autre ? Pourquoi le « franco », dans « franco-algérienne », est-il en tête ? Ce trait d'union implique que l'un des deux éléments est subordonné au second. Dans son article « Une culture innommable ? », Alec Hargreaves fait remarquer :

> Mais si le trait d'union dans « franco-maghrébin» a l'avantage d'unir des champs culturels qui ont été trop longtemps artificiellement séparés, ce concept n'est pas pour autant sans inconvénients. Certains artistes se méfient de toute désignation qui pourrait impliquer leur récupération par un état français auquel ils ne pardonneront jamais d´avoir imposé le joug colonial au pays de leurs ancêtres[349].

Le trait d'union marquerait la subordination coloniale lorsqu'il est utilisé pour adjoindre les deux pays. Dans le cas d'une expression comme mère-écrivaine, il rappelle la domination masculine. Elle est toujours contrainte de se définir par rapport à l'homme car elle est toujours rattachée à des rôles dans lesquels il est implique : la mère des enfants, la compagne de l'homme. De plus, en étant définie par deux éléments, elle ne peut se consacrer pleinement à l'un des deux. Sebbar explique qu'autour de ses enfants elle ne peut pas écrire. Le rôle de la mère,

---

[348] Hamid Naficy, *An Accented Cinema: Exilic and Diasporic Filmmaking*, Princeton UP, 2001, p. 16.

[349]Alec Hargreaves, « Une culture innommable? », Hafid Gafaïti (ed.), *Cultures transnationales de France : Des « Beurs » aux*....pp. 27-36, Paris, Hachette, 2001, p. 34.

rattaché au rôle d'écrivain, inhibe sa création artistique. Tenter de rattacher la femme à ses différentes identités avec un trait d'union, ne lui permet pas d'être efficace dans tous les rôles puisque le trait l'empêche d'appartenir complètement à l'une des deux polarités. Un seul trait d'union ne saurait définir la femme en exil. De nombreux traits d'union sont nécessaires pour la rattacher à tous ses rôles. La succession de traits d'union rappelle les barreaux de la cage d'oiseau évoquée par Marilyn Frye.

La domination masculine se retrouve dans l'essence même de l'étymologie des mots utilisés pour parler d'exil. Un exilé quitte une terre et va vivre dans un pays d'accueil. En français, il quitte sa patrie pour rejoindre une autre patrie. Cependant, en anglais deux termes sont utilisés pour faire référence à ces deux pays. L'exilé quitte une terre, « motherland » pour arriver dans un « fatherland ». Le terme « motherland » fait référence à l'endroit où une personne est née. Dans l'analyse de ces terminologies, on retrouve, encore une fois, le rappel de la subordination des colonies. Cependant, la domination n'est pas seulement une question d'origine, elle est aussi une question de sexe. Les femmes en exil se retrouvent non seulement dans une situation qui rappelle le joug colonial mais aussi, métaphoriquement, sous une influence patriarcale qui les met en position inférieure. Quelle est la place d'une femme dans cet exil ? A-t-elle son mot à dire ? Dans son essai *Can the subaltern speak?* Gayatri Spivak souligne que « the subaltern has no history and cannot speak, the subaltern as a female is even more deeply in shadow »[350].

Leïla Sebbar parle pourtant dans ses lettres. L'exil ou, plus exactement, ce qu'elle a réussi à en faire, lui permet de sortir de l'ombre. Il est, en effet, possible de transformer cet exil, comme Saïd le croit: « But if true exile is a condition of terminal loss,

[350] Gayatri Spivak, « Can the Subaltern Speak? » in Nelson, C. & Grossberg, *Marxism and the interpretation of culture,* Urbana, University of Illinois Press, c1988, p. 83.

why has it been transformed so easily into a potent, even enriching, motif of modern culture? ». Sebbar a bien pris conscience de sa situation et peut transformer son expérience en un élément positif :

> C'est ma conscience de l'exil qui m'a fait comprendre et vivre la division, dans le mouvement des femmes en particulier, où j'ai su que je suis *une femme* dans l'exil, c'est-à-dire toujours à la lisière, frontalière, en positon de franc-tireur, à l'écart, au bord toujours, d'un côté et de l'autre, en déséquilibre permanent. (p. 28)

Elle est en déséquilibre permanent mais elle se décrit comme « franc-tireur ». Elle a donc le pouvoir d'agir et d'utiliser sa féminité comme une force. Les femmes ne sont plus des victimes. Selon Sebbar, elles possèdent le pouvoir de l'exil. Elle mentionne plusieurs fois ces femmes célèbres en exil, « des femmes excentriques, en marge, rebelles, guerrières ou aventurières, en exil de leur sexe, de leur milieu social, de leur terre natale, de leur religion » (p. 63). Ces femmes sont confortables dans leur exil car « ce sont les femmes qui ont d'abord incarné l'exotisme [et] la possibilité de vivre ailleurs » (p. 57) et que cela durera tant que dure « l'histoire des femmes » (p. 40). Sebbar prend position et s' «engage sur [les] exils féminins » (p. 40). C'est bien dans une optique féministe qu'elle profite de sa condition afin de se protéger de l'exil et de le transformer en une énergie positive :

> Je m'aperçois que je continue à monter et à consolider des défenses lorsque je suis dans l'artifice de l'écriture, je me protège de l'exil, de mon déséquilibre à la frontière des deux codes incertains, le commentaire et la fiction. Et pour moi, la fiction c'est la suture qui masque la blessure, l'écart entre les deux rives. (p. 147)

L'exil qui semble d'abord être un frein à la production est transformé en une entreprise créatrice. La production littéraire de Sebbar n'est pas contrainte par la condition terminale de l'exil. Elle la place au contraire dans le pouvoir de « la mobilité de l'exil ». (p. 147) Dans le cas de

Sebbar, peut-on encore parler d'exil, vu la fécondité et le dynamisme que lui procure sa situation ?

Il y a lieu, en effet, de remettre en question l'appartenance de *Lettres parisiennes* à la catégorie des textes de l'exil. Des précisions terminologiques sont alors nécessaires si l'on veut ranger « correctement » l'œuvre de Sebbar.

Si *migrance* et *exil* sont généralement pris pour synonymes, il existe cependant, entre eux, une distinction qu'il convient de rétablir. Dans son article « From Literature of Exile to Migrant Literature », Carine Mardorossian souligne que « The shift from exile to migrant challenges the binary logic by emphasizing movement, rootlessness, and the mixing of cultures, races, and language»[351].

L'exil met donc en avant l'opposition entre le pays d'origine et le pays d'accueil. La migrance, en revanche, se veut dynamique. En d'autres termes, l'écriture du migrant est un processus qui permet d'aboutir à une certaine réconciliation permettant d'effacer la dualité entre le pays d'origine et le pays d'accueil. De là, il est possible de réexaminer *Lettres parisiennes* comme un texte de littérature migrante.

Le migrant réussit à sortir du schéma binaire. À la différence de l'exilé, il se développe dans un brassage culturel. Son identité n'est pas caractérisée par la dualité créée par les deux pôles alors que chez l'exilé, persiste la dichotomie entre le pays et la culture d'origine et le pays et la culture d'accueil.

Dans *Les lieux de la culture*, Homi Bhabha invite à reconsidérer la culture sous une autre perspective que celle imposée par les dominances culturelles, politiques et économiques. Il propose de rejeter les dualismes créés par la

[351] Carine Mardorossian, « From Literature of Exile to Migrant Literature », *Modern Language Studies*, 32, 2, 2002, p. 16.

« polarité antihistorique de l'Orient et de l'Occident ». [352]. Il est nécessaire, selon lui, de construire un espace hybride et d'opter pour « une distance épistémologique »[353]. Bhabba soutient que « le langage de la critique est efficace, non pas parce qu'il sépare les termes du maître et de l'esclavage mais parce qu'il dépasse ces fondements de l'opposition et ouvre un espace de traduction : un lieu d'hybridité »[354]. Celui-ci doit être le produit d'un entrelacement de différentes cultures qui se nourrissent les unes les autres en rejetant toute hiérarchie. Cet espace crée ainsi une dynamique de l'écriture. Mais pour y arriver, il est nécessaire de reconsidérer les composantes d'une identité où il existe plusieurs « soi ». La démarche consiste à présent à analyser la façon dont les différentes facettes de l'identité du migrant fonctionnent afin de mieux la replacer dans la dynamique de l'écriture.

Sans repère concret, il est difficile d'atteindre un sentiment d'intégralité. Sebbar vagabonde également car elle met un point d'honneur à écrire dans des endroits divers : les gares, les aéroports, les cafés. Ce thème de l'errance est récurrent dans son œuvre. D'ailleurs, une de ses nouvelles porte un nom révélateur de ce motif.[355] L'exilé semble devoir toujours errer afin de tenter de retrouver les mille morceaux éparpillés de son identité. Sebbar ressent une sensation de multiplicité. On comprend, dès lors, son sentiment grâce au parallèle qu'elle établit entre son identité et son sac à main. Tout deux sont composés de plusieurs éléments différents. Notons que dans celui-ci elle n'a pas de « carte d'identité » (p. 8). Elle n'est donc pas définie dans l'espace restreint d'une carte d'identité qui ne lui permet que d'évoluer dans un espace réduit. Pourtant, elle y possède un passeport qui lui accorde le droit

---

[352] Homi Bhabha, *Les Lieux de la culture. Une théorie postcoloniale*. Paris, Payot, 1994, p. 56.
[353] *Idem*, p. 62.
[354] *Idem*, p. 64.
[355] Sebbar, Leïla. *Le Vagabond* (nouvelle), Bleu autour, 2007.

de vagabonder aux différentes « adresses éparpillées » (p. 9) où elle peut regrouper ses différentes identités dans un processus de « formation libératoire » ; expression de Homi Bhabha permettant de décrire le processus du regroupement des identités dispersées, nécessaire pour lutter contre l'hégémonie des groupes majoritaires. Ces identités se remettent en question les unes les autres créant ainsi un dynamisme identitaire, étant donné qu'une identité n'est pas stable. Cela suppose qu'afin de comprendre l'identité d'un exilé, il convient, non pas de chercher un élément stable, mais de considérer cette identité comme une entité en constant mouvement. Andreea Ritivoi décrit, d'ailleurs, la spécificité de l'identité dans son ouvrage *Yesterday's self, Nostalgia and the Immigrant identity :*

> In Latin two terms stand for the idea of identity, although they are not perfectly synonyms: idem, the first term signifies identity as something permanent in time, while ipse tolerate change, degrees and variations, and thus includes difference and otherness.[356]

L'exil provoque une coupure avec cette idée de « *idem* » puisqu' il est souvent relié avec le pays d'origine. Dans la migrance le « *ipse* » prend le dessus et devient l'élément indispensable à une identité hybride. Le soi est donc mobile.

Afin de pouvoir se détacher de ces différentes identités, Sebbar tente d'échapper au rattachement à un contexte : celui d'être algérienne, française, femme, mère. Pour cette raison, elle préfère écrire dans les « lieux publics, anonymes où les codes en vigueur ne [l]'angoissent pas comme ceux des lieux mondains parisiens où [elle] [s]'ennuie. ». (p. 9) Pour Sebbar, « ce sont les lieux publics qui incarnent et maintiennent en vie [...] l'exil ». Elle valorise « les gares, les ports, les aéroports, ces lieux de passages, où [elle] peu[t] comme dans une brasserie

---

[356] Andreea Rivioti, *Yesterday's self, Nostalgia and the Immigrant identity, Lanham*, MD, Oxford, Rowman & Littlefiled, c 2002, p. 44.

rester des heures sans projet, sans avoir à partir ou à revenir » (p. 9). Ses sites sont similaires aux non-lieux que Marc Augé définit comme des « espace[s] qui ne peu[vent] se définir ni comme identitaire, ni comme relationnel, ni comme historique » [357]. Ils lui permettent d'échapper aux champs familiers qui évoquent trop les obligations auxquelles elle est attachée. Par exemple, il lui est impossible d'écrire chez elle car l'environnement lui rappelle ses obligations domestiques. Elle multiplie également les supports sur lesquels elle écrit afin de créer une infinité d'espaces dynamiques dans lesquels son écriture peut se développer: elle se sert des serviettes en papier, des billets de train.

Pourtant, il y a une ambiguïté dans le discours de Sebbar. Des éléments suggèrent que le discours que l'écrivaine tient sur son hybridité n'est guère convaincant. En effet, la redéfinition de l'autorité culturelle qui est nécessaire, selon Homi Bhabba, n'est pas accomplie car il y a comme un rejet de la culture d'origine. Le théoricien précise qu'afin « de concevoir l'articulation d'éléments antagoniques ou contradictoires » (l'Algérie et la France dans le cas de Sebbar), il est nécessaire de parler de « négociation plutôt que de négation »[358] . Il ne faut pas rejeter l'un des deux partis mais trouver des compromis dans la différence culturelle.

Cependant, la négation de l'Algérie se ressent à travers les lettres de l'écrivaine. À première vue, un soupçon d'amertume dans la voix de l'écrivaine laisse penser qu'elle établit une certaine hiérarchie culturelle valorisant la culture française. De plus, se dégage un certain mal-être lorsqu'il est question du pays d'origine. L'impression

---

[357] Marc Augé, *Non-lieux, introduction à une anthropologie de la surmodernité*, La Librairie du XXe siècle, Paris, Seuil, 1992, p. 100.

[358] Homi Bhabha, *Les Lieux de la culture, Une théorie postcoloniale*, Paris, Payot, 1994, p. 64.

d'oppression est frappante dans le discours de Leïla Sebbar. Elle décrit l'Algérie comme « un monde qu' [elle] haïssait » et duquel elle s'excluait car « il [l]'excluait aussi » (p. 50). Ce sentiment d'exclusion a dominé son enfance. Elle rapporte ce rêve où de nouveau elle « entre dans la classe, toutes les places sont occupées, . . . [et elle se] retrouve au fond, en retrait, exclue… ». (p. 51)

L'exemple le plus marquant du rejet de l'Algérie est celui de la langue arabe. Sebbar considère que « [son] exil à elle est le fait de ne pas parler la langue de [son] père et tout ce qui va avec» (p. 159). Elle confesse : « Le jour où je déciderai d'apprendre à lire, écrire et parler l'arabe, j'irai mal… » (p. 159). De plus, elle exclut toute possibilité d'apprendre cette langue : « J'aurais pu, après le lycée, apprendre l'arabe. Je ne l'ai pas fait, je ne le ferai pas » (p. 159). Elle dévoile un rejet définitif de cette langue. Elle revient sur le reproche que lui fait la communauté maghrébine d'écrire sur les Arabes sans pouvoir parler la langue. Elle prétend ne pas être « écrivain maghrébin d'expression française » ni « française de souche ». S'il est possible de juger le reniement de la langue arabe par cette femme, il convient également de considérer que ce malaise linguistique révèle plus qu'un simple mépris pour le pays d'origine. En rejetant toute attache avec sa terre natale à travers la langue, l'auteure se défait de la pesanteur du fixisme pour s'investir dans l'hybridité culturelle : l'écriture. Le français n'est alors plus le signe d'appartenance à une culture mais le moyen impartial de dévoiler ses idées.

Dès la première lettre du recueil, Sebbar explique la raison de son initiative : « Voici pour moi, et sans que je l'aie cherché ni provoqué, comme de soi-même, le signe tangible, concret, matériellement voluptueux de l'exil » (p. 7). Elle recherche un espace libre où il lui est possible de donner forme à son exil et de l'exprimer sans avoir à être rattachée à un contexte. Ce lieu, Bhabha l'a défini comme « l'espace neutre et irréel de la tierce personne »[359] où il est possible de conserver « une distance épistémologique »[360]. La correspondance est un moyen pour Sebbar de créer un espace d'énonciation neutre : elle forme un tiers-espace qui renie toute hiérarchie. Elle tente de se créer un espace d'expression où elle n'aura à se définir que comme écrivaine, libre de toute affiliation à un pays. Être algérienne, française, américaine, canadienne n'a plus d'importance car l'écriture lui confère un refuge en l'accueillant dans un pays d'adoption littéraire : « Que me reste-t-il ? Aussi, comment, où me situer ? Et toi ? Il me semble parfois que ma seule terre c'est l'écriture, l'école, le livre....une terre bien abstraite » (p. 131). Sebbar avait déjà créé un tiers-espace à l'époque de sa participation au journal *Histoire d'elles*[361]. Cet espace ouvert d'expression était pour elle une « mère patrie si bienveillante » (p. 136). Sa fierté était « non militante, non militaire, avec un patriotisme sans drapeaux, sans uniformes et sans médailles » (p. 136). Leïla Sebbar décrit l'expérience extraordinaire qu'elle a vécue grâce à l'hybridité d'*Histoires d'elles* :

> C'est ce métissage des pays, des cultures, des corps, des vêtements, des accents, des voix, des gestes qui m'a attachée et je ne l'ai pas retrouvé ailleurs, sauf dans un imaginaire relié de loin au réel, dans des textes de fiction où je mets ce qui secrètement m'importe le plus. (p. 95)

---

[359] Homi Bhabha, *Les Lieux de la culture, Une théorie postcoloniale*, *Op. Cit*, p. 62.

[360] *Ibidem*.

[361] Elle fonde avec des femmes journalistes, photographes, maquettistes, étudiantes, dessinatrices, enseignantes… le journal *Histoires d'Elles*, journal de femmes, artisanal et indépendant, qui cherche à se démarquer de la presse magazine féminine traditionnelle. L'aventure durera trois années (1976-1979-80).

La fiction est sa seule échappatoire, le seul compromis qu'elle a trouvé : « C'est dans la fiction que je me sens sujet libre (de père, de mère, de clan, de dogmes) et forte de la charge de l'exil. C'est là seulement là que je me rassemble corps et âme et que je fais le pont entre les deux rives, en amont et en aval... » (p. 148). Ainsi elle décrit l'écriture comme une libération qui l'éloigne d'un lieu où elle se sent étouffée et où il lui est possible de rejoindre les deux mondes qui font partie de son identité.

Tout au long du roman, Leïla Sebbar se définit comme exilée. Cependant, la réconciliation qu'elle réussit à atteindre grâce à l'écriture conforte dans la lecture de *Lettres parisiennes* comme texte de la littérature migrante. S'il est tentant d'opposer littérature de l'exil et littérature migrante, il faut observer que les deux termes ne se contredisent pas forcément. La migration, dans ce sens, serait la continuation de l'exil. Julia Kristeva décrit l'écriture de l'exil comme un « brouillon » esquissant « le passage de l'expérience au texte » qui n'est ni « origine ni accomplissement »[362]. Ce type de littérature permettrait aux exilés d'extérioriser leurs pensées. Kristeva précise, cependant, que cela n'est ni un point de départ, surtout ni un achèvement à la condition de l'exilé. La littérature migrante serait donc l'expression d'une étape succédant à la littérature de l'exil qui n'était que la première ébauche dans la quête d'identité d'êtres déchirés entre deux cultures. Est-ce que cette phase est l'ultime accomplissement ou attend-on de l'écrivain de poursuivre sa quête dans la réconciliation ?

Sebbar tente d'échapper à un état de crise grâce à *Lettres parisiennes*. Ce recueil de lettres serait alors, comme le définit Michel Foucault, une forme d'hétérotopies de crise qu'il conçoit comme « des lieux privilégiés, ou sacrés, ou interdits, réservés aux individus qui se trouvent, par rapport à la société,

---

[362]Julia Kristeva, « Brouillon d'inconscient ou l'inconscient brouillé », *Genesis*, 1995, p. 23.

et au milieu humain à l'intérieur duquel ils vivent, en état de crise »[363]. Foucault n'exclut aucune forme d'hétérotopies car il conçoit que « les hétérotopies prennent évidemment des formes qui sont très variées, et peut-être ne trouverait-on pas une seule forme d'hétérotopie qui soit absolument universelle »[364].

Lettres parisiennes entre tout à fait dans cette définition de l'hétérotopie. Sebbar, en se créant son tiers-espace, se constitue son utopie qui est matérialisée par l'écriture de ce livre. L'hétérotopie facilite l'hybridité d'un tiers-espace car « l'hétérotopie a le pouvoir de juxtaposer en un seul lieu réel plusieurs espaces, plusieurs emplacements qui sont en eux-mêmes incompatibles »[365]. Le texte épistolaire de Leïla Sebbar associe, dans l'espace littéraire, différents mondes qui paraissent, à première vue, inconciliables : ses deux cultures respectives, sa vie de femme, de mère et d'épouse. Leïla Sebbar fait découvrir, à travers les lettres, sa position dans un espace culturel hybride où l'opposition entre le pays d'origine et le pays d'accueil est amoindrie. Grâce à l'écriture, elle a pu créer un tiers-espace où l'attache à une culture n'a plus d'importance. La société requiert souvent qu'un individu se définisse comme membre d'un groupe précis. Sebbar refuse de construire son identité en relation à une seule appartenance. Elle réussit à quitter l'état de crise que la société crée en lui imposant de s'affirmer dans un espace restreint. L'écriture la fait entrer dans l'hétérotopie.

Foucault observe que les hétérotopies sont soumises à un code qui restreint leurs accès : « Les hétérotopies supposent toujours un système d'ouverture et de fermeture qui, à la fois,

---

363 Michel Foucault, *Des espaces autres*, Conférence au Cercle d'études architecturales, 14 mars 1967. Écrits octobre, 1984, p. 47.

364 *Idem*, p. 48.

365 Michel Foucault, *Des espaces autres, Op. Cit.*, p. 48.

les isole et les rend pénétrables »[366]. Il précise toutefois qu' « il y en a d'autres, au contraire, qui ont l'air de pures et simples ouvertures, mais qui, en général, cachent de curieuses exclusions »[367]. Afin de comprendre les caractéristiques mises en avant par Foucault, il faut se référer aux lieux de culte, formes d'hétérotopie. Tout le monde peut physiquement entrer dans une mosquée, une église ou une synagogue. Les portes sont toujours ouvertes. Cependant, il existe certaines règles, propres à ces lieux qu'il faut respecter. Si elles ne sont pas observées, toute personne, même physiquement présente, en sera exclue. Si une personne ne respecte pas la coutume, elle en sera rejetée car elle ne pourra pas participer à la prière. Elle passera à côté de l'expérience spirituelle. En choisissant d'offrir ce recueil de lettres à la sphère publique, Sebbar donne l'impression que cet espace est ouvert à toute personne. Pourtant, si le lecteur, en « entrant » dans cette hétérotopie, ne prend pas en considération son hybridité constitutive, il en sera exclu car il n'aura pas cerné la complexité du texte et ne profitera pas d'une expérience quasi mystique.

Leïla Sebbar, à travers *Lettres parisiennes*, s'est créé un lieu de culte. Elle déclare d'ailleurs que « ce qui [lui] tient lieu d'église maintenant, [c'est] l'écriture » (p. 58). L'écriture devient un temple religieux. La métaphore religieuse permet de décrire l'expérience de l'écrivaine. Dans toute religion, la prière doit être un moment privilégié. Pendant le rituel, le croyant se détache spirituellement du monde qui l'entoure afin de vivre une véritable connexion avec Dieu. Cette expérience est bien le propre d'une hétérotopie. Michel Foucault insiste, en effet, sur le fait que « l'hétérotopie se met à fonctionner à plein lorsque les hommes se trouvent dans une sorte de rupture absolue avec leur temps traditionnel »[368]. Lorsque

---

[366]Michel Foucault, *Des espaces autres, Op. Cit.*, p. 48.
[367]*Idem*, p. 49.
[368]*Idem*, p. 48.

Sebbar écrit les lettres, elle fait métaphoriquement ses prières. Pour cela, elle s'éloigne de tout espace-temps. Dans son hétérotopie, elle rompt avec tout ce qui l'entoure et atteint un espace sacré[369], représentant un autre univers. Elle rompt avec le monde où elle évolue physiquement chaque jour, pour rejoindre l' « au-delà » dans le sens où l'entend Homi Bhabha.

Selon le théoricien, il est inévitable, en études culturelles, de parler de l' « au-delà » :

> C'est le trope de notre temps que de situer la question de la culture dans le domaine de l'au-delà [...]. Notre existence est marquée aujourd'hui par un sentiment obscur de la *survie, une vie aux lisières du « présent »* pour laquelle nous semblons n'avoir pas d'autre nom que *l'astuce* aussi classique que controversée *du préfixe « post »* : postmodernisme, post-colonialisme, post-féminisme. (p. 29)

Il y a un sentiment d'insécurité bien contemporain qui pousse à se demander ce qu'il adviendra. La *survie* est relative à l'obsession engendrée par une instabilité, « une vie aux lisières du présent ». Sommes-nous menacés de mort ? Mais survivre n'implique pas seulement le fait d'avoir échappé à la mort. Il met également en avant le fait de résister, de persister. Leïla Sebbar a résisté à son exil. Par le biais de l'écriture, elle a réussi à trouver *une astuce*, en d'autres termes, une stratégie lui ayant permis de persister, et d'affirmer son identité d'écrivaine. Elle n'a pas cédé à la peur de l'exil. En ce sens, il est possible de rajouter l'expression « post-exil » à la liste de termes « astucieux » présentée par Bhabha.

Selon Homi Bhabha, l'« au-delà » est désigné dans le langage théorique par le suffixe «post» car «aller au-delà

[369]Michel Foucault, *Des espaces autres, Op. Cit.*, p. 47. Michel Foucault décrit les hétérotopies comme des espaces sacrés : « hétérotopies de crise, c'est-à-dire qu'il y a des lieux privilégiés, *ou sacrés*, ou interdits, réservés aux individus qui se trouvent, par rapport à la société, et au milieu humain à l'intérieur duquel ils vivent, *en état de crise* »

[c'est] transformer le présent en « post » » (p. 53). Il explique le rôle des termes formés avec ce préfixe :

> Si le jargon de notre temps – postmodernité, postcolonialisme, postféminisme – a une quelconque signification, elle [la signification] ne tient pas à l'usage courant du « post » pour indiquer la séquentialité (l'après-féminisme) ou la polarité (antimodernisme). Ces termes qui désignent l'au-delà avec tant d'insistance, ne peuvent incarner son infatigable *énergie révisionnaire* que s'ils font du présent *un site élargi et ex-centrique d'expérience et de prise de pouvoir*. (p. 34)

Dans son post-exil, Sebbar ne donne pas suite à l'exil (après-exil) et ne vient pas s'opposer à l'exil (anti-exil). Au contraire, elle veut le réviser et le transformer en un espace « élargi et ex-centrique d'expérience et de prise de pouvoir » pour reprendre les termes de Bhabha. Le post-exil ne fait pas simplement figure de coupure, de délimitation entre l'exil et ce qui suit. L'état post-exilique favorise la création car « la frontière [marquée par le préfixe « post »] devient l'endroit à partir duquel quelque chose commence à être »[370]. Dans le cas de Sebbar, ce qui a commencé est la création littéraire. Dans cet espace littéraire, l'écrivaine présente sa situation : elle rend compte des difficultés qu'elle a connues dans son exil et de la façon dont elle a réussi à les surmonter. Après ces épreuves qu'elle a pu surmonter grâce à son hybridité, à la réconciliation de ses différentes identités au sein de l'écriture, elle s'est retrouvée en position de force.

---

[370]Homi Bhabha, *Les Lieux de la culture. Une théorie postcoloniale*, Paris, Payot, 1994, p. 35.

Bibliographie

BARGHOUTHI, Mourid, *J'ai vu Ramallah*, Paris, l'Aube, 2004.

BHABHA, Homi, *Les Lieux de la culture. Une théorie postcoloniale*, Paris, Payot, 1994.

FOUCAULT, Michel, *Des espaces autres*, Conférence au Cercle d'études architecturales, 14 mars 1967, octobre, 1984, pp. 46-49.

FRYE, Marilyn, *The Politics of reality*, Trumansburg, N.Y., Crossing Press, 1983.

GAFAITI, Hamid, *Cultures transnationales de France*, Des « Beurs », Paris, Hachette, 2001, pp. 27-36.

HARGREAVES, Alec, « Une culture innommable? », in Hafid Gafaïti (ed.), *Cultures transnationales de France :Des « Beurs »,* Paris, Hachette, 2001, p. 27-36.

KRISTEVA, Julia, « Brouillon d'inconscient ou l'inconscient brouillé », *Genesis,* 1995, pp. 23-25.

MARDOROSSIAN, M. Carine, « From Literature of Exile to Migrant Literature », *Modern Language Studies*, 32, 2, 2002, pp. 15-33.

NAFICY, Hamid, *An accented cinema. Exilic and Diasporic Filmaking*, Princeton UP, 2001.

RIVIOTI, Andreea, *Yesterday's self, Nostalgia and the Immigrant identity,* Lanham, MD, Oxford, Rowman & Littlefiled, 2002.

SAÏD, Edward, *Reflections on exile and other essays*, Cambridge, Mass, Harvard University Press, 2000.

SEBBAR, Leïla, Nancy Huston. *Lettres Parisiennes : Histoires d'exil*, Paris, J'ai lu, 2006.

SPIVAK, Gayatri, « Can the Subaltern Speak? » in Nelson, C. & Grossberg (dir.), *Marxism and the interpretation of culture*, Urbana, University of Illinois, Press, 1988.

Index des notions

A

Abandon, 14, 104, 142, 143, 154, 166, 201

Acculturation, 49, 52, 64

Acte d'habiter, 110, 118

Ailleurs, 14, 15, 16, 22, 34, 38, 39, 44, 45, 46, 47, 50, 53, 54, 56, 57, 76, 80, 82, 89, 91, 92, 97, 103, 110, 111, 115, 116, 117, 124, 126, 136, 146, 149, 161, 163, 164, 168, 170, 174, 175, 176, 180, 184, 185, 186, 187, 189, 190, 191, 192, 193, 194, 195, 197, 198, 199, 200, 203, 205,207 212, 213, 219, 222, 224, 229, 231

Altérité, 69, 78, 83, 85, 94, 144, 154, 160, 183, 186, 193, 195, 209

Alternance linguistique, 60

Ambivalence spatiale, 125, 130, 135

Apatride, 195, 201, 204

Arrivée, 9, 19, 20, 21, 22, 32, 34, 40, 68, 76, 80, 115, 153, 166, 179, 187, 191

Auteurs « migrants, 11, 22

Auteurs « résidents, 11, 22

Auto-altération, 203

Aventurier, 123

B

Bi-culturée, 70

Bi-culturée, 70

Bilinguisme, 145, 155

Bipolarisation spatiale, 116

C

Cartographie éclatée, 8, 109

Cheminement, 11, 23, 24, 26, 32, 33, 35, 44, 45, 186, 199, 200, 207

Citoyen du monde, 11, 201

Cohabitation de cultures, 54

Couleur locale, 60

D

Déconstruction patriarcale et matriarcale, 204

Déculturation, 52

Dedans, 29, 30, 37, 47

Dehors, 30, 145, 154, 176

Départ, 9, 14, 19, 20, 21, 22, 25, 32, 35, 37, 43, 58, 67, 75, 76, 77, 79, 92, 94, 104, 124, 125, 157, 168, 191, 193, 196, 198, 204, 230

Dépaysement, 203

Déplacement, 7, 14, 22, 31, 32, 37, 39, 57, 67, 78, 90, 99, 103, 110, 114, 134, 136, 152, 154, 186, 215

Déracinement, 13, 14, 50, 51, 58, 66, 78, 81, 90, 110, 160, 166, 180, 192, 193

Dessaisissement, 201

Déterritorialisation, 14, 160

Devenir autre, 49

Diaspora, 7, 29, 43, 67, 79, 80, 84, 90, 186

Discours mnésique, 200

Double appartenance, 20, 71, 79, 94, 101, 102, 184, 193, 194, 198

Double flux, 30, 31, 35

Double soi, 12, 207

Douloureux passé, 75

Dualité, 94, 161, 171, 184, 223, 224

E

Écoumène, 122, 133, 135

Écriture migrante, 7, 8, 9, 11, 12, 13, 14, 16, 19, 20, 21, 22, 24, 26, 28, 29, 30, 33, 34, 37, 38, 44, 45, 46, 47, 49, 57, 58, 62, 63, 70, 78, 83, 84, 87, 88, 89, 90, 91, 92, 94, 95, 97, 98, 99, 100, 105, 106, 107, 109, 110, 125, 136, 137, 160, 178, 180, 181, 183, 184, 185, 186, 188, 189, 191, 192, 193, 194, 199, 200, 201, 203, 206, 207, 208, 209

Écriture nomade, 130, 131, 132, 133

Écritures métisses, 61

Écritures migrantes, 11, 13, 21, 24, 29, 46, 49, 50, 51, 52, 53, 54, 55, 57, 60, 61, 62, 63, 65, 66, 69, 81, 87, 107, 109, 110, 111, 112, 113, 114,

115, 116, 118, 134, 180, 184, 186, 208

Écrivain migrant, 12, 37, 41, 51, 55, 59, 61, 90, 107, 110, 132, 136, 138, 169

Écrivains du local, 11

Emigration, 7, 8, 9, 10, 11, 12, 19, 20, 21, 22, 24, 25, 26, 28, 31, 32, 33, 34, 39, 42, 48, 66, 84, 90, 92, 161, 183, 186, 189, 192, 193, 194, 198

Enracinement, 135, 192, 193

Enracinerrance, 101, 134, 135

Entre-deux, 7, 12, 15, 16, 29, 42, 54, 65, 70, 81, 100, 101, 105, 106, 110, 114, 121, 160, 169, 180, 183, 192, 193, 195, 199, 200, 203, 207

Ephémère, 7, 15, 144

Errance, 10, 13, 14, 56, 82, 84, 94, 110, 115, 116, 131, 132, 134, 135, 136, 138, 178, 190, 224

Espace, 8, 26, 34, 37, 39, 44, 49, 51, 52, 55, 56, 63, 78, 83, 91, 98, 100, 104, 109, 110, 111, 112, 113, 114, 115, 116, 117, 118, 119, 120, 121, 122, 123, 125, 126, 127, 128, 129, 130, 131, 132, 133, 135, 136, 137, 138, 146, 148, 155, 159, 162, 167, 182, 184, 188, 193, 194, 195, 196, 197, 198, 199, 200, 201, 203, 224, 225, 226, 228, 230, 231, 232, 233

Espace d'accueil, 117

Espace intérieur, 126

État-Nation, 7, 13, 23, 29, 45, 199

Ethnoscopie ethnique, 204

Ethnoscopie identitaire, 12, 206, 207

Etranger, 9, 56, 68, 69, 98, 99, 101, 123, 149, 184, 188, 197, 203

Etrangeté, 94, 184

Être impur, 201

Exclusion, 99, 142, 168, 227

Ex-culturation, 51

Exil, 3, 5, 7, 8, 13, 14, 15, 16, 22, 31, 32, 49, 50, 55, 57, 61, 65, 66, 67, 69, 70, 73, 74, 76, 77, 78, 79, 80, 81, 82, 84,

85, 89, 90, 92, 93, 94, 101, 106, 107, 109, 110, 113, 116, 124, 127, 132, 138, 141, 142, 143, 146, 150, 151, 154, 157, 160, 166, 168, 171, 172, 174, 178, 179, 180, 181, 186, 189, 192, 193, 194, 200, 202, 208, 210, 211, 212, 213, 214, 215, 216, 217, 218, 219, 221, 222, 223, 225, 226, 227, 228, 229, 233, 234

Exode, 25, 31, 33, 39, 66, 67, 72, 80, 84, 85

Expérience du vécu, 90, 91, 92

F

Famille d'accueil, 168

Fatherland, 221

Fluide, 14, 43, 131, 132, 133, 204

Flux globaux, 45, 46

Flux migratoire, 26, 91, 183, 192

Flux migratoires, 7

Fondu enchaîné, 202

Foyer d'adoption, 168

Frontières, 12, 14, 15, 39, 46, 49, 54, 70, 109, 110, 117, 122, 123, 131, 133, 134, 136, 144, 155, 156, 162, 165, 167, 180, 195, 196, 199, 202, 203

Fuite, 32, 34, 42, 133, 172, 197

H

Habitabilité, 117, 118, 125, 127

Hétérotopies, 116, 136, 137, 230, 231, 232

Hors-lieu, 132

Hybridité, 10, 16, 17, 50, 51, 52, 61, 70, 109, 183, 184, 189, 192, 202, 206, 224, 226, 228, 229, 230, 231, 234

I

Ici, 12, 14, 16, 27, 28, 35, 39, 40, 42, 52, 59, 66, 76, 81, 89, 99, 101, 104, 110, 111, 115, 116, 117, 119, 122, 126, 136, 145, 160, 161, 162, 164, 168, 178, 185, 190, 192, 193, 194, 195, 198, 199, 200, 203, 204, 207, 215

Identité hybride, 12, 226

Identité nomade, 130, 133

Identité transitoire, 14, 111, 135, 136

Identités culturelles, 21, 36, 47, 52, 90, 115, 138, 183

Immigration, 7, 8, 9, 10, 12, 19, 26, 28, 31, 34, 46, 49, 51, 57, 62, 83, 84, 88, 89, 90, 91, 92, 94, 98, 105, 109, 160, 184, 185, 186, 187, 188, 189, 190, 191, 192, 195, 198, 199, 207, 209

Immigrés, 49, 57, 63, 68, 87, 89, 90, 91, 93, 98, 99, 103, 166, 185, 186, 190, 197

In motu, 15, 125, 203

Intégration, 7, 9, 10, 13, 19, 37, 38, 40, 45, 46, 78, 93, 99, 100, 101, 193

Interculturalité, 53, 106

Interférences linguistiques, 13, 60

Isolement, 93, 103

L

Là-bas, 66, 76, 80, 93, 160, 162, 165, 168

Langue de l'autre, 51, 61, 59

Langue de *soi*, 51, 61

Langue de soi, 59

Lieu d'origine, 15, 78, 194, 204, 207

Lieu de claustration, 195

Lieu habité, 110, 111, 117, 180

Lieux géographiques, 146

Lisières, 15, 141, 144, 148, 155, 232

Littérature méditerranéenne, 70

Littérature pied-noir, 65, 66, 67, 68, 69, 70, 78

Littérature-monde, 62, 133, 138

locus, 23, 26, 27, 28

M

Macro-espace, 34

Marché transculturel, 192

Matière biographique, 178

Maux d'exil, 69

Mélancolie, 57, 59, 63, 97, 212, 217

Melting pot culturel, 30

Mémoire, 10, 11, 24, 30, 37, 38, 39, 40, 41, 42,

50, 66, 73, 74, 76, 78, 85, 95, 96, 97, 99, 107, 126, 135, 149, 172, 173, 174, 176, 177, 189, 190, 192, 193, 200

Métissage, 10, 16, 50, 58, 61, 90, 177, 209, 229

Migrance, 3, 5, 10, 14, 16, 50, 88, 90, 91, 95, 97, 99, 105, 183, 211, 223, 225

Migrant literature, 65

Migration, 7, 10, 13, 19, 21, 22, 29, 31, 32, 34, 37, 38, 45, 46, 50, 58, 61, 66, 69, 82, 83, 87, 89, 90, 135, 186, 191, 192, 193, 194, 199, 203, 204, 207, 229

Migritude, 7, 50, 83, 84, 87, 109, 116, 137, 187

Mixité, 61

Mobile, 14, 111, 134, 226

Mobilité, 7, 10, 12, 13, 19, 22, 32, 36, 45, 89, 94, 103, 110, 112, 114, 115, 119, 120, 122, 123, 125, 128, 130, 133, 134, 141, 145, 148, 154, 155, 183, 185, 188, 189, 191, 193, 195, 198, 200, 201, 204, 206, 223

Mode d'habiter, 117, 126, 128

Mort à soi, 202

Motherland, 221

Mouvance identitaire, 10, 14, 82, 144, 151, 155

Mouvant(e), 8, 14, 15, 16, 17, 109, 112, 185, 201, 207

Mouvement, 7, 14, 15, 16, 20, 28, 31, 33, 39, 43, 44, 45, 54, 59, 67, 71, 89, 109, 110, 111, 113, 114, 120, 125, 127, 128, 132, 134, 136, 146, 191, 192, 193, 195, 199, 201, 204, 206, 207, 222, 225

Multiculturalité, 14

N

No mans's land, 195

Nomades, 123

Nomadisme, 12, 90, 111, 114, 131, 132, 133, 135, 137, 202

Nomaditude, 111, 130, 133, 134, 135, 136

Non-Lieux, 119, 120, 226

Nostalgie, 34, 91, 92, 95, 96, 97, 98, 115, 185, 189, 205, 216, 217

P

Patrie, 22, 59

Oikos, 14, 110, 117, 118, 119, 125, 130, 134, 136, 137

Origine culturelle, 19

Origine sociale, 11, 12, 184, 207

Parcours, 14, 69, 110, 114, 115, 125,126, 128

Parisianisme, 21, 30, 187

Passé, 16, 36, 50, 61, 73, 75, 76, 79, 81, 82, 85, 95, 97, 115, 116, 126, 132, 142, 150, 152, 160, 164, 165, 171, 172, 173, 175, 178, 179, 192, 193, 199, 200, 202

Pays d'accueil, 7, 12, 13, 21, 44, 54, 55, 59, 61, 67, 90, 91, 98, 115, 116, 166, 169, 183, 186, 189, 190, 192, 193, 194, 216, 221, 223, 230

Pays d'origine, 7, 9, 12, 13, 41, 51, 58, 60, 76, 90, 91, 92, 95, 97, 103, 116, 135, 166, 167, 168, 169, 171, 175, 183, 184,193, 196, 199, 200, , 202, 211, 216, 217, 223, 225, 227, 228, 230

Pays natal, 8, 10, 25, 32, 34, 38, 43, 44, 53, 59, 67, 73, 74, 78, 79, 81, 93, 95, 97, 111, 116, 127, 132, 168, 184, 185, 188, 189, 190, 198, 200, 204, 207, 215, 217

Pensée-habitacle, 118, 119, 128, 132

Pérégrinations, 146

Perte, 14, 56, 67, 68, 69, 73, 116, 172, 201, 212, 214

Pluralité, 40, 94, 184, 199

Poétique de l'exil, 94

Poétique de l'oikos, 14, 109, 110

Polarité antihistorique, 224

Pôles déictiques, 116, 119, 121, 185, 200

Pôles spatiaux, 53, 126

Polytopie, 123

Post-exil, 16, 233

Postures spatiales, 113

Q

Quête de soi, 3, 100, 159, 180, 204, 205

R

Racines, 9, 49, 66, 70, 73, 74, 75, 76, 77, 79, 80, 81, 83, 96, 102, 172, 178, 179, 189, 199, 205

Racisme, 79, 99, 104, 178, 195

Récits nostalgiques, 97, 125

Recomposition identitaire, 51, 54, 55, 56, 58, 62, 202

Recyclage, 37, 130

Ré-enracinement, 14, 110

Remémoration, 10, 74

Retour, 24, 34, 35, 38, 39, 43, 66, 72, 73, 74, 75, 77, 80, 81, 100, 101, 102, 116, 142, 145, 147, 148, 171, 172, 174, 185, 190, 198, 204, 211, 216, 217

Rhizomatique, 7, 15, 206

Rhizome, 133, 201

Roman de banlieue, 42, 44

Roman de l'émigration, 19, 20, 33

Roman de l'exil, 78

S

Solitude, 43, 67, 93, 97, 147, 154, 168, 169, 195

Souvenirs, 15, 75, 80, 96, 97, 126, 129, 165, 173, 175, 176, 177

Spatialité, 110, 111, 113, 118, 127, 132, 133, 134, 136

Sujet migrant, 14, 16, 17, , 136,193, 194

T

Tension inter-spatiale, 14, 110, 115, 194

Terre d'accueil, 9, 14, 30, 51, 53, 56, 57, 60, 95, 98, 135, 168, 202

Terre natale, 15, 66, 73, 75, 77, 177, 204, 222, 228

Terre-mère, 77, 79

Territoire d'origine, 115

Territoire natal, 201

Textes migrants, 12, 89, 195, 207

Topographie, 112, 115, 136, 163, 195

Topologie, 112, 115, 131

Toposémie, 195

Touristes, 123, 124, 125, 134

Tout monde, 62

Tout-lieu, 111, 114, 119, 121, 122, 132

Transculturation, 51, 202

Transculture, 12, 16, 26, 28, 37, 46, 107, 177, 203, 207

Transfert, 7, 32, 202, 206, 207

Transhumance, 201

Transit, 7, 40, 45, 110, 119, 120, 121, 136, 148, 204, 206

Transition, 7, 52

Trans-nation, 7

Transnational, 8, 9, 12, 14, 15, 28, 115

Trauma, 7, 9, 19, 20, 32, 33, 39, 42, 44, 58, 80, 98, 99, 143, 165, 180, 194, 196

Trauma du départ, 7, 19, 33

Traversée, 25, 26, 33, 34, 42, 46, 109, 130, 134, 144, 177, 198, 204

Universalisme méditerranéen, 72

V

Vacillements, 14

Village global, 7

Village planétaire, 7, 188

Voyage, 7, 9, 11, 15, 20, 31, 44, 75, 77, 79, 81, 102, 103, 110, 114, 121, 123, 127, 130, 136, 141, 142, 143, 144, 151, 152, 153, 155, 156, 157, 186, 189, 196, 199

Voyage virtuel, 127

Voyageur, 114, 121, 123, 130, 141

Index des critiques

A

Anglade Chantal, 179

Appadurai Arjun, 28, 43, 128, 188, 202

Arino Marc et Piccione Marie-Lyne, 161

Aron Paul, Saint-Jacques Denis, Viala Alain, 67

Ashcroft Bill et al., 159

Augé Marc, 114, 119, 120, 121, 226

B

Bakhtine Mikhaïl, 159

Barthes Roland, 7

Bauman Zygmunt, 123, 188

Baussant Michèle, 68

Berrouët-Oriol Robert, 49, 61, 160

Bhabha Homi, 224, 225, 227, 228, 232, 233

Bourneuf Roland, 114

Bouraoui Hédi, 111, 135, 136

Braidotti Rosi, 121

Brezault Éloïse, 44, 56, 59

C

Camilleri Carmel, 57

Cañas Mangada Beatriz, 78

Cazenave Odile, 187

Ceccon Jérôme, 186

Césaire Aimé, 177

Chalaye Sylvie, 24

Charles Jean-Claude, 134, 135

Chartier Daniel, 7, 49, 51, 57, 62

Chemla Yves, 56

Chevrier, 7, 50, 83, 87, 96, 105, 109, 187

Côté Jean-François, 144

Coulibaly Adama, 12, 30, 112, 188, 190, 202, 205, 207

D

Deleuze Gilles et Guattari Félix, 133, 201

Diop Samba Papa, 11, 22, 35, 188, 197, 198

Dupuis Gilles, 89

E

Émile Olivier, 88

F

Fanon Frantz, 165, 167, 168

Fonkoua Romuald, 57, 59

Foucault Michel, 116, 230, 231, 232

Frye Marilyn, 218, 221

G

Garnier Xavier et Warren Jean-Philippe, 22

Gbanou Komlan Sélom, 70

Gherchanoc Florence, 117

Glissant, 7, 62, 134

Grunberg Gérald, 69

H

Harel Simon, 14, 20, 30, 31, 37, 40, 50, 61, 87, 90, 91, 95, 97, 99, 111, 117, 118, 125, 126, 179, 180

Hargreaves Alec, 220

Heidsieck François, 126

J

Jonassaint Jean, 160

K

Kanaté Dahouda, 25, 33, 39

Kristeva Julia, 57, 229

L

Labelle Maude, 187, 191, 194, 199

Lambert Fernando, 112, 113

Lamore Jean, 51

Lebrun Monique et Collès Luc, 51, 52, 55, 58

Lyotard Jean-François, 206

M

Maalouf Amin, 128, 205

Maffesoli Michel, 43, 206

Mambenga-Ylagou Frédéric, 8, 19, 187, 188, 189, 199

Marchese Elena, 109, 110

Mardorossian Carine, 223

Marion Sauvaire, 116, 134, 136

Martini Lucienne, 67, 68, 69, 71, 72, 73, 74

Mazauric Catherine, 44

Mc Luhan Marshall, 7

Miano Leonora, 43

Moisan Clément, 11, 21, 26, 29, 30, 36, 89, 90, 94, 100, 101, 115, 183, 184, 192, 193

Mol Anne-Marie et Law John, 131

Morin Michel, Bertrand Claude, 203

Moudileno Lydie, 35

N

Naficy Hamid, 212, 213, 215, 216, 217, 219, 220

Nepveu Pierre, 38, 113, 160, 177, 178, 191, 203

Nganang Patrick, 20, 31, 33, 45

Novakovic J., 169

O

Ollivier Emile, 50

Ortiz Fernando, 202

P

Paterson Janet M., 15, 69, 78, 195

Potevin Mélanie, 88

Proulx J. Patrice, 94

Prud'Homme Nathalie, 189, 190

R

Raimond Michel, 131,132

Resch Gasquy Yannick, 116

Ricard François, 112, 113

Rivioti Andreea, 225

S

Saïd Edward, 212, 213, 214, 215, 216

Sanchez Fernandez, 169

Marion Sauvaire, 116, 134, 136

Simon Sherry, 49, 51, 53, 54

Sojcher Jacques, 202

Spivak Gayatri, 221, 222

T

Thomas Jean-Jacques, 15

Tynianov J., 113

Turgeon Laurier, 16

U

Urry John, 120, 127, 130, 133, 196

V

Vauthier Marie, 54

Veldwachter Nadège, 44

Vignondé Jean-Norbert, 23

W

Waberi Abdourahman, 9, 14, 19, 20, 109, 110, 111, 115, 118, 132, 253

Table des matières

Introduction
Adama COULIBALY et Yao Louis KONAN....................7

Esquisses d'une problématique de l'écriture migrante dans le roman… ivoirien
Adama COULIBALY....................19

Poétique des écritures migrantes dans *Le Roi de Kahel* de Tierno Monénembo
Didier Brou ANOH....................49

Écritures migrantes de quelques pieds-noirs d'Algérie : le cas de Marie Cardinal et d'Alain Vircondelet
Elisabetta BEVILACQUA....................65

Le Ventre de l'Atlantique et *La Préférence nationale* de Fatou Diome : deux oeuvres paradigmatiques de l'écriture migrante
Antonin ZIGOLI....................87

L'écriture migrante comme poétique de l'*oikos* : une lecture de *Rift routes rails* et *Transit* d'Abdourahman Waberi
Roger TRO DÉHO....................109

Au-delà des lisières : mobilité et problématique identitaire dans les romans de Nancy Huston
Anna LAPETINA....................141

Écriture migrante et quête identitaire dans les œuvres de Gisèle Pineau
Yannick LEMKI....................159

D'un débat… autour de l'écriture migrante dans *Le Ventre de l'Atlantique* de Fatou Diome et *Le Paradis français* de Maurice Bandaman
Yao Louis KONAN 183

Lettres parisiennes : de l'exil à la migrance
Siham BOUAMER 211

Index des notions.. 235

Index des critiques.. 245

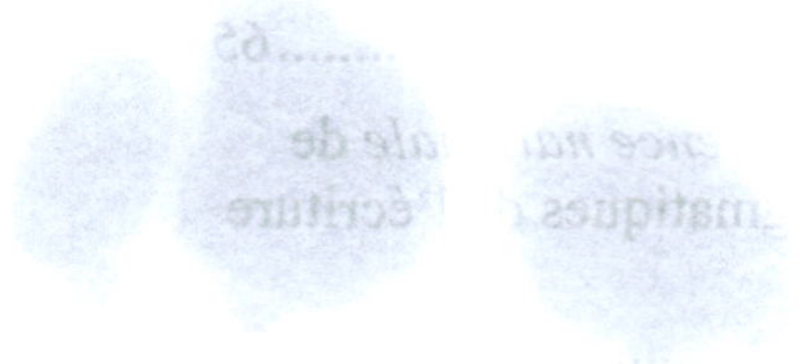

Critique et études littéraires aux éditions L'Harmattan

Dernières parutions

ENQUÊTE (L') D'HÉRODOTE
Une poétique du premier prosateur grec
Mansour Karim
En composant avec l'*Enquête* la première grande œuvre en prose de la littérature grecque, Hérodote marque un moment crucial de l'histoire des formes littéraires : il donne à la prose grecque ses lettres de noblesse. Dans cette prose ethnographique ou historique reconnue comme une prose d'art, une étude des divers champs linguistiques permet de déceler des procédés caractéristiques de la langue poétique.
(Coll. Kubaba, 49.00 euros, 520 p.)
ISBN : 978-2-343-05011-9, ISBN EBOOK : 978-2-336-36439-1

GEORGES SEFERIS ET ODYSSEAS ELYTIS : PARALLÈLES
L'art poétique au prisme de ses écrits en prose
Catsigyanis Ioana
Les poètes grecs Georges Séféris et Odysséas Elytis sont connus pour leurs œuvres poétiques. Ils ont développé une importante activité d'essayistes. L'objectif de ce travail est de faire une mise en dialogue des écrits en prose de Georges Séféris et Odysséas Elytis autour de la poésie, à partir d'une sélection de leurs essais, afin de reconstruire une partie du débat d'idées au sein de «la génération des années 30».
(Coll. Études grecques, 12.50 euros, 112 p.)
ISBN : 978-2-343-04690-7, ISBN EBOOK : 978-2-336-36395-0

MISES EN CRISE
Essais littéraires sur Bernard Dadié, Ahmadou Kourouma, Ayi Kwei Armah, Josette Abondio...
Bailly Sery
L'écriture de la mise en crise a suscité des malaises. Il n'y a cependant pas de difficulté à articuler la guérison désirée et l'intérêt porté à la crise. La mise en crise est une manière de continuer à désirer un autre destin. Le metteur en crise n'est pas un masochiste ni un sadique. Qui sont les auteurs que nous considérons comme tels ? L'objectif de cet ouvrage est de faire connaître les nouveaux et, pour les anciens, de proposer de nouvelles lectures.
(Coll. Harmattan Côte-d'Ivoire, 25.50 euros, 246 p.)
ISBN : 978-2-343-02933-7, ISBN EBOOK : 978-2-336-36340-0

PALIMPSESTES BRONTËENS
Relire et réécrire les Sœurs Brontë
Kandji Alioune Badara - Préface de Alioune Badara Diané
Caution de toute littérature, l'intertextualité constitue un moyen de fécondation en même temps qu'un instrument de poétisation. A travers les intertextes qu'elle utilise, la réécriture des Sœurs Brontë (se) tend un miroir dans lequel elle contemple son propre procès et parvient à cette affirmation : le référent de l'art ce n'est pas le réel, le référent de l'art c'est l'art et la tradition de l'art. L'auteur jette de précieuses lueurs dans cet essai où sont également envisagées les questions de l'imaginaire, de la marge, de la folie, des genres...
(Coll. Littératures & Civilisations, 22.00 euros, 216 p.)
ISBN : 978-2-343-05129-1, ISBN EBOOK : 978-2-336-36453-7

ESPACES ET RYTHMES EN POÉSIE
Six visages de la poésie hispanophone du XXe siècle
Ruben Darío, Juan Ramón Jiménez, Rafael Alberti, Vicente Aleixandre, Pere Gimferrer, Leopoldo María Panero
Lavergne Lucie
Par les analyses croisées de six recueils qui constituent un échantillonnage inédit et renvoient à trois moments clés de la poésie hispanophone du XXe siècle, l'auteur propose ici une réflexion sur l'écriture poétique en termes de rythmes et d'espace, faisant de ces deux notions les clés d'un regard nouveau sur les textes poétiques.
(Coll. Recherches et documents Espagne, 30.00 euros, 296 p.)
ISBN : 978-2-343-03078-4, ISBN EBOOK : 978-2-336-36456-8

SOUFFLE (LE) DES INTENTIONS / IL SOFFIO DELLE INTENZIONI
Réflexion en forme de conte autour des grands systèmes, pour vivre heureux avec des populations aliènes
Riflessioni in forma di favola sui massimi sistemi, per vivere felicemente con popolazioni aliene
français-italien
Bartocci Goffredo
Une rencontre imaginaire, mais non impossible. Il suffit d'accepter le principe que chaque sentiment et chaque passion naissent des émotions. Le récit s'adresse aux adultes souhaitant saisir en toute leur puissance les émotions, mais peut être lu aussi aux plus petits, dans la mesure où la voix d'un parent conduit pas à pas l'enfant le long de territoires inexplorés. Un conte, donc, proche de la vérité, écrit par un psychiatre et psychanalyste.
(Harmattan Italia, Coll. Harmattan Italia, 13.00 euros, 84 p.)
ISBN : 978-2-336-30721-3, ISBN EBOOK : 978-2-336-36321-9

ALAIN-FOURNIER
Le Grand Meaulnes ou «Le bond dans le Paradis»
Herzfeld Claude
Pourquoi une œuvre nous émeut-elle ? Rendre le lecteur conscient de la présence de figures endormies dans son propre imaginaire, telle est l'ambition de cet ouvrage. La question du sens surgit à chaque moment de la vie : l'homme passe à travers des forêts de symboles. Le recours aux structures fondamentales de

l'imaginaire permet de déceler les images par lesquelles se manifeste l'archétype. Pour ce qui concerne «Le Grand Meaulnes», l'archétype «raconté» est alors le mythe de l'Eden perdu, le Pays sans nom.
(Coll. Espaces Littéraires, 22.00 euros, 220 p.)
ISBN : 978-2-343-00115-9, ISBN EBOOK : 978-2-296-53969-3

INSPIRATION (L') DE CORNEILLE
Éléments d'un portrait - La Galerie du Palais - La Suivante
La Contestation du Cid - La Fidélité à l'histoire
Lasserre François
Corneille est un monument ancien, considérablement étayé. L'objet de ce livre est de retirer les étais, mais sans permettre que le monument s'effondre. Cette investigation minutieuse revient sur deux comédies de 1633 : *La Galerie du Palais* et *La Suivante*. Le survol de sa carrière met en évidence les grands tournants de la maturité, de 1644 à 1674. Ces recherches sur les premiers travaux de Corneille conduisent à redessiner un portrait de celui-ci.
(Coll. Univers théâtral, 47.50 euros, 492 p.)
ISBN : 978-2-343-04339-5, ISBN EBOOK : 978-2-336-36044-7

«THÉÂTRE» (LE) IMMOBILE DE JÁNOS PILINSZKY
Lu dans l'optique de Mallarmé, Simone Weil et Robert Wilson
Sepsi Eniko
Le changement esthético-poétique qui se produit dans les années 1970 dans l'œuvre de János Pilinszky trouve une partie de son origine en France grâce aux nombreux séjours qu'il y effectue, mais aussi grâce aux trois domaines qui retiennent son attention : d'abord l'œuvre de Simone Weil, ensuite le renouveau liturgique qui servira de modèle à sa conception du théâtre, et finalement la prise de connaissance du théâtre de Robert Wilson.
(30.00 euros, 304 p.)
ISBN : 978-2-343-04655-6, ISBN EBOOK : 978-2-336-36161-1

ESPACES (LES) INTIMES FÉMININS DANS LA LITTÉRATURE MAGHRÉBINE D'EXPRESSION FRANÇAISE
Sous la direction de Robert Elbaz et Françoise Saquer-Sabin
Les profondes mutations suite au «Printemps arabe» nécessitent une étude du statut de la femme dans les sociétés maghrébines, tel qu'il se manifeste dans la production littéraire. Ces romancières œuvrent non seulement à la réappropriation de la parole féminine, mais aussi à un redressement historique, puisque la part de la femme dans les mouvements et guerres de libération avait été occultée par les hégémonies installées dans ces pays au lendemain de la colonisation.
(Coll. Des idées et des femmes, 37.50 euros, 368 p.)
ISBN : 978-2-343-04102-5, ISBN EBOOK : 978-2-336-36191-8

FRANCO-MAGHRÉBINES (LES)
Autres voix / écritures autres
Sous la direction de Najib Redouane et Yvette Bénayoun-Szmidt
Voici les écrits d'une génération en marche vers une troisième voie, celle des Franco-Maghrébines, ne reniant ni leur origine du nord de l'Afrique, ni leur

nationalité et leur vie françaises. Dès lors, la problématique posée par leurs œuvres s'avère différente de leurs aînées «beurettes», car il s'agit de dire en quoi et comment elles se sentent à la fois totalement françaises, mais aussi héritières d'une culture qu'elles souhaitent conserver comme une preuve de la richesse de leur identité.
(Coll. Autour des textes maghrébins, 46.50 euros, 466 p.)
ISBN : 978-2-343-04745-4, ISBN EBOOK : 978-2-336-36157-4

MOTS (LES) ET LES ENJEUX
Le défi des romancières iraniennes
Fouladvind Leyla - Préface de Farhad Khosrokhavar
Cet ouvrage est consacré à la représentation de la femme iranienne dans l'espace public post-révolutionnaire (1990-2005) à travers les œuvres de huit romancières iraniennes et cherche à mettre en évidence le lien indéniable entre le statut de la femme dans la sphère privée et dans l'espace public. En jouant sur le rapport étroit entre la réalité et la fiction, ces romancières contournent la censure et montrent que la question féminine est un enjeu majeur de la démocratisation de la société iranienne.
(Coll. L'Iran en transition, 37.50 euros, 378 p.)
ISBN : 978-2-343-02502-5, ISBN EBOOK : 978-2-336-36217-5

POÉTIQUE (LA) DE L'HISTOIRE DANS LES LITTÉRATURES AFRICAINES
Sous la direction de Mamadou Kalidou Ba, Mbouh Séta Diagana et Mamadou Ould Dahmed
Les différentes contributions regroupées dans cet ouvrage parcourent des sujets divers en rapport avec l'actualité littéraire africaine : la littérature à la frontière de l'imaginaire et du réel, le rapport à l'autre ou la littérature en zone d'intermédiation, l'écriture des tragédies de l'histoire, et enfin l'histoire et les littératures nationales.
(Coll. Culture Africaine, 26.00 euros, 252 p.)
ISBN : 978-2-343-04696-9, ISBN EBOOK : 978-2-336-36233-5

SUR LES PAS DE ROUSSEAU...
Regards partagés, regards distanciés
Sous la direction de Martine Marsat
Évoquer l'univers de Rousseau est une entreprise ambitieuse qui peut aider à orienter la pensée contemporaine vers la valeur des moyens et des fins à entreprendre pour la formation de l'individu. Dans cet ouvrage les auteurs s'attachent à présenter un écrivain à hauteur d'homme et souhaitent faire partager leurs réflexions sur son œuvre remarquable.
(Coll. Références critiques en littérature d'enfance et de jeunesse, 15.50 euros, 150 p.)
ISBN : 978-2-343-04258-9, ISBN EBOOK : 978-2-336-35718-8

L'HARMATTAN ITALIA
Via Degli Artisti 15; 10124 Torino

L'HARMATTAN HONGRIE
Könyvesbolt ; Kossuth L. u. 14-16
1053 Budapest

L'HARMATTAN KINSHASA
185, avenue Nyangwe
Commune de Lingwala
Kinshasa, R.D. Congo
(00243) 998697603 ou (00243) 999229662

L'HARMATTAN CONGO
67, av. E. P. Lumumba
Bât. – Congo Pharmacie (Bib. Nat.)
BP2874 Brazzaville
harmattan.congo@yahoo.fr

L'HARMATTAN GUINÉE
Almamya Rue KA 028, en face
du restaurant Le Cèdre
OKB agency BP 3470 Conakry
(00224) 657 20 85 08 / 664 28 91 96
harmattanguinee@yahoo.fr

L'HARMATTAN MALI
Rue 73, Porte 536, Niamakoro,
Cité Unicef, Bamako
Tél. 00 (223) 20205724 / +(223) 76378082
poudiougopaul@yahoo.fr
pp.harmattan@gmail.com

L'HARMATTAN CAMEROUN
BP 11486
Face à la SNI, immeuble Don Bosco
Yaoundé
(00237) 99 76 61 66
harmattancam@yahoo.fr

L'HARMATTAN CÔTE D'IVOIRE
Résidence Karl / cité des arts
Abidjan-Cocody 03 BP 1588 Abidjan 03
(00225) 05 77 87 31
etien_nda@yahoo.fr

L'HARMATTAN BURKINA
Penou Achille Some
Ouagadougou
(+226) 70 26 88 27

L'HARMATTAN SÉNÉGAL
10 VDN en face Mermoz, après le pont de Fann
BP 45034 Dakar Fann
33 825 98 58 / 33 860 9858
senharmattan@gmail.com / senlibraire@gmail.com
www.harmattansenegal.com

L'HARMATTAN BÉNIN
ISOR-BENIN
01 BP 359 COTONOU-RP
Quartier Gbèdjromèdé,
Rue Agbélenco, Lot 1247 I
Tél : 00 229 21 32 53 79
christian_dablaka123@yahoo.fr

657239 - Juin 2016
Achevé d'imprimer par